导游讲解技巧

Skills for Tour Guiding

第二版

熊友平 著

ZHEJIANG UNIVERSITY PRESS
浙江大学出版社
·杭州·

图书在版编目（CIP）数据

导游讲解技巧 / 熊友平著. —2 版. —杭州：浙
江大学出版社，2023.6(2025.1重印)
ISBN 978-7-308-23775-8

Ⅰ.①导… Ⅱ.①熊… Ⅲ.①导游—教材 Ⅳ.
①F590.63

中国国家版本馆 CIP 数据核字(2023)第 084754 号

导游讲解技巧(第二版)

DAOYOU JIANGJIE JIQIAO

熊友平　著

责任编辑	陈丽勋	
责任校对	朱　辉	
封面设计	俞亚彤	
出版发行	浙江大学出版社	
	（杭州市天目山路 148 号　邮政编码 310007)	
	（网址：http://www.zjupress.com)	
排　　版	杭州青翊图文设计有限公司	
印　　刷	杭州钱江彩色印务有限公司	
开　　本	787mm×1092mm　1/16	
印　　张	15	
字　　数	406 千	
版 印 次	2023 年 6 月第 2 版　2025 年 1 月第 2 次印刷	
书　　号	ISBN 978-7-308-23775-8	
定　　价	45.00 元	

内容简介

    优质服务是导游服务的宗旨,旅游行业标准是导游讲解的重要参考指标。同时,导游要遵守职业道德,本着一切以旅游者为中心的服务理念,以满足旅游者的需求为出发点,通过生动的导游讲解达到优质服务的目的。本书针对导游带团讲解过程中的常用专题、讲解技巧、带团技巧进行分项目、分类别的专门性研究和探讨。

    本书从导游讲解技巧的基本概念出发,阐述了导游讲解的基本方法与基本技巧,提出了提高导游讲解水平的对策。特别是对导游带团过程中的重点讲解专题进行了深入的探讨,针对不同的专题阐述了导游讲解的基本要求,导游讲解的目的和意义,导游讲解服务过程中的注意事项,如何进行导游讲解,应采用什么样的技巧、达到什么样的效果,目的是使导游从业人员提高自己的讲解水平。具体的有旅游购物的导游讲解技巧、目的地著名景点的导游讲解技巧、全国热点夜游项目的导游讲解技巧、风味美食及风味餐的导游讲解技巧、针对旅游业负面报道的导游应对技巧等五大重点专题。

    在导游带团方面,本书重点探讨了接团后 30 分钟的导游讲解技巧、车上娱乐的导游讲解技巧、旅游景点的导游讲解技巧三个核心内容,这也是旅游者最关心、最在意的三个方面。

    本书对旅游资源类导游讲解技巧、国内外旅游者接待技巧及特殊旅游团的导游应对技巧也分专题进行了探讨,既阐述一般的导游讲解方法,也强调因人而异的导游讲解技巧,帮助导游形成自己的讲解风格。

第二版序言

党的二十大报告指出,中国特色社会主义进入新时代,党领导全国人民完成了脱贫攻坚、全面建成小康社会的历史任务,实现了第一个百年奋斗目标。随着我国社会、经济、文化、科技的不断发展,各个消费群体的观念和生活方式也都不断变化,旅游休闲消费已经成为人们生活中必不可少的一项支出。文旅行业要以高质量的文旅供给增强人民群众的文化获得感、幸福感,实现人民对美好生活的向往。

中国是全世界最大的消费国、出口国和消费产品制造国,也是最大的国内旅游消费国,旅游已成为人们重要的一种生活方式。作为刺激消费的重要抓手,文旅产业将长期向好,而且将成为经济重整的重要推手。当前,随着人们可支配收入的增长和我国假日制度的改革,中国旅游人群呈现出越来越"有钱"、越来越"有闲"、越来越"有意"、越来越"有品"、越来越"有理"的特征。告别盲目购物的阶段,旅游过程中的消费也将越来越理性。

"十四五"时期,我国将进入新发展阶段,全国文旅行业发展呈现"文旅融合、高品质生活、高质量发展"的"一融两高"新态势,文旅市场的需求侧和供给侧都将发生重大变化,文旅行业将进入高质量发展的新时代。《导游讲解技巧(第二版)》要解决导游在新形势下"讲什么、怎么讲",采用什么技巧或方法,达到什么效果等问题。本书共分5篇16章,以导游工作流程为主线,以专题的形式对导游讲解技巧进行探讨。

本书延续了初版中的项目化、专题化特色,具有一定的理论性、实践性及可操作性。在再版过程中增加了配套课件16个和补充课件8个,增加了相关视频18个,供读者参考学习。同时,对导游带团过程中的重要知识与技巧进行系统化梳理,使读者在导游工作中有针对性地进行查漏补缺,提高导游讲解水平,成为文旅行业中的优秀人才。

当然,受笔者学识所限,本书难免还有不当或不足之处,恳请各位专家、同行和读者批评指正!

熊友平

2023 年 5 月

第一版序言

随着我国经济的快速发展和人民生活水平的提高,我国旅游业继续保持较快的增长态势,成为我国国民经济的重要产业。预计到 2015 年,我国旅游业将占国内生产总值的 8%;到 2020 年,占国内生产总值的 11%。中国将成为世界第一大旅游目的地国和第四大客源输出国。近几年来,我国的旅游业一直保持平稳较快增长,有力地促进了我国国民经济的提升。中国旅游业成为拉动中国经济和世界经济的重要因素,对全球旅游业的贡献率超过 30%。

旅游业的发展离不开对导游的培养。导游水平高低主要体现在导游业务和导游讲解上。导游讲解重在采用一定的技巧,达到一定的艺术境界。故而,笔者一直想写一本关于导游如何提高讲解水平、采取什么样的讲解技巧的书。终于在两年前开始着手写作,并于近期完稿。

《导游讲解技巧》旨在解决导游"讲什么、怎么讲",采用什么技巧或方法,达到什么效果等问题,以"面向市场,立足岗位,突出能力,强调素质,贯彻创新"为理念,以导游讲解为主线,以专题研究、工作过程的形式详细地阐述导游在讲解过程中的各种技巧。

本书共分 5 篇 15 章,以工作过程为导向,强调导游带团流程,特别地对带团过程中的重要专题进行研究。重点突出旅游商品、目的地著名景点、夜游项目、风味美食的讲解技巧,同时,对导游接团后 30 分钟的讲解技巧、车上娱乐讲解技巧、不同类型景点的讲解技巧和不同类型旅游者的应对技巧等各个方面进行专题化阐述。特别是把导游带团过程中的重要项目进行系统化梳理,得出提高导游讲解的一般方法和常用技巧,使每个读者在导游讲解过程中都能形成一套娴熟的方法和技巧,具备处理一些细节问题的能力,从而形成自己的独特风格,成为旅游业中的实用人才。

本书融合了笔者多年的导游带团经验和教学科研实践,并对导游带团技巧进行提炼,强调导游带团过程中的一般原则,通用性良好,通俗易懂,具有一定的可读性和操作性。

当然,由于笔者学识有限,本书难免有不当或不足之处,恳请专家、同行、读者批评指正,以便修订时完善。

熊友平

2013 年 10 月

目　录

导游讲解技巧（第二版）

第一篇

导游讲解技巧概述

第一章　导游讲解技巧的基础知识

学习目标

◎ 掌握导游讲解技巧的基本概念；

◎ 掌握导游讲解的基本语言技巧；

◎ 掌握基本的导游讲解知识；

◎ 掌握导游带团过程中的日常行为规范与交际技巧。

导游是靠语言"吃饭"的，正所谓"看景不如听景"。导游语言的常用技巧主要体现在导游与旅游者交际的各个环节，导游要充分调动言语交际的各种表达技巧，营造融洽的交际气氛。

一、导游讲解和导游讲解技巧的基本概念

(一)导游讲解的概念

1.导游讲解的定义

导游讲解是导游以丰富多彩的社会生活、文化和璀璨壮丽的大千世界为题材，以兴趣爱好、审美情趣各异的旅游者为对象，对自己掌握的各类知识进行整理、加工和提炼，用口语化的语言进行的一种再创造。

2.导游讲解的要求

导游讲解要以客观事实为依据，展示名山大川、文物古迹、小桥流水、民俗风情等的魅力，以科学性、知识性、道德性为基础，秉持正确、清楚、生动、灵活的原则为旅游者进行讲解，用旅游者所能理解的语言，勾起旅游者游览的兴趣，使其获得高品质的旅行体验。

3.导游讲解的作用

导游讲解是导游或导游词作者，通过对旅游地景区景点的深入调查研究，在挖掘、掌握大量资料的基础上，将材料合理组织后以口头语言的形式呈现给旅游者。导游的职能是引

导旅游者游览,导游讲解能充分展示导游的才华和主人翁精神。"导"的学问,除了有较高的组织协调能力的要求,关键是要有一定的文化功底和很好的口头表达能力。导游讲解有利于旅游者对旅游地吸引物有全面的认识,同时导游形象也是旅游地形象的一个宣传窗口。优秀的导游不仅能给旅游者留下美好的印象,而且还能通过旅游者这个有着巨大潜力的宣传员发挥广告效应,吸引更多旅游者前来旅游地观光旅游、度假。

(二)导游讲解技巧的概念

1.导游讲解技巧的定义

导游讲解技巧是指根据讲解的内容、旅游者的理解能力及反应等来控制和组织讲解语言,使讲解效果最大化的技术、方法。导游讲解并不是单靠动口就可以圆满完成,还必须运用态势语言来辅助,如把站姿、眼神、手势、表情等处理得恰到好处。

2.导游讲解服务的功能

导游服务是全方位的,讲解是其主要方面。导游讲解服务是导游服务的核心内容之一,是导游服务的灵魂。导游讲解服务是导游在指导旅游者旅行、游览、参观过程中所做的介绍、交谈和问题解答等服务工作。导游讲解应使旅游者的审美需求和求知欲望得到满足,激发旅游者的兴趣,使其在潜移默化中陶冶性情、放松身心。导游讲解贯穿整个游程,关系到服务质量,导游讲解水平直接影响到旅游者对旅游地景区景点的理解与评价。另外,做好导游服务的其他工作,与讲解服务相配合,能使讲解服务效果更佳。

3.常用的导游讲解技巧

导游讲解要做到:亲近旅游者,自然轻松;赞美旅游者,友好沟通;笑话故事,幽默适中;服务周到,认真用功;注意流程,不紧不松;关注细节,有始有终;计划周密,成竹在胸;知识渊博,态度谦恭。

二、导游讲解语言的运用

导游讲解在导游工作中占有极为重要的地位。导游语言是一种生动、形象、富有表现力的口头语言。它不同于书面语言,有着自身的特点。

(一)导游讲解的内容要清楚,尽量口语化

导游在介绍文物古迹的历史背景和价值、自然景观的成因和特点时,要表达清楚,特别是对历史沿革、地质演变过程等要熟记于心,既不能前后倒置,也不能张冠李戴。导游语言应通俗易懂,避免冗长的书面语。导游语言是用来与旅游者进行面对面交流的,要让旅游者容易听懂,能够理解所要表达的意思。

导游讲解是一门语言的艺术,说出来的东西和书面文字不一样。口语化的东西让人听着舒服,比如说刘宝瑞的单口相声——如果写到纸上,你会发现有很多叹词、很多无意义的重复,但在听的时候,那些无意义的重复和时间上的停顿,给人带来快乐和思考的空间。

（二）导游讲解要生动形象，有趣味性

导游生动、丰富、妙趣横生的语言，不仅可以起到锦上添花的作用，在某些情况下，还能带给旅游者愉悦的情绪。

在语言准确、清楚的前提下，要做到鲜明、生动、形象，言之有神，切忌死板、老套，平铺直叙。语言要流畅，用词要恰当。运用好修辞方法，来美化自己的语言，做到有声有色、活灵活现。多使用形象化的语言，增强趣味性。导游的语言除了有语音、语调、语速，以及准确性和逻辑性等方面的要求，生动性也至关重要。导游的语言表达要与神态表情、手势动作及声调和谐一致，做到形象生动、言之有情。如果导游的语言表达平淡无奇，如和尚念经般的单调、呆板，或者十分生硬，旅游者听了必定兴趣索然，甚至会产生不爱听、不耐烦或厌恶的情绪。反之，生动形象、妙趣横生、幽默诙谐、发人深省的导游语言不仅能引人入胜，而且会起到情景交融的作用。

（三）导游讲解要有针对性，做到因人而异

导游讲解要满足旅游者求知、求奇、求新的需要。"到什么山，唱什么歌；见什么人，说什么话。"不同旅游者有不同的旅游目的，其文化修养、知识水平和审美情趣也各不相同，这就要求导游在语言运用、服务态度、讲解方法和技巧方面具有针对性，即按旅游者实际需要因人而异，有的放矢。不看对象的"八股式导游"，不会有好的效果。导游在讲解前应做到：①了解旅游者动机和目的，是观光、度假，还是公出、访友、商务。②了解旅游者的层次。水平高的旅游者，要讲得深一些；一般旅游者，要讲得通俗一些，或穿插一些小故事。③了解旅游者来自何地。地域不同，文化背景、风俗习惯、价值观也不同。不能拿接待普通人的方式去接待特殊团体，也不能拿接待中国人的方式去接待外国人。

要因人而异，做到因时制宜、因地制宜。"人"，是指具有不同审美情趣的旅游者；"时"，是指四季更迭，时辰更替；"地"，是指不同的旅游地景区景点。讲解时做到灵活性，即注重触景生情，随机应变。特别是做沿途风景讲解时，导游不能千篇一律，要见物生情，讲解内容随手拈来，即成妙趣。见什么讲什么，看见商场讲购物，看见公路讲交通，看见农田讲农业，看见酒店讲旅游，看见民俗讲风情。在讲解内容的安排上，要深浅恰当；在语言运用上，要雅俗相宜。

（四）导游讲解要恰当使用顺口溜

导游讲解中可通过民间流传较广或现成的、比较整齐押韵的顺口溜，来简练地描述某种现象。

——开会太多使人累，喝酒太多使人醉；聚众赌博是犯罪，旅游消费最实惠。

——好的商品带回家，家人又喜又是夸；喜的是你会识货，夸的是你想到他。

——广东导游夸美味，云南导游夸翡翠，四川导游不怕累，新疆导游歌甜美，桂林导游说山水，西安导游一张嘴，北京导游跑断腿。

——去到北京看首府，张家界山水饱眼福，不到长城非好汉，不来张家界真遗憾。

——夜上海，雾重庆，秋北京，雨桂林。

——观景不走路，走路不观景。

——一路顺风,双喜临门,三阳开泰,四季发财,五福临门,六六大顺,七星高照,八仙过海,九九归一,十全十美,百事可乐,千事吉祥,万事如意!

(五)导游讲解要做到"八有""四五"

1.导游讲解"八有"

(1)言之有物。导游讲解内容要充实,有说服力;导游的语言应客观,具有鲜明的思想性;不讲空话、套话,不玩弄华丽辞藻。

(2)言之有理。导游说话要诚实,不尚虚文;要讲道理,以理服人,即言之有理,入情入理。

(3)言之有据。导游讲解必须有根有据,令人信服,不可胡编乱造、张冠李戴,即导游讲话要负责,切忌弄虚作假。

(4)言之有情。导游的言语要友好,富有人情味,让旅游者听着感到亲切、温暖。

(5)言之有礼。导游讲话要言语文雅,谦虚敬人,令旅游者听后心情愉悦。

(6)言之有神。导游在讲解时要精神饱满,声音传神,多用形象化的语言,引人入胜。

(7)言之有趣。导游说话要诙谐、幽默、风趣、令人愉悦,这样有助于活跃气氛,提高旅游者的游兴。

(8)言之有喻。适当比喻,以熟喻生,生动易懂,会使听者倍感亲切,留下深刻美好的印象。

"八有"原则中,言之有理体现的是导游语言的思想性;言之有物、言之有据体现的是导游语言的科学性和知识性;言之有神、言之有趣、言之有喻体现的是导游语言的艺术性和趣味性;言之有礼、言之有情是导游道德修养在讲解中的具体体现。一名优秀的导游应具备良好的语言驾驭能力,提供高质量的导游服务。每一位导游都应自觉地加强语言修养,积累各方面知识,锻炼思维能力,获取好的语言效果。以上"八有"原则是对导游语言运用要求的概括,导游语言应是思想性、科学性、知识性、艺术性、趣味性和道德修养的统一体现。

2.导游讲解"四无"

(1)无含糊不清。导游对讲解内容胸有成竹,才能有条不紊地讲解,用词贴切。如对事物理解不全面,望文生义,讲起来就会言语不清,易使人产生误解。还有的导游说话含糊,主要是因为对讲解的内容不熟悉,缺乏自信心,讲解时常用"大概、好像、可能"之类的模糊语言,旅游者肯定不会满意。要使用准确、肯定的词语,才能赢得旅游者的信任。

(2)无啰唆重复。有的导游说话反反复复、颠来倒去,生怕旅游者听不懂。有的想用哗众取宠的语言吸引人,故意用琐碎的语言铺垫。说话啰唆的人,语言实质内容少,就像海蜇皮,看起来很大一块,放在开水中一烫就剩下一点点。

(3)无艰涩难懂。口语与书面语不同,如果导游在讲解时机械地背诵导游词,或用佶屈聱牙的装饰语、倒装句、专用术语,或用艰涩、冷僻的词语,旅游者听不进去,而且也无法理解消化。口语艰涩难懂,除了工作态度,有些导游不懂口语特性也是主要原因之一。口语同书面语比较,有自己的特点:一是口语有声,声音有轻有重、有快有慢,抑扬顿挫、丰富多变,能很好地表情达意。二是口语除语言以外,还有面部表情、手势、姿势等态势语言辅助,帮助表达。三是口语因其语言环境不同,可大量简略,不必每句话都主谓齐全;过长的修饰词也会造成听觉上的困难,不便于表达。

(4)无不良的习惯语和小动作。不良的习惯语或口头禅,有"这个、那个、可能、嗯、差不多、结果呢、反正、呃、那"等。导游的口语表达要防止一种倾向,即惯用不良的口头禅。讲解中大量使用这些口头禅,会妨碍讲解内容的连贯性,旅游者听起来也很不舒服。导游讲解中应注意避免做出令人生厌的小动作,常见的如有意无意地摆弄头发、首饰或衣服;眼珠快速转动或做出夸张的表情、动作等。

三、导游日常交际时的交谈技巧

导游工作是与人打交道的工作,导游在日常工作中必须和旅游者打交道,故而要注意交谈、打招呼的技巧。在带团过程中,虽然导游讲解占据主导地位,但也有与旅游者自由交谈的时间。这里的交谈主要指自由式聊天,在与旅游者交谈时也要注意讲究聊天时的技巧。

(一)要找合适的话题切入

导游与旅游者聊天时要从对方感兴趣的或者关心的话题切入。实际上,要找到这类话题并不是很容易,需要对旅游者进行一番必要的观察和了解,才能因人引"话"。导游与旅游者在日常交际中的聊天与一般社交场合的聊天一样,话题往往是随意的,而且可以不时转换,内容是海阔天空、无所不谈的,气氛也是较为和谐轻松的。但与一般社交聊天不一样的地方是,导游与旅游者聊天的意图应该明确,即以融洽双方关系、缩短双方心理距离、建立良好的交际基础为基本目的。如提前介绍一些旅游目的地的情况,与女性旅游者聊聊时装、美容、小孩,与老年旅游者聊聊身体健康、往日旧事等。

(二)与旅游者交谈应积极主动

导游与旅游者的聊天一般是意图明确的。交际主要分为两种情形:一种是一方有意、另一方无心,一方主动谈、另一方被动应付;另一种是双方都有准备,约好时间、地点来谈。在导游与旅游者的交际中,主要是前一种情形,既存在着导游有意、旅游者无心的状态,也存在着旅游者有意、导游无心的状态。导游应该做到在两种情形中随机应变。首先,导游有意、旅游者无心的情形在导游与旅游者的交际中应该是占主导的。导游有义务通过各种方式与旅游者融洽关系,聊天无疑是一种比较有效的方式。其次,旅游者有意、导游无心的情形在导游与旅游者的交际中也较为常见。旅游者主动与导游攀谈时,导游应该立即有所反应,有意识地与旅游者积极沟通。无论是哪种情形的聊天,导游都应该采取主动积极的态度,根据旅游者的心理特征、语言习惯、文化水平、脾气秉性等各种因素,随机应变地引导聊天的过程,使交谈气氛融洽、交流愉快、过程顺利,达到互相理解、有效沟通的目的。

（三）称呼旅游者应得体

在导游与旅游者的交际中，导游经常会或远或近、或直接或间接地和旅游者打招呼，这样就必须注意打招呼的技巧。在日常社交中，有一般关系和亲密关系的两种做法，在导游与旅游者的交际中比较适合使用一般关系的打招呼方式。由于旅游者在工作性质、生活环境、性格爱好、文化修养、人生追求等各方面都可能与导游存在较大差异，因此，导游在招呼旅游者时要讲究方式、运用技巧。

四、导游讲解应掌握的基本知识

导游讲解是导游带团进行参观游览活动时的主要业务。导游以旅游者的母语进行导游讲解，可以消除旅游者在异地的紧张感和恐惧感，使旅游者开阔眼界、愉悦身心、享受友谊。

（一）知识是导游讲解技巧的基础

大多数导游，尤其是新导游，在讲解中经常遇到讲着讲着忽然发现自己把要讲的都讲完了，已经没有什么可以再给旅游者讲的尴尬情况。这时，有的导游就对旅游者胡吹乱侃，有的干脆坐下不讲了，这就是知识储备不足造成的。所以，导游平时要大量学习相关知识，今天的旅游需要的是学者型、知识型的导游。

由于导游知识面过窄已经成为旅游业难以发展的症结，因此很多旅游学院提出将提高学生的知识水平、导游技能放在重要的位置。具有语言、史地文化、政策法规、心理学、美学、社会、国际、旅行等系统知识的导游加入旅行社以后，能以其深厚的功底赢得旅游者的赞誉。

（二）调动各种要素提高导游讲解的吸引力

首先，导游要集中注意力，注意和旅游者的情感交流。导游漫不经心、油腔滑调、敷衍塞责，抑或是旁若无人是达不到讲解效果的；如果到一个景点像打开录音机放一遍地讲解，而不顾旅游者的反应也是引不起旅游者共鸣的。导游既要集中精力讲解，又要察言观色，从旅游者的动作、表情、言谈中迅速捕捉旅游者最想听的内容和最想知道的知识，及时转移自己的讲解重心，强化、丰富旅游者感兴趣的内容，提高导游讲解的效果。

其次，讲解要准确、清楚、生动、自然。导游不但要准确无误地传递信息，正确使用语言，而且要创造美的意境，打动旅游者的心。"看景不如听景"，说的正是导游讲解的形象、传神、幽默、风趣，会使旅游者听起来津津有味。会个性化讲解的导游能面对不同旅游者采取不同方式，讲解不同内容。同是西安兵马俑，同是故宫博物院，不同导游使用的语言、讲解方式、内容深浅程度可谓千差万别，个性化讲解非有很深造诣的导游不能灵活把握，这实在非一日之功。

再次，导游讲解必须恰到好处，突出重点。不要像青蛙一样响成一片，而要像雄鸡那样,"一唱雄鸡天下白"。有人归纳导游常用的讲解方法,有简单概述法、分段讲解法、画龙点睛法、突出重点法、由点及面法、解释说明法、比较说明法、制造悬念法、有问有答法、故事讲解法、引用名句法、类似比拟法、虚实结合法、有的放矢法、引人入胜法、触景生情法,等等。必须指出,这些方法很难截然分开,它们总是相互联系、相互依存、相互渗透的。

最后,要善于利用现代化的导游辅助手段。声光色电的科技手段要尽可能为导游所用;同时,导游的手势、体态、眼神、表情也可以帮助增加表现力,增强讲解的生动性,提高讲解的效果。

(三)把握最佳时机和角度进行导游讲解

导游必须把握好观赏时机,这就是"寓景于情、借景抒情、情景交融"。例如蓬莱阁的海市蜃楼、泰山的日出、峨眉山的"佛光"、黄果树交错的彩虹都因季节、时机和气象而变化,导游只有把握好最佳的光照、时令和气候,才能将自然中的色彩美、线条美、形象美、音响美、静态美、动态美呈现在旅游者面前,此时如果采用画龙点睛的讲解方法,则可以收到事半功倍的功效。中国的人文景观多是含蓄、曲折地表现着人的境遇、思想、追求。比如白帝城永安宫中刘备托孤的彩塑,导游只有通过多角度的引导、讲解,才能使人理解刘备对儿子的教诲——"朕亡之后,尔兄弟三人,皆以父事丞相",对诸葛亮的嘱托——"若嗣子可辅,则辅之;如其不才,君可自为成都之主",那无奈神情中透出"长厚而似伪"的特点。至于故宫中一件件精美绝伦的文物,如玉雕《大禹治水图》,一万零八十斤,只有把握最佳角度才能使旅游者体会其独一无二,充分获得美的感受。

(四)应引导旅游者求同存异、宽容礼让

旅游团是一个整体,旅游者来自五湖四海,男女老少,各行各业,内部有点小矛盾是不可避免的,求同存异、宽容礼让是上策。首先,导游要让旅游者看到,天地如此之大,能在一起共同度过美好时光本身就是一种缘分,关爱弱势群体,"老吾老以及人之老,幼吾幼以及人之幼"都是中华民族的传统美德。提倡"少数服从多数",尊重大家的意见,因为旅游服务业有一原则——"为大家服务原则"。导游要使旅游者知道,只有随和、善解人意,人们才信赖你、欢迎你、关心你,你也会感到温暖、亲切,在和谐融洽的氛围中生活,你自己也会感到快活。其次,导游要让旅游者看到,旅游部门是为旅游者服务的,旅游者和旅游部门之间实际上是平等的人际关系和不同的角色。

(五)应引导旅游者适当降低期望值,提高满意度

旅游者外出一般都会产生求全心理,他们往往把旅游活动理想化,常常在生活和游览活动方面对导游提出种种意见、要求、建议,有的甚至对旅游活动安排横加指责,少数人还一味挑剔。导游应当引导旅游者,即使是豪华等级的旅游,也不会一切都符合个人意愿,更不可能以影视作品中的理想浪漫的旅游为标尺来衡量旅游活动。"带着希望去旅游比到达目的地更有趣",旅游者应保持良好的心态。如果活动安排与原有安排有出入,比如由乘飞机被迫改乘火车,旅游者心生不满,导游说明经过努力买不到机票的原因后,可以引导旅游者这样想:不能及早到乙地,失去了在乙地的部分游览时间确实可惜,但坐火车旅行可欣赏沿途风光,这是享受了空中飞行享受不到的乐趣。另外,导游应该说服旅游者在对旅游行

业提意见时,不要苛责,有益、正当的要求的提出要注意方式,因为"合理而可能"一直都是导游们的服务原则。"九天揽月,五洋捉鳖"的要求是无法实现的,就不应当得理不饶人了。再者,导游全心全意地为旅游者服务,甚至当遇到危险时,宁可牺牲自己也要千方百计保护旅游者的安全。旅游者应该学会换位思考,设身处地地为导游着想。能满足旅游者一切要求是导游最大的欣慰,在旅游途中,一个导游要组织活动、安排食宿、做讲解、协调关系,确实不容易,也需要旅游者的理解。

(六)应使旅游者保持最佳的游兴状态

旅游者精神饱满、游兴很高,并不时产生新的游兴,是旅游活动成功的基本条件。兴趣是动机中最活跃的成分,人们的兴趣受地位、职业、年龄、文化水平的影响,也受所处环境的影响和制约。游兴分直接游兴和间接游兴。直接游兴是指由景物的形象、知名度及特定旅游活动(如探险、放风筝)引起的兴趣。间接游兴是指受别人感染、影响而引起的兴趣,如导游的讲解、同团旅游者的影响。导游应让旅游者知道如何保持游兴,一是要有热情,不要对什么东西都冷漠,一副"曾经沧海"的架势;二是要克服自以为是的心理,耐心听导游讲解,听周围旅游者分析。导游的任务之一就是调动旅游者的游兴。他们往往会选择观赏景点的最佳角度,掌握空间距离和位置,把握观赏时机、观赏节奏,让旅游者得到愉悦的体验。简言之,导游进行心理调适,就是要让旅游者懂得:在旅游过程中,一定要真正独立地、自由地进入审美境界,才能尽情地享受美,真正获得观赏景观的愉悦。旅游者只要暂时切断与紧张、烦琐的日常生活和工作的关系,摆脱烦恼和不愉快的心情,就能在旅游中获得心理平衡,获得欢愉。

(七)注意带团过程中的细节

导游在讲解时往往容易犯一个错误,就是只顾着自己把所知道的内容,一股脑儿地讲出来,而没有去注意旅游者的反应,没有注意讲解词的质量,所以,效果往往也是事倍功半的。

1.导游讲解不是简单地背书

有相当一部分导游,在给旅游者做讲解时,把自己从书上背下来的内容几乎一字不差地讲给旅游者听。有些连书上的书面语都照搬无误,这样做难免使自己的讲解生涩难懂。导游要先把在书上看到的、记下来的知识消化掉,然后用自己的语言表达出来。这样,既易于记忆,也能使旅游者清晰地理解所表达的内容。

2.讲解的内容需要事先做好规划,层次分明

导游的讲解有些时候是混乱的,也许有些导游知识很丰富,但是他讲解起来却显得力不从心,讲得混乱,明明一开始是在向旅游者介绍这个,可是说着说着就跑了题,把有关无关的内容说了一大通,旅游者听得云里雾里。导游在知识储量足够的情况下,在讲解前就要把讲解内容做一个统筹安排。比如,准备突出哪些知识点,怎么突出,准备延伸哪些知识点,怎么延伸,每个点之间的衔接采取什么样的方法,怎样有意识地克服口若悬河的缺点,增加讲解的条理性。

3.要把握讲解的时机,照顾旅游者的心理需求

有些导游不管遇到什么样的旅游者,也不管旅游者是不是需要休息,他们都会滔滔不绝地做着详细的讲解。他们很辛苦,也很敬业。但是,旅游者的反应好吗?旅游者不会投诉,因为导游没有偷懒,但是,旅游者也一定没有把导游的讲解听进去,因为导游没有考虑到旅游者群体地域、层次、年龄、性别等差异,接一百个团,都是讲同一套东西;也没有考虑旅游者的生理、心理的需要,最后可能只落了个白辛苦的结果。

4.注意讲解时的语气和节奏

导游有了充足的知识储备,有了好的讲解词,把握好了时机和旅游者心理,就能做好讲解了吗? 其实,还差那么一点点。讲解时语速过快,语气过于平淡,语调缺乏抑扬顿挫,句与句、段与段之间缺乏停顿,一句话没有一个重音等,都会使讲解的精彩程度大打折扣。所以,导游不妨借鉴其他的艺术形式,如相声。当然,更重要的是要学习电视中好的旅游节目讲解人员、主持人等的语言技巧,使自己的讲解更加精彩。

课件

五、信息链接

信息 1

对旅游者要说好"不"字

在旅途中,旅游者时常会向导游提出各种各样的问题和要求。一般情况下,导游对于旅游者提出的要求都应尽量予以满足。但如果旅游者提出的要求不合理或不可能办到时,导游就需要回绝。然而,如果导游当场说出"不""不行""不可能""办不到"等,可能旅游者心都凉了。应该看到,绝大多数旅游者是通情达理的,有些旅游者的请求也是出于无奈。受各种客观条件的制约,一时半刻办不成事情,导游也切记不要开口就说"不"字。要知道,旅游者遭到拒绝之后,轻则表现为失望、伤心,重则对导游大发雷霆,还有的会与导游纠缠不休,一再讲些大道理,搞得导游伤心又费神,不知怎么办才好。

专家支招与指点

在旅游过程中,导游为使旅游者玩得开心、游得尽兴,应该竭尽全力为旅游者提供一流的服务。但在实际工作中,有些旅游者向导游提出一些有违情理、规范等方面的要求,导游应该加以拒绝。要避免因回绝不当而造成的尴尬,同时也为了能使导游服务工作顺利进行,导游还必须掌握拒绝的语言技巧。

一位国外旅游者问导游中国哪个领导人比较好。导游以曲语回避应对道:"您能否先告诉我,是华盛顿好,还是林肯好?"这类问题若直接回答,往往会使之后的交谈变得难以把握,所以必须回避。但是回避既要巧妙又要及时,既要避开难题又不能影响交谈气氛。导游的机智回答就为自己在谈话中赢得了主动权,比"无可奉告"一类的表达高明多了。

在交际时，导游会遇到旅游者各种各样的问题与要求，不可能都使之得到满足，因此拒绝是难免的。遭到拒绝总是一件不愉快的事，所以，导游要善于说"不"，要善于运用语言技巧来表达拒绝之意，以使拒绝的负面影响尽量减少，将旅游者的不快减到最小限度。拒绝的方法有很多，常见的有直接拒绝法、暗示拒绝法、微笑拒绝法、委婉拒绝法等。

1.直接拒绝法

直接拒绝，不是直接对旅游者说"不"。导游在直接拒绝旅游者时，一定要"先是后非"，即首先肯定旅游者动机或表明自己与旅游者的主观愿望是一致的，自己很理解旅游者的要求，然后再说明客观理由或摆明困难加以拒绝，并深表歉意。

某博物院为了保护文物，规定不允许旅游者拍照。但是有一次一批外国客人被精美的文物深深震撼到，纷纷向导游提出拍照的请求。导游面带微笑、态度诚恳地说："从感情上讲，我非常愿意帮助大家；而且大家喜欢中国文物，我很感动，谢谢大家！但在严格的规章制度面前，我实在无能为力，太抱歉了！"

这位导游在直接拒绝旅游者时，没有使用一个"不"字，可拒绝的意思表达得十分清楚，道理也在拒绝中表明了。加上导游在拒绝时始终微笑，语调柔和亲切，态度中肯，虽然是拒绝，但旅游者在心理上还是容易接受的。

2.暗示拒绝法

暗示拒绝，是指导游用巧妙的语言暗示旅游者，使旅游者自觉地意识到自己的要求的不妥。这种方式因语言委婉，旅游者容易接受。

一批商人旅行团参观某加工厂，看着眼前的精美产品赞叹不已，爱不释手。其中一位旅游者不断地向车间工人打听生产方法和产量，可是谁都不愿告诉他。最后这位旅游者只好询问导游，导游神秘地环视一周，再故作肯定地对这位旅游者小声说："他们说了任务下达多少，就生产多少；要求他们用什么制作方法，就用什么方法。"那位旅游者先是一愣，接着很快领悟了导游的言外之意——"是啊，这是商业机密"，就不再打听了。

3.微笑拒绝法

俗话说："上山擒虎易，开口求人难。"当旅游者向导游提出某种请求时，往往带有一种不安的心理，导游想拒绝却无法说明原因时，为了不给旅游者难堪，用微笑、摇头、摆手这些态势语拒绝是最好的选择。它既能缓和紧张的情绪使对方不至于难堪，又能免去言语不周而导致的麻烦，取得"此时无声胜有声"之效。

4.委婉拒绝法

委婉拒绝，是一种采用温和的语言进行推脱的回绝方式。采用这种方式回绝旅游者的要求，不会使旅游者感到太失望，避免了导游与旅游者之间的对立状态。

一位国外旅游者邀请某导游到其公司工作，这位导游回答说："谢谢您的一片好意，我还没有这种思想准备，也许我的根扎在中国的土地上太深了，一时拔不出来啊！"这位导游也未明确表示同意与否，却委婉地谢绝了旅游者的提议。

总之，导游在服务过程中，为了保证大多数旅游者的合法权益和旅游企业的正当利益，为了树立良好的导游形象，对旅游者提出的不合情理、不合法的要求，该拒绝时还是要拒绝的。导游在拒绝时只要态度诚恳、道理过硬、方法正确，有时候给旅游者以适当的补偿，旅游者就不会因为遭到拒绝而去投诉导游"服务不周"。

信息 2

导游做好工作的 16 项须知

(1)人生是旅行,而你是旅行教师。

(2)相遇两不忘,一个好心情。别忘记,你永远是一个给别人创造好心情的人。

(3)接受任何知识至少要确定两遍。

(4)熟悉你所带线路的每一个角落。一个小厕所也可能给你一个大帮助。

(5)给人家东西,要比人家期望得多,而且要高高兴兴地给出去。

(6)讲笑话要先排演。

(7)对清洁工人也要像对董事长那样友善。

(8)一天至少说三遍"你好、请、谢谢"。

(9)说"对不起"时,要眼望对方。

(10)要勇敢。天佑勇者,勇敢的举动会以你想不到的方式帮到你。

(11)记住你答应过别人的事情,信时守诺。

(12)旅游者需要信息量,讲大海时,不妨讲讲鲇鱼与沙丁鱼的故事。

(13)厚积薄发。不停地积累,才能不断地释放。

(14)善于宽容别人,善于找到别人的优点。

(15)永远记住,你是一只带线的风筝,注意与"家"中的联系。

(16)每一次导游,都是一次投入的演出。时刻思考你的角色怎样才能让人回味无穷。

思考与练习

1.利用互联网、电视、报纸等,对全国热点旅游线的导游讲解技巧进行整理归纳。

2.挑选一个旅游景点的导游词,分析其采用的导游技巧。

第二章 导游讲解的常用技巧、注意事项和要求

学习目标

◎ 明确导游讲解的基本技巧；

◎ 掌握导游讲解技巧与艺术的运用原则；

◎ 能灵活运用常用的导游讲解技巧。

导游要勤于搜集相关的知识、资料、传闻、趣事等内容来充实导游词，要大量学习相关知识，做一个学者型、知识型的导游。同时，导游带团前要认真准备，有针对性地进行导游讲解，练就扎实的基本功，传递"真善美""正能量"和社会主义核心价值观。

一、导游讲解的常用技巧

导游要有自信心，自信心直接影响着讲解水平的发挥与旅游者的信任感。导游有将景点介绍给旅游者的权利，有决定在什么地方讲、讲什么的权利，这是一个由广大旅游者赋予的权利。

（一）讲解的内容必须得体

得体，就是语言形式上的恰如其分，既能合乎讲解内容与讲解场景，又能反映导游的讲解风格。首先，导游语言要有整体的和谐感。导游作为一个特殊的演讲者，其和谐感体现在语言严谨而不显呆板、活泼而不轻率、幽默而不油滑、亲切而不低俗、明白而不粗浅。其次，导游语言要有合体的适应性。对不同的景点，运用不同的修饰词汇，采用不同的基调，如自然山水的轻快、园林建筑的斯文、文物古迹的古韵、革命史迹的庄重等。要因时、因景、因文，各有所宜。最后，导游语言要有个体的独特性。这主要是指导游的讲解风格，要与导游的个体气质、修养相吻合，或平和舒展，或朴实简单，或严谨翔实，情真意实，或激情昂扬。

（二）对待"行家"应自信从容

导游的强手主要来自两种人：一是同行人员；二是旅游者中的佼佼者。如果导游看不到自己的长处，甚至将长处也看成短处，那么，就无法开展任何一项工作了。优秀的导游，常将其他导游看成学生和听众，"台上目中无人，台下虚怀若谷"。既然已经"粉墨登场"，那就得要有"全无敌"的气概。这不是盲目狂妄，而是建立在"台下"练就的良好素质基础之上的自信。

（三）对待旅游者干扰要处变不惊

每个旅游者的成长经历不一样，学识、志趣、行业也千差万别。导游在讲解时，时常会有旅游者对导游发出各种干扰信息。其中有插话、私下讲话等；也有故意刁难，包括各种不和谐、不礼貌的言行。这就需要导游给予恰当的回应，对于这些不够友善的干扰，或者给予循循善诱，或者不予理会。一般不应该采取批评和训斥，以免旅游者产生逆反心理和对立情绪，使导游工作难以正常进行下去。

（四）对待讲解的失误要从容淡定

导游讲解应该实事求是，理当气"韵"。导游讲解时都是脱稿的，随时都有中途忘记导游词的可能，这样会影响讲解的质量与气氛。要避免中途忘记解说词的尴尬场面，最重要的是记住讲解的内容，尤其是那些格言警句等精彩的部分，都必须花时间去记。对于那些记不住的解说词可以不讲，或者干脆设置悬念，放到下次再讲；也可以现场求助于旅游者，让他们来为你解决问题，从而走出困境。但是"智者千虑，必有一失"，导游讲解中难免会发生口误。字字珠玑、滴水不漏的人毕竟是少数。口误既出，可以按照正确的讲解方法再讲一遍，确保讲解的可信性。

（五）讲解时间不够时要重点突出

现场讲解应该遵循预先安排好的时间表，在设定的时间内完成某个景点的讲解，一旦某个景点的讲解超出规定的时间，就会影响下一个游程的正常安排。因此，若是遇上时间不宽裕，讲解内容将超出时间的许可范围，导游就必须对所有的内容进行技术上的处理，及时调整讲解的策略。在保持讲解体系基本完整的前提下，删除部分内容，尤其是无关紧要的传闻、故事，或者将详述改为概述。需要注意，"虎头蛇尾""拦腰一刀"是不合适的做法。

（六）防止旅游者出现超限逆反心理

超限逆反，是指讲解的时间长，超出旅游者的心理承受力；抑或是导游因为旅游者赞成自己的讲解观念而滔滔不绝，这样会使旅游者原来的兴奋状态转为消极状态，产生超长逆反的心理。为了防止出现这类情况，导游讲解内容即使是旅游者感兴趣的，也要适可而止。要考虑不同层次的人的需要，讲解内容偏少单薄，不是优质服务；过多传递，讲个没完，也未必是为所有旅游者所称道的优质服务。一个大家都感兴趣的话题是不会引发旅游者逆反心理的。美国加州大学伯克利分校格赖斯教授认为，谈话之所以能顺利进行，是因为谈话双方都能遵循"四个准则"：谈话内容涉及的消息充分却不显得多余；谈话内容真实可靠；话语与话题有关；表述清楚，简洁明了。导游在讲解中，如果能很好地把握上述"四个准则"，就可以有效地防止旅游者超限逆反心理的发生。

二、导游讲解时应注意的事项

导游讲解技巧是导游的看家本领。以下是导游讲解应注意的事项。

(一)带团出发前要对团队有足够的重视

导游讲解如一次演讲，旅游者就是听众，演讲的目的是得到大家的认可。有很多老导游常常忽视这一点，因为带的团一个接一个，往往上车就是那些老套。也许已成型的导游词很精彩，但是不一定最完美。导游可以通过上网查询了解客源地的基本情况，如经济状况、特产、名人、新闻等，在讲解时偶尔穿插，尤其是特产、名人，不但可引起旅游者的共鸣，并且能在一定程度上满足旅游者的好奇心。如果导游带的是系列团的第二批，一定要问清楚第一批的基本情况。给全陪或领队打个电话，告知对方气温变化，嘱咐旅游者带好衣物、雨具、晕车药。跟司机衔接好，确定车型、车况、有无话筒，千万不要忽视了这些细节。导游本身就是一个需要面面俱到的管家式的工作，注重每一个细节，导游会发现受益最大的其实是自己。

(二)讲解的内容要精心准备

一次重要的演讲，你无论如何都会精心准备的，包括讲演稿，穿的衣服，演讲时的表情、动作，等等。导游讲解也一样，但是要准备的内容就更多了，不单是导游词，还要考虑到演讲的场地、车型的大小、旅游者的喜好和文化程度等。接团之后，用不少于 15 分钟的时间致欢迎词。一个行程当中最重要的两次讲解，一个是欢迎词，一个是欢送词。俗话说："好的开始是成功的一半。"精彩的欢迎词是为了打开局面。其实一般的旅游者都可以在导游上车后的前 30 分钟通过穿着打扮、语速语调及导游词的精彩程度判断出导游的水平高低。旅游者初来乍到，什么都感到新鲜，什么都想知道，但这个时候的旅游者也是最缺乏安全感的，是需要被引导的。如果此时能让旅游者通过欢迎词感受到导游的热情、幽默和真诚，便可在他们心中留下美好的第一印象，有利于更好地开展后面的工作。

(三)讲解要有的放矢

当第一次讲解完毕或是第一个晚上入住酒店时，务必对旅游者进行第一次摸底，也就是搞清楚团队的属性。首先，了解清楚旅游者是否属同一个单位，什么单位，公费还是自费，抑或"半公半自"，团里面最大的头是谁，管钱的又是谁，几男几女，有没有夫妻等基本情况。其次，当行程快走到一半的时候，最好通过跟旅游者互动做游戏的方式找出三个人：一是说话最管用的；二是最活跃、最配合的；三是问题最多、最不配合的。最后，采取以下措施：尊重说话最管用的，拉拢最活跃的，关注问题最多的。

(四)创造氛围,不要忽视讲解时的快感

导游最好通过游戏或其他互动方式充分调动起旅游者的情绪,一个良好的氛围会让人越讲越有状态,滔滔不绝,生动有趣。所以事先应该用一些手段来吸引旅游者的注意力。例如:来神农架不看土家族表演,简直等于白来了。讲解的快感是导游的原动力,这种快感类似于唱歌,是一种自我展示,是一种自我价值的体现,这种快感也能让人不断地进步。

(五)把导游词分成小块,关注时事和时尚

景点很大,要讲的内容很多,而且有主有次,这时你就需要好好地准备了。什么地方讲什么,讲多久?有没有高潮,两个景点之间如何过渡?把导游词要看成 N 个部分组合而成的整体。导游讲解过程中要注意表情、动作、声调的巧妙利用。平淡的叙述让人越听越困;丰富的表情、抑扬顿挫的语调加上适当的动作才会引人入胜。导游在平时生活中要广泛学习。例如,在车上顺嘴给大家说一段传统相声《报菜名》,可以取得良好的效果,收获旅游者的掌声。

(六)讲解过程中要和旅游者进行互动

说得容易做得难,导游在讲解时要随时留意旅游者的反应,发现有人注意力不集中的时候就问他问题:"×××大家知道吧?""您听说过×××吗?"讲的时候要顾及众人,不要把目光锁定某一个人,显得厚此薄彼。说到互动,一些口语化的技巧就能用上了。导游讲解比较特殊,有很大的发挥空间,所以应该博采众长,可尝试从相声等艺术体裁中吸取养分。在车上导游可以是演员,也可以是主持人,身份的微妙变化给了导游很大的发挥空间,如何利用就看导游自己了。

(七)每次开口都要有内容去吸引旅游者,适当借鉴别人的成果

开头的寒暄固然要说,但是开口第一句话(每个小段落的开头)一定要吸引旅游者的注意力,以便能够进入后面的状态。比如在故宫,进关雎宫的时候可以要大声念:"关关雎鸠,在河之洲。窈窕淑女,君子好逑。"然后解释为什么叫关雎宫,接着说说皇太极和海兰珠的爱情故事。有《诗经》作引导能把旅游者的注意力吸引过来,奠定良好的讲解氛围。再比如在永福宫的时候,进门时大声说:"兴亡二后,孝庄慈禧!"然后说说庄妃和慈禧的故事。这样一些可以引起旅游者注意的话,有时比其他所有的加起来还要重要。可以引用一些书上的见解,无形之中让旅游者不敢小瞧你的学问。可以时不时地加上"据我考证""我查过一些资料"等话语。

(八)可以恰到好处进行"自夸"

要把"我是一个好导游"这句话输入旅游者的潜意识。例如在孔府,游人很多的时候,旅游团经常不按顺序走展厅,虽然旅游者听着别扭,但这也是不得已的事情,可以这样和旅游者解释——"好的导游都会随机应变来应付各种情况,你看他们就比较死心眼,都挤在一个屋子里,我们反其道而行之!大家跟我走!"高兴的时候还可以吹吹牛,"讲孔府,山东的

导游还没有几个能讲得过我呢，他们都按顺序讲，我能倒着讲！什么叫倒背如流，今天就给你们露一手！"

（九）欢送词同样重要

带团就是通过导游的言行举止让一帮陌生人卸下防备，熟悉你、相信你、喜欢你、依赖你的过程。在即将送别团队的时候，一篇精彩的欢送词同样至关重要，甚至可以让整个行程达到高潮。一个团队不管成功与否，在最后分别的时候，其实所有的旅游者都清楚往后跟导游几乎不可能再见了，所有开心的也好，不开心的也罢，都已经过去了，玩了这么久，累了，也想家了，这个时候的旅游者是最亲切、最宽容的。如果你能再次勾起旅游者开心的回忆，顺便无比诚挚地就不尽如人意的地方再次表示深深的歉意，最后把你工作的难处，你的感动、不舍、祝福及所有"肉麻"的话全部讲出来，相信旅游者多少都会有些感动的，至少会在他们心中留下一个最后的好印象。许多优秀的老导游都是利用送站前的20分钟使团队气氛达到高潮的。欢迎词、欢送词，一前一后，首尾呼应，以热情起始，用真诚结束。

（十）送团后要及时回访，加深旅游者的印象

很多导游在送团之后都有一种如释重负的感觉，尤其是遇到质量不好的团队，巴不得旅游者一进安检飞机就起飞，然后回家好好睡上一觉。诚然，导游工作是对脑力与体力的双重考验，很累很辛苦，而且团队送走了，导游的工作也就结束了。但是真正敬业的、优秀的导游不会这么做，他们会选择在团队平安到达后的24小时内再次向全陪和领队致以真诚的问候，此时不需要打电话，发短信反而更合适，内容跟欢送词大同小异。因为很有可能在你发短信的时候，全陪刚好在公司报账，领队刚好在跟组团社商量结余款的事情，可以想象得出来，无意中收到远方的祝福信息，每个人都会开心，那么之前种种小小的不愉快，很有可能在这一刻烟消云散。这不光是对地接社负责（跟踪服务是地接社一件有力的武器），也是对自己负责。营销学有一句话叫"一次营销的结束是下一次营销的开始"。久而久之，你会发现自己的付出跟收获是成正比的。

当然，回访不要局限于发短信一种方法，也可以在团队玩得最开心的时候跟旅游者一起拍集体照，待旅游者回家之后，再打电话跟旅游者交流照片效果。表面上是为了照片，实际上是问候旅游者，让旅游者再次加深印象。这些照片，导游自己也可没事时拿出来看看，想想这个团成功的地方在哪里，失败的又在哪里。一个优秀的导游，善于吸取教训，总结经验，不断学习。导游工作无止境，世界上没有最厉害的导游，只有最用心的导游。

三、导游讲解的要求

对于旅游者来说，旅游至关重要的就是开心和安全。开心是指一种愉快舒畅放松的心情。出门旅游，心情好了，什么都觉得好；心情不好，再美的景色也会觉得索然无味。举例

018

导游讲解技巧（第二版）

说明,理论上来讲,住五星级酒店的旅游者要比住二星的旅游者体验更好,但事实未必如此。一个规格很高的团队,住的是度假村的套房,标准很高,结果分房时因为排名先后问题闹别扭,很不开心;而另一个团队,因为头天晚上是在车上睡的,加上当天玩得比较尽兴,尽管酒店的房间实在不怎样,旅游者却相当满意,喝酒猜拳玩得不亦乐乎。两个团队为什么会出现如此大的区别,主要原因就是两者心情不同。

(一)察言观色,深入沟通

人是情绪化的动物,这就要求导游具备敏锐的洞察力,学会察言观色,能够在第一时间了解旅游者的心情变化。当然,心理变化的过程是微妙的、抽象的。况且也不是每一个人都会把心情写在自己脸上,有深藏不露的,有小题大做的,有故弄玄虚的。真正学会察言观色是一个漫长的过程,需要平时不断地学习和揣摩,但有些东西是看得见的,比如团队的属性,旅游者是否累了、渴了、烦了等。在平时带团的过程中养成习惯,多看多想,实时监控,随时了解旅游者的情绪变化,再根据旅游者的情绪进一步深入沟通,一定要将旅游者不满的情绪消除在摇篮中。

(二)顾全大局,个性服务

导游要有大局观,尤其是带三四十人的大团,难免出现众口难调的现象。碰到这样的团队,让每个人都满意几乎不可能,这时导游务必遵循一个原则:少数服从多数。在团队刚刚到达的时候,导游还不是团队的核心,在接下来的行程当中,要借助旅游者领队的影响力,逐步成为核心人物,和领队一起协调有可能出现的分歧。比如说雨天路滑,大部分旅游者愿意坐缆车上下山,可仍有少数几个想步行上山,作为导游的你应该立即想到:第一,雨天台阶湿滑,存在较大的安全隐患;第二,如果兵分两路,不可能同时在山顶会合,势必影响下一个行程,甚至可能出现更大的分歧。为了保证大多数人的利益,对几个"顽固派"进行耐心细致的劝说,一般旅游者都会理解的。晚上入住酒店后,导游最好单独对那几个"被迫"坐缆车的旅游者再次进行解释安抚工作,或是在后面的行程中在不影响原则的前提下适当安排自由爬山的时间,弥补他们的缺憾,这就是有的放矢。导游不但要有大局观,还应该有针对性地提供个性化服务。

(三)将心比心,换位思考

导游面对的群体非常复杂,具有多样性。尽管旅游者来自不同地域、不同年龄、不同职业、不同社会层次,但有一点是相通的,那就是花钱买开心。做服务行业几乎没有不受委屈的,尤其是做导游,"客人坐着我站着,客人吃着我看着,客人玩着我累着"。只要讲解到位了、服务到位了,真正鸡蛋里面挑骨头、无事生非的旅游者是不常见的。但有的时候,导游已经做好了自己的分内事,也还是会遭到旅游者抱怨、指责,甚至投诉。比如半路上遇到堵车,到了索道遇到排队,上了山顶下雨了什么都看不见,回到酒店吃饭又觉得菜咸了等,这个时候导游的心里也很委屈。如果此时导游能站在旅游者的角度将心比心想一想,假如你花了钱高高兴兴地出来玩,结果遇到这些糟心事,你会开心吗?导游应理解旅游者的不满,然后进行安抚、疏导,动之以情、晓之以理,阻止不满情绪的蔓延扩散,想其他办法尽量弥补旅游者的遗憾。

有一个团队到张家界,30个人,那个时候景区的隧道还没修好,环保车只负责送到梓木岗,之后就不负责接送了。当时天色已晚,伸手不见五指,地接导游和全陪在那个月黑风高的晚上交涉了40分钟无望之后,只能调大巴车到梓木岗。上车之后,等了足足一个小时,又累又冷又饿的旅游者开始责难,而地接导游只用了一句话就平息了这场风波。地接导游拿起话筒:"我代表张家界环保客运公司总经理向大家致以深深的歉意!"就这样一句,让旅游者所有不快的情绪一扫而光。站在旅游者的角度批评环保客运公司的不足之处,帮旅游者出这口气,旅游者会感到舒服得多。

(四)超前意识、忧患意识

接团之前导游拿到行程就要开始盘算时间,分配游景点花的时间,计算路上的车程。导游的工作充满了太多的不确定性,尤其在旺季,一不小心就会出问题,这种时候光随机应变是不够的,还需要有超前意识。比如,订餐光订好餐标、口味还不够,还得想到在到达的时间,餐厅能不能坐得下。跟酒店确认房间,光确认间数还不够,还得确认楼层、房型,有没有空间稍大的,哪几间靠山,哪几间靠马路。如果房间不行,可以在团队没有到达之前赶紧调整好,这样可以在分房时省去许多麻烦。再说说忧患意识。所谓忧患意识,就是事前做好最坏的打算,无形之中降低旅游者的期望值。举例说明。众所周知,武陵源景区的天气是不可能完全预测准确的,如果碰到有可能下雨的阴天,导游要在车上郑重其事地交代旅游者:今天天气不明朗,很有可能会下雨,所以凡是带了雨具的朋友,请全部带上,一旦下雨将会相当麻烦。上山之后,若果真下雨了,旅游者会觉得你工作细致入微,经验丰富,料事如神。若没下雨,也没有人会追究你,要你承担让大家白拿了雨具的责任。而这时,你刚好可以借题发挥,说大家的运气实在太好了,像平时这样的天肯定早下雨了,下雨了又冷又什么都看不见,还是大家"吉人自有天相"。这样一说,旅游者心里肯定乐开了花。

(五)充分认识旅游者在体质上存在的差异

对一个旅游团来说,除上述情况,旅游者在体质上的差异也十分明显。导游一方面要满足旅游者求新、求美、求知的需求;另一方面要照顾好年老体弱的旅游者。导游带领旅游者去景点游玩、去饭店用餐等,都应在行走速度上掌握节奏。要知道,一般体质好的旅游者大多数是跟导游身后的,而那些体质较弱者或年老体衰者总是落在队伍的最后面。比如,一位导游带领一个团队从山下爬到山顶,第一个到达者和最后一个,前后时间竟相差了2个多小时,这多危险!万一途中有位旅游者发生意外情况怎么办?为此,导游在处理行走节奏上,应尽量使整个旅游团队始终保持在一定的距离范围内活动,整体移动应使得导游既能管住"面",又能抓住"点"。再比如,带团参观南京中山陵,从底下走到纪念堂前共有392级台阶。导游带了一段路就站在原地开始讲解孙中山先生的伟大一生。等到后面的旅游者到齐后,导游又归纳性地总结及介绍孙中山先生的趣闻逸事,然后带领旅游团队继续行走。过了一会儿,这位导游又停下来,讲解孙中山先生墨迹——"天下为公"的历史背景和由来。之后,他停下来讲解纪念碑、两侧的桂花树……就这样,导游一会儿停,一会儿讲,停停讲讲,讲讲停停,带着旅游者一直来到纪念堂门前,旅游者既不觉得累,又增长了不少知识,整个旅游团没有一个旅游者掉队和走失。

(六)管大抓小,有机结合

所谓"管大抓小",是指导游应正确处理多数旅游者与少数旅游者利益关系的问题。导游在保证完成任务的前提下应尽量满足旅游者合理又可能的要求,不应该有意或无意地去伤害旅游者的自尊心。对于旅游者之间发生利益矛盾冲突的问题,最为恰当的办法莫过于事先把工作做得尽善尽美。比如,一个旅游团队中,大部分旅游者想去某景点观光游览,一小部分旅游者认为该旅游项目没多大意义而想去购物。这时,导游可将想要购物的旅游者安排在旅游景点附近的购物商场,并且确定全体集合的时间,先将购物的旅游者送到购物商场,然后带领另一部分旅游者进行景点观光游览,再按照规定时间上车,将全体旅游者集中起来进行下一个旅游项目。导游千万不要临时来一招所谓"举手表决"的方式,结局也许不是多数与少数的问题,可能出现意见得不到统一的尴尬,那时导游将完全处在被动的局面。

(七)处理好与领队和"群头"的关系

带团顺利与否,和导游与该旅游团的领队关系处理得好坏有很大关系。一般地说,旅游者把领队视作可信赖者。导游首先要积极争取领队的支持和配合,千万不可有"到了我的地盘就得听我的"的错误思想。同时,要在对领队表现出尊重和支持的基础上,建立起良好的正常的感情。一方面,尽可能地满足对方的需求,合情合理地做到"主随客便";另一方面,可以通过领队了解旅游者的心理和愿望,并且速记每位旅游者的姓名,尽早地说出他们的姓和名,这样彼此的心理距离就拉近了。

另外,许多导游也许会有这样的体会,就是每一个旅游团中自然都会产生一个或几个"头",这些"群头"大都好胜心强、好表现自己。某些"群头"还存在爱出风头的表现。这些人在旅游团队中一般威望高、影响大、说话灵,旅游者也都支持他们的行为。如果导游在某些问题上的意见和旅游者不一致,并且在众人面前指责他们时,那么,这些旅游者就会煽动"群头"向导游发动反击和进攻。另一部分旅游者明知"群头"做法不妥但为了顾全"群头"的面子,也纷纷加入进攻队伍。要妥善处理好与"群头"的关系,办法有两条:一是利用"群头"的特点来积极配合,组织好导游工作,充分发挥"群头"的"责任心";二是主动找"群头"个别地做旅游者的工作,与其商量,以满足"群头"的自尊心和荣誉感。

(八)灵活机动地搭配活动内容

1.掌握游览活动中的一般规律

常言道:"有张有弛,先张后弛。"这句话生动地诠释了导游在带团过程中应掌握好游览活动的节奏。导游对景区景点的考虑应首先遵循"旅速游缓"的原则,这符合旅游者的心理。旅游者往往一上车就急于到达目的地,途中的时间在大多数旅游者看来是多余的。导游带团到达景区后,对景点的选择应采取"先一般后精彩、渐入佳境"的方法,高潮要放在最后。这好比观看电影,精彩的结果往往给人以满足舒服的感觉。比如,导游带领旅游者参观南京时,可先游玩中华门、雨花台、玄武湖等景点,然后安排东郊三个景点,即中山陵、明孝陵和灵谷寺。在游览景点时,应按照最佳路线行走,避免走重复路线和回头路线,角角落落不一定都要跑遍,当然有价值和非去不可的地方,另当别论。

另外,导游要兼顾"先远后近"和"先高后低"的原则。所谓"先远后近",是指在游览活动中,先到离旅游者住宿点最远的一个景点游玩,然后逐渐地向旅游者住宿点靠近,这样做的目的是给旅游者安全感,等到一天游览结束,旅游团也离住宿点近了。所谓"先高后低",是指可以先安排登山项目,这是因为旅游者在游玩第一个景点时其精神状态及体力最为充沛。反之,一天游玩结束前再安排登山活动,也许相当一部分旅游者因体力关系,只能望而却步。

2. 旅游活动内容搭配要进行艺术化处理

导游是组织游览活动的核心人物。导游在活动内容的搭配上是否妥当,活动节奏是否合理,这些都影响着旅游者的情绪和心理。导游把握好游览活动中的内容搭配,实质上是掌握导游工作的主动权。一般地说,旅游者参加旅游活动时既是兴趣浓厚的,又是广泛好奇的。这为导游工作提供了良好的前提。问题是如何使这种兴趣和好奇进一步得到发展和满足,使旅游者高兴而来、满意而归。

首先,当天的游览景点安排要避免雷同。要知道旅游者来到他乡,不是为了"到此一游",而是为了陶冶情操,以及更高的精神上的追求。人的需求是多方面的、多层次的。旅游者在旅游过程中的需求内容也是不断变化的。现代的导游所提供的服务不仅仅是游览范围内的,还要体现在满足旅游者多方面、多层次的需求上,适应旅游者不断变化的需要,从而使旅游者有宾至如归的感觉。从心理特征来看,现代旅游者共同的心理追求是探奇、求新、求知等。所以,导游在安排当天的游览内容时应尽量避免重复,如上午安排参观寺庙,下午就可安排游览园林或参观工厂,又如上午安排游览溶洞,则下午最好安排游湖等。参观与游览兼顾是避免内容重复的好方法。

其次,游览要与购物、娱乐相结合(购物必须在旅游合同中注明)。游览是旅游者的首要"任务"。但是从现代旅游活动的内容上讲,它包括吃、住、行、游、购、娱六大环节,在某种意义上,导游水平的高低就表现在这六个环节上调节运用水平的高低。调节运用得法,旅游者能得到很大的满足和享受。反之,遗憾、喧哗、愤怒等会不断出现,使得旅游者高兴而来,却扫兴而归。旅游六大环节中,"游"是龙头,其余五个环节是龙身龙尾,缺一不可。游览要与购物、娱乐等相结合,才能满足旅游者的最大需要。据中国和世界各大旅游资源国的统计,一个旅游者所花的费用约有 50% 用于购买旅游商品。因此,有许多旅游接待国家把旅游商品作为重要的旅游资源来加以开发利用。

必须提醒的是,晴雨天的变化也是导游需要时常留意的。常言道:"天有不测风云。"比如,尽管导游已预告第二天的天气情况,告知旅游者防止因天气变化而引起的伤风感冒,可是有时老天爷还是"翻脸无情",将晴雨天气弄颠倒了。导游做好天气情况预报固然是重要的,但还要做到心中有"谱",这样才能掌握主动权,随时调整旅游项目。就一般情况而言,晴天时宜以室外活动为主,而雨天时则宜把旅游项目放在室内,这样做除了能使旅游者免遭雨淋,还能体现出导游变不利为有利的能力,以及对旅游者的爱护和关心。

(九)重视注意事项的交代,着重强调

不少导游认为,交代注意事项只要选择一个机会总体讲一讲就可以了,何谈"重视"二字?其实,冷静地想一想,导游在整个旅游活动中要交代的注意事项的数量还少吗?比如,上车、下车、途中提醒驾驶员危险地带等。介绍注意事项的实质其实就是交代安全问题,没有安全就没有旅游。因此,导游交代注意事项不是一下子就能解决问题的,而是体现在时时处处的。从导游的工作角度考虑,注意事项包括旅游者在景点逗留多长时间,怎样解决在异乡他地的诸多不便,如何尊重当地的民俗礼仪,旅游者必须遵守哪些规定,旅游者在购买土特产品时应如何妥善处理与当地商家的关系,等等。注意事项的交代工作应该引起广大导游足够的重视。另外,导游在带团过程中哪些已经交代过,哪些还没交代过,思路必须清楚,方法可灵活机动。

(十)灵活掌握讲解内容,排除干扰

导游在景点或旅游车厢内向旅游者讲解时,有的旅游者不愿听讲,有的还聊天、开玩笑,甚至做其他事情。这些干扰因素既妨碍了其他旅游者的听讲,同时也使得导游内心很不愉快。此时导游必须控制自己的情绪,并且迅速查找产生干扰的原因,及时调整讲解内容、方式方法及讲解时间,努力引起旅游者的听讲兴趣。这些干扰因素大致可分为主观性和客观性两大类,具体又可细分为:①导游所讲的内容缺乏针对性,过高或过低地估计旅游者的层次;②导游讲得太多、太啰唆,旅游者感到厌倦;③导游讲解水平一般,既无新意,又无特色,而且语音、语调、语气没有变化;④导游所用的词汇不确切,旅游者听不懂;⑤导游对游览项目的安排过于紧张,没有给旅游者交流的时间;⑥旅游者过于疲劳,没有精神听导游讲解;等等。找出这些干扰因素,导游就要采取相应措施,灵活机动,以使旅游活动顺利地进行下去。同时,根据旅游者的需求和兴趣,既要做到主随客便,又要通过有针对性的讲解,引起旅游者注意,激发兴趣、诱发联想、感染情绪和满足欲望。当然,旅游者如果真的累了,大家都在车厢内休息,此时导游最好不要去打扰他们。

(十一)对待"小团体"要巧妙

旅游团往往是个大团体,而大团体又是由好几个小团体组成的,其组成的对象有家庭成员、亲戚朋友、单位同事等;还有一种情况是,大家原先互不认识,后来经常在一起接触,彼此间有了感情,于是无形中也成了小团体。旅游团队中的小团体是客观存在的,我们提倡的是具有积极健康意义的小团体,它能起到满足旅游者交际需要的作用,我们反对的是那些仗着人多势众惹是生非的"乌合之众"。应该说,旅游团队中的小团体之间发生些矛盾或产生敌对情绪的事是经常发生的,它会影响整个团队的情绪,但总体上问题还不算严重。

小团体原则上是随着旅游团队进行活动的，但是一旦出现自由活动时间，他们会立刻抱成一团，喜欢做他们认为值得的事情，甚至是向导游提出集体离团活动。当然，这里面包含着好与不好两种因素。比如，自费添加酒菜，晚上观看演出、吃夜宵、到夜市去购买便宜货等。导游要善于总结好的方面，满足旅游者各种需要，并且组织好各种"题外"活动，使小团体的有用经验变为整个团队的共同财富。比如，有些小团体很懂得玩，他们一到晚上就会去寻找或打听接待计划中没有的"精彩节目"。

一名成熟的导游要对自己所带团队的情况有充分的了解，他们都是什么样的人，哪些是小团体的"灵魂"和"代表人物"，心里都要有谱。不管他们身份如何、目的怎样，他们都是导游所服务的对象，导游都得尽心尽职地做好服务工作。在旅游过程中，应该支持他们积极有利的方面，警惕和防止他们利用服务缺陷制造消极影响。

比如，一个小团体的旅游者都是"酒鬼"，他们每晚都要喝酒，使其他旅游者不得安宁，深受其害。又比如，有旅游者为买当地土特产与商店老板发生矛盾和斗殴，严重影响整团的旅游时间；还有一些年轻旅游者在景点大喊大叫、追打嬉闹。对于这些问题，如果导游视而不见，袖手旁观，那么许多旅游者就会对导游产生不满情绪，有的还会向导游提出投诉。这时，导游必须立刻站出来加以制止，不但要求这些扰乱者停止扰乱，同时也得向他们讲清楚利害关系。

视频

但是，导游的劝说并不见得总有成效。在劝说失败的情况下，导游可以通过第三者（包括饭店经理、景点保安等）来协调关系，也不妨采取书面规劝的方式来要求这些旅游者有所收敛。总而言之，这些措施必须在出现严重扰乱时才可采取。在通常情况下，还是以说服规劝为主，千万不可轻重不分，否则就容易出错。

课件

四、信息链接

导游讲解技巧（第二版）

信息 1

杭州宋城导游词讲解示范

各位游客，宋城是南宋文化的延续，是大家了解杭州历史文化的窗口，是我们体验杭州休闲之都的精华所在，是大家整个旅行中最有乐趣、最重要和最值得回忆的部分。《宋城千古情》连续演出二十几年，演出场次过万而经久不衰，的确能算得上经典之作。我们到了杭州，没有理由不去感受它的梦幻美，感受它的文化和精彩。一本好书，我们可以百看不厌；一部经典能流传千年；同样，一部好的影视剧我们也会看上好几遍等。我们依然能在看的过程中找到乐趣，找到真理。要说《宋城千古情》，我的确看得太多，我也不记得看了多少遍，和家人看，和朋友看，包括和不同的客人看，每一次我都有不同的感受，每一次都会被里面的情节感动。其实很多事,当我们第一次尝试的时候,我们总会有这样那样的顾虑,当我们尝试过,感受过它的乐趣的时候,我们应该分享和传递这种快乐。作为导游的我们更是这样。当客人看完,说太精彩、太好看的时候,当客人说我一定要带家人来看的时候,当客人说下次请你帮我们订贵宾席的时候,你们可能想象不到我有多开心,因为我传递和分享了杭州带给大家的快乐,导游的快乐就是见证你们快乐的时刻,就像你发现了一家好吃的店,你带家人和朋友去吃,发现好玩的,带家人和朋友去玩一样!《宋城千古情》是值得一遍遍看的,不管你们有没有看过,都值得再看一次,相信你和不同的人看感觉是绝对不一样的,要是你没看过那就更不用说了。

专家支招与指点

宋城演出作为杭州旅游线中重要的旅游项目,可推荐给旅游者。但作为一条大众线路,来过宋城的旅游者也越来越多。大家是不是也有遇到,当我们兴致勃勃地推荐一个项目时,旅游者一句看过了或玩过了,很自然地就把我们挡了回来。当导游接到这样的团的时候,在推荐的过程中可以做一些有效的预防。该导游词的精华就在于说明了多次看宋城演出收获都会有所不同。

信息 2

舟山跨海大桥导游讲解示范

舟山跨海大桥(又名"舟山大陆连岛工程"),是国家高速公路网甬舟高速公路(G9211)的主要组成部分。跨海大桥由浙江省交通投资集团投资建设,起自舟山本岛的 G329 国道鸭蛋山的环岛公路,经舟山群岛中的里钓岛、富翅岛、册子岛、金塘岛至宁波镇海区,与宁波绕城高速公路和杭州湾大桥相连接。舟山跨海大桥跨 4 座岛屿,翻 9 个涵洞,穿 2 个隧道,投资 130 亿元。2009 年 12 月 25 日下午在金塘岛举行了大桥通车仪式;当晚 23 时 58 分,大桥正式对社会车辆开放。

规模浩大、地理位置特殊的舟山跨海大桥在建设中"逼"出了近百项技术创新成果。目前已鉴定的 25 个科技项目中,1 项达到国际领先水平,20 项达到国际先进水平,4 项达到国内领先水平。这些成果为大桥的顺利建设提供了强有力的技术支撑,也使大桥建设创造了诸多世界第一。

专家支招与指点

导游讲解时要强调行车路线,方便旅游者自驾车前来旅游观光。

(1)杭州方向:从杭甬高速过来的车辆,可在宁波高桥互通转上绕城高速,往保国寺方向到前洋互通后,从宁波北出口下高速,走北外环路,在庄合线左转,从蛟川收费站上舟山跨海大桥宁波连接线。

(2)上海、嘉兴方向:从杭州湾跨海大桥过来的车辆,到前洋互通后,从宁波北出口下高速,走北外环路,在庄合线左转,从蛟川收费站上舟山跨海大桥宁波连接线。

(3)宁波方向:从宁波过来的车辆,可从宁波世纪大道过常洪隧道走 G329 国道,至北外环路右转,驶上镇海庄合线,从蛟川收费站上舟山跨海大桥宁波连接线。

(4)台州、温州方向:从甬台温高速过来的车辆,上姜山互通后,转上绕城高速西段,到前洋互通后,从宁波北出口下高速,走北外环路,在庄合线左转,从蛟川收费站上舟山跨海大桥宁波连接线。

(5)高速交警提醒,万一车辆错过了宁波北出口,可以从保国寺出口下,走地方公路骆观线,行至 G329 国道右转,至北外环路左转,往庄合线方向,从蛟川收费站上舟山跨海大桥宁波连接线。

思考与练习

1.简述导游应该如何快速地与旅游者进行互动。

2."眼睛是心灵的窗户",简述导游讲解时应该如何注意自己的目光。

补充视频

第三章　提高导游讲解水平的对策

随着人们生活水平的提高，人们的文化修养更高，对知识的更新更加重视。文化旅游、专业旅游的发展，对导游服务提出了更高的知识要求。导游必须提高自身的文化修养，掌握渊博的知识。导游的类型有很多种，比如控制型的、讲解型的、活泼型的，团队的构成千变万化，比如机关单位团、老年团、教师团、考察团、记者团、散客团。对于导游来说，导游讲解排在第一位，带领不同类型的旅游团队都需要以讲解为重要支撑。

一、导游讲解的重要性

导游若想提高自己的讲解水平，必须丰富自己的知识，多看看当地的新闻报道，整理自己的导游词资料，手中不仅要有最新版本的导游词，还要有一些补充的资料、年鉴等，多听听同行是怎么讲解的，不断地讲，不断地学习，才能不断地成长。作为地接导游，讲解生动、有吸引力才能做到旅游者在景区不走散、不走丢。如果一个导游可以在同一个地点讲上 10 分钟、20 分钟，而且在很多关键的景点，其讲解优于其他导游，团队的旅游者会觉得这是很有面子的一件事情。

(一)优质导游讲解服务可以提高导游服务的质量

导游讲解是导游服务的核心内容。导游服务包括导游讲解服务、旅行生活服务、市内交通服务，其中导游讲解是灵魂。导游讲解是导游在带领旅游者游览过程中对旅游地的景观特色的阐述分析、对旅游地人文旅游资源的描述，从而提炼出旅游者感兴趣的旅游元素和内涵。优质的导游讲解能向旅游者提供最新的信息、最好的服务，能满足旅游者的求新、求美、求乐的旅游需求。导游讲解的目的是让旅游者充分了解旅游地景区景点的相关信息,欣赏旅游地景区景点的自然景观和人文景观,使旅游地景区景点在旅游者心目中的形象得到美的提炼,使旅游地景区景点的美景和旅游者美的感受、知识的充实完美结合。

(二)优质导游讲解服务有助于文化的传播

旅游是一种文化传播的方式,能够将目的地的文化传播到客源地。随着旅游业的发展,越来越多的国家注意到了旅游的这种功效,并将其作为国家文化对外宣传的重要窗口。面对这些,导游更应该通过引导和生动精彩的讲解给旅游者以知识、乐趣和美的享受。导游通过与旅游者的日常交谈,凭借高超的口头语言表达能力,艺术化地、深刻地把旅游地景区景点的文化内涵传播给旅游者,可以说,导游每时每刻都在传播一个地区或民族的传统文化和现代文明。导游在讲解中掺进当地的民俗文化,讲民俗、唱民歌、演绎民间故事和表演地方戏曲小段,用自己个性化的语言及表达方式,把旅游地景区景点的深层次文化底蕴传播给旅游者,努力让旅游者在参观中有所收获,并使之成为一种艺术享受。

(三)优质导游讲解服务有助于增进旅游者之间的相互了解

旅游是人类的休闲活动,目的是放松休息或增长见识等。在这个过程中,人们的心情较其他正式活动来说更轻松、更愉快。旅游能够增进人与人之间的交往,远离城市喧嚣带给人们的交往恐慌。

(四)优质导游讲解服务可帮助旅游者感受景观的美学价值

导游是旅游审美信息的传递者。旅游者由于自身知识的缺乏和对旅游地景区景点的了解不全面,不能够尽兴地欣赏大自然的美,这就要求导游广泛学习各类知识,认真掌握传播技巧,通过精彩的讲解帮助旅游者体验旅游地景区景点的美学价值。例如,旅游名城承德,它的旅游资源类型繁多,种类丰富,既有自然景观,又有人文景观。自然景观中有典型的丹霞地貌和国家级自然保护区与森林公园。在人文景观中,又有世界顶级的文化遗产——避暑山庄与周围寺庙。要做好承德的导游工作,导游就必须不断学习,丰富自己的知识,包括掌握历史知识尤其是清朝的历史知识,还须掌握园林知识、宗教知识和美学知识。只有掌握了广博的知识,才能挖掘出旅游地景区景点的文化内涵和美学价值。避暑山庄是我国现存最大的皇家园林,导游带领旅游者到山庄游览,必须了解皇家园林、私家园林、寺院园林的异同,了解东西方古典园林的异同。在游览时,要结合具体的景物,将中国古典园林的立意构思、掇山理水、亭台楼阁、莳花栽木、题名点景、诗情画意等审美要素和审美特征加以传递。这样,在导游讲解服务中才能为旅游者准确地传达出景观所蕴含的文化与审美信息,给旅游者带来更多的审美愉悦和精神享受,并赢得旅游者的敬重。

为准确传递审美信息,帮助旅游者感受旅游景观的美学价值,导游在讲解中,要采取灵活多样的手法。导游如果讲解呆板,手法千篇一律,介绍流于形式,旅游者很难感受到景观蕴含的美学价值。低水平的导游讲解,甚至会使原本很美的景观降低了对旅游者的吸引力,损害了其本身的美学价值。因此,导游要深入钻研,掌握各种讲解方法,在实际服务中,注意观察旅游者的表情与心理,因团、因人、因景而异,灵活运用各种手法,恰如其分地进行讲解服务,为旅游者准确地传达出景观蕴含的审美信息,有效地帮助旅游者欣赏旅游景观的美学价值。

二、导游讲解的现状与不足

当前,我国导游队伍的整体状况良好,广大导游热情为旅游者服务,积极钻研业务,遵纪守法,为中国旅游业的发展做出了积极的贡献。但导游队伍在思想素质、业务水平、服务技能等方面还存在不少问题和缺陷。

(一)导游队伍等级结构不合理

尽管近年来中国导游队伍逐步壮大,人员素质不断提高,但从整体上看,导游队伍学历水平偏低,等级结构不合理,初、中、高、特级职称比例严重失调。导游的学历和专业技术水平与中国旅游业可持续发展的要求差距较大,并在一定程度上影响和制约着中国由旅游大国向旅游强国跨越的实现。

(二)导游人员流失严重,稳定性较差

当前,许多导游人员把导游看成一种过渡性工作,没有把导游工作作为自己终身事业的追求,人员流失率较高,持资格证书人员的流失严重,尤其是持中、高级导游等级证书人员的流失。导游队伍稳定性较差,影响到整体素质的提高。

(三)知识结构单一,缺乏复合型导游人才

导游是一个知识性、专业性强,又具备较高综合能力要求的职业。当前,中国导游队伍中一个普遍存在的问题是知识结构单一,尤其是史地文化知识贫乏。作为一个对外交流的"窗口",导游队伍外语水平普遍偏低,汉语类导游人员与外语类导游人员的比例失调。在外语类导游人员中,一些语种人数与中国入境旅游者的数量不成比例,如中国客源市场需求量较大的会韩语、泰语、意大利语等语种的导游人数太少。

(四)导游个性服务意识淡薄,情商教育欠缺

当前,大多数导游为旅游者提供的服务是规范化、程序化的服务,旅游者合理的个性化需求不能积极有效地得到满足。加之,导游服务是一种情绪服务,心态和情绪控制是做好服务的关键,导游在把握自我情绪、揣摩他人内心情感和有效进行人际沟通能力等方面的训练还有待加强。

三、常见的提高导游自身综合素质的方法

如何提高导游讲解能力成为现在导游亟须解决的问题。导游只有通过长时间自觉的知识积累和语言练习才能达到较高境界。其中有十个方面是导游应该注意的。

(一)知识面应横向扩张,做到广博

导游在平时要多积累相关知识,要有发散性思维,能由已经掌握的知识点联想到没有掌握的知识点。如在讲解南岳大庙御碑亭时,导游会告诉旅游者里面驮碑的神兽叫作"赑屃",相传是龙生九子当中的一个。那么,龙的另外八个儿子是谁? 各有什么特点? 这就是由一个普遍的知识点横向扩张到另一些相关的知识点。这些知识点有些可以融入导游词当中,使讲解更加详细全面,而有些可以作为知识储备,以应付较高层次旅游者所提出的一些问题。

(二)知识点应纵向深入,做到精深

在讲解当中,有时旅游者有兴趣,导游可对某一问题或者文化现象进行深层次的探讨。如果就这一问题或文化现象,导游跟旅游者知道得一样多,甚至还没有旅游者知道得多,无法引导旅游者深入下去,那么旅游者的需求也就不能得到满足。所以导游在平时要对景点或者某一种文化现象进行深入的研究。比如在湖南带团时,导游一般都会介绍湖南人才济济的现象,而很多旅游者更感兴趣的是他们当中的某一个人,或者想更多地了解湖南优秀的人才,想知道湖南产生"人才喷井"现象的深层原因。如果导游没有这方面的专题知识,便无法进行深入的介绍或讲解。在湖南,可以供导游进行专题研究的东西很多,如书院文化、湖湘文化、宗教文化、抗战历史、少数民族风俗等等。

(三)应形成自己的讲解风格,做到独特

同一件事情,有的导游讲解过后会给旅游者留下难忘的印象,而有的导游讲解过后旅游者反应平平,听了就忘。其中一个重要的原因,就在于有无讲解风格。要想形成自己的讲解风格,首先,导游平时要多看语言性强的节目,如相声、评书等,注意吸取各家口头表达方面的长处。如相声当中常见的"抖包袱"技巧,评书当中对事物细节的表述、语速的快慢、现场的把握等都是值得导游借鉴的。其次,导游平时要多练习朗诵,声情并茂的朗诵能培养语感、提高发声水平。最后,导游在讲解时要善于使用无声语言,如肢体语言、目光语言、服饰语言等,有声语和无声语在讲解中要默契配合。

(四)不要人云亦云,做到新奇

很多导游几年如一日地重复着同样的导游词,毫无创新意识,甚至有的导游从来没有对一些问题进行过求证,人云亦云。这也是导致导游讲解水平停滞不前的一个重要原因。导游词精不精彩,除了导游的语言表达能力,内容翔实、见解独到也是一个很重要的部分。在讲解当中,所涉及的东西广,天文地理、人文历史,虽不苛求完全正确,但是一些常识性的知识务必准确,而一些有争议的问题最好能亲自查阅资料进行核实,所以导游应该多创作自己的导游词,并要有自己独特的、正确的见解。比如,在讲解岳麓书院讲堂那两把椅子时,很多导游解释说古代书院讲课是两位老师,一位负责"讲",一位负责"解",讲解讲解,一讲一解,当然是两把椅子了。这就是以讹传讹,误导旅游者——其实摆两把椅子是为了纪念朱熹和苏轼。再如,很多导游介绍长沙地名的来历时,解释长沙城市的得名是因为长沙上空有一颗星叫作长沙星,古人认为"天有列宿,地有州域",长沙地名缘于长沙星,所以又

叫"星沙"。其实这是错误的,最早有关于"长沙"记载的是《逸周书·王会解》,成书于3000多年前,写的是周成王的事,提出"天有九野,地有九州"理论的著作是《吕氏春秋》,而天上二十八星宿的提出也是在西周末年至春秋时期,比"长沙"一名的提出晚了几百年,足可见长沙不是因为对应长沙星而得名,反而有可能是天上哪颗星因为地上有个长沙城而得名"长沙星"。

(五)讲解要有中心内容,做到集聚

有些导游虽有着丰富的知识,但是在实际带团过程中,尤其是在沿途讲解中很难把这些知识连贯地组织起来,讲解缺乏"过渡"和"伏笔",形成了重点不突出、内容散乱、前后不连贯等问题,这就需要导游注意多总结、多思考,要有意识地确定讲解的中心内容,如多问问自己在这段路上要给旅游者讲些什么,通过这段讲解要达到什么样的效果,各知识点要尽量平稳、自然地衔接和过渡。只有在实践中不断地总结改进,才能达到运用自如、信手拈来的境界。

(六)要加强口头表达能力的培养,做到流利

导游讲解方式主要是口头表达,而讲解质量的高低直接取决于导游的口头表达能力。导游语言虽属口头语言,由口头直接表达,但也要以文字化的语言(导游词)为基础。一篇好的导游词绝不是景点材料的简单罗列和堆砌,它需要形象、生动,能够吸引旅游者的精彩的语言。因而,有一套完整的导游词是口头讲解的坚实基础。

(七)要养成良好的心理素质,做到沉稳

导游的工作对象是旅游者,他们来自五湖四海,来自不同阶层,他们的文化和社会背景不同,性格气质差异也很大,可以说导游每带一个团都要面临一群完全不同的旅游者。处理好每一件棘手的事情,处理好与旅游者之间的关系是每一个导游必须具有的心理素质。面对突发事件保持冷静,妥善处理,实现旅行圆满结束的最终目标是导游自身价值的完美体现。

(八)要加强身体素质,做到强健

导游工作是一项脑力劳动和体力劳动高度结合的工作,事务纷繁,量大面广,尤其是在旅游旺季时,导游往往连轴转,整日、整月陪同旅游者,无论严寒酷暑,长期在外工作,体能消耗大,常常无法正常休息。而且,导游的工作对象复杂,带团过程中导游需要满足的需求多种多样。因此,导游必须做到能力强、水平高、身心健康。这就要求导游加强自身锻炼,提高身体素质。俗话说:"身体是革命的本钱。"首先,导游应注意体能的训练。平时要加强体育锻炼,保持良好的生活习惯,有些导游为了身材,刻意少食减肥,这是不利于身体健康的。其次,在工作中,导游应注意忙中偷闲,适当休息,全陪应把酒店作为家的延伸,留出自我调整的时间,以便能够正常地为旅游者提供服务。再次,导游下团后要及时调整自己,不要酗酒抽烟,不要通宵达旦地娱乐。最后,对于因常年带团造成的身体疾患,要予以重视、及时治疗。

（九）要提升道德修养，做到敬业

无论是为了导游服务工作还是为了维护自己的身心健康，导游都必须要加强情操、道德方面的修养和锤炼。联合国教科文组织曾邀请著名专家就"21世纪需要什么样的人才"进行研讨，专家们一致认为高尚的品德永远居于首位。可见，在任何时代、任何国家，人的道德品质总是处于最重要的地位。爱国是世界各国伦理道德的核心，对于导游这个特殊的工作，爱国显得尤为重要，只有爱国，导游在工作时才能以饱满的热情和强烈的爱国情操感染旅游者。导游的思想品德、言行举止都是以民间大使的身份体现的，国外友人正是通过导游的形象来了解中国的，所以导游应有良好的职业道德，对自己的言行负责，自觉维护祖国和民族的尊严。

（十）要加强与各部门协调互助能力的培养，做到和谐

导游在接待过程中，不可避免地要同许多部门、单位、企业和个人进行合作，在合作的过程中，有时会因各种事情与这些部门、单位、企业和个人发生误会甚至冲突。当这种情况发生时，导游应以大局为重，在一些非原则的问题上做出让步，尽量向对方解释，设法取得谅解，以消除误会、加强合作。另外，导游在接待过程中要经常注意旅游者的情绪，发现不和谐的现象时，应及时加以调解，使整个旅游团在团结和睦的气氛中顺利完成旅游全过程，使旅游者留下对旅游活动的美好印象。

四、常见的提高导游讲解水平的方法

（一）更新知识，开拓创新，走在时代前沿

导游要与时俱进，赶上时代潮流，学习新思想、新观念。当前，导游必须树立市场观念、诚信观念、国际观念、旅游者至上观念等。世界导游协会会长简·奥德女士曾说："你若没有具体数据，你若没有生动案例，你就不可能令人信服地谈论导游和生动地进行导游。"导游工作是一项综合性的艺术工作，它亟须创新和创造，提高服务水平。创新就是在学习前人的基础上，进行再创造、再提高。对导游来说，就是在导游手法上要敢想前人未曾想，做前人未曾做；要标新立异；要人无我有，人有我新，人新我特，人特我精；要战略上高人一筹，战术上招招领先。创新是导游的灵魂，没有创新，导游艺术就得不到发展与提高。

（二）刻苦努力，嘴皮常练，做个能说会道的导游

"看景不如听景"，这是人们对导游"嘴功夫"的溢美。"只有导游一张嘴，调动游客两条腿"，这是人们对导游"嘴功能"的称道，是导游的嘴引导旅游者去探索美、发现美、享受美，导游的嘴调动旅游者的腿完成整个游程。"嘴"是导游的"生产工具"，是导游的"饭碗"，没有"嘴"就没有导游工作，以至导游少说了几句，还会被批评是"哑巴"导游。但是，这张"嘴"练好不容易，"一年拳，两年腿，十年才练一张嘴"。导游必须练好这张"嘴"，若没有一张好

"嘴",导游就像没有枪的战士,没法尽职。广大导游要努力学习,要多听评书,多听相声,多看话剧,向老一辈艺术家学习,学习他们的德艺双馨,学习他们的艺术表现手段。

(三)内外兼修,口笔并重,注重综合素质的提升

历届全国导游大赛,都进行笔试和口试。最后评出来的"十佳"导游,都是口头好、笔头也好的"双好"选手。"嘴皮子"是导游水平展示的方式,而"笔杆子"是导游基本修养的功底,没有较高的文字水平和深厚的文学功底,导游"嘴皮子"的提高就缺乏基础,因此,导游要在"嘴"和"笔"上都下功夫。"笔"的功夫能促进"嘴"的功夫提升,"文才"能提高"口才"。

(四)前事不忘,总结提高,不断精进服务水平

现实中经常发生这样的情况:两个学生毕业于同一所学校,分配到同一家旅行社,两三年后,一位成为出色的导游,一位平平常常,没有起色。一查缘故,凡是进步快、导游出色的准是善于总结的人,是善于从自己、从他人身上汲取经验教训的人,这是规律,也是常理。真正成功的导游,应当有这样的信念:同样一个问题,不允许自己有两次都答不出来;同样一个接待工作的疏忽,不允许发生两次。唯有如此,才能天天进步。

(五)注重细节,处处留心,不因小失大

在导游界流传这样四句话:"小事是重要的事"(Small is important);"小事是漂亮的事"(Small is beautiful);"小事办不好,麻烦就不少"(Small means a lot);"导游无小事"(Tour guide has no small)。导游应当记住这四句话,时时刻刻办好"小事"。饭店服务业还总结出这样一个"公式":$100-1\neq99=0$。这个公式同样告诉导游要从各个环节、各个程序入手,注意细节,不能含糊。比如,一个旅行团,吃、住、行、游、导游讲解、服务、语言、艺术……样样都好,每个旅游者都称赞,每个人都满意。大家怀着满意愉快的心情准备在机场与可爱的导游告别,万万没有想到,导游不好意思地说:"对不起大家,返程机票没给大家办好!"这时全团不会再有称赞,取而代之的是愤怒、生气,甚至谩骂。这一项机票工作没办好,会让所有的工作前功尽弃,最后得到的是投诉和批评,这就叫$100-1\neq99=0$。导游要学会自查,平时可以用录音形式录下自己的导游词。用导游语言的特点对照检查,就会发现需要改进的地方还很多。

(六)做到"五勤",全面提高,将知识加以运用

导游在旅游者心目中是"学者",是"万事通",是"活字典"。要想不令旅游者失望,导游必须养成严谨的学风,以治学的态度对待导游工作,提高导游讲解的艺术。为此,导游要养成"五勤"的习惯和作风:"勤动腿",迈开双腿,求教于有学问、有经验的学者和导游;"勤动口",向人民学习,向民间学习,以丰富自己的学识;"勤动眼",做到开卷有益,读有关风土人情之书,读好书,并注意结合导游工作;"勤动手",学会事事记,将他人、同行好的导游词、好的表达方式、好的句子都记下来;"勤动脑",对搜集到的信息、知识、经验、好句子进行分析、归纳、研究升华,形成自己的知识、风格和讲解个性。

视频

课件

五、信息链接

浙江湖州莫干山导游词

莫干山位于德清县西部，为天目山余脉，地处沪、宁、杭金三角中心，是国家重点风景名胜区，全国四大避暑胜地之一。莫干山山峦起伏，风景秀丽多姿，总面积 43 平方千米，中心景区近 3 平方千米。最高峰塔山海拔 720.2 米。莫干山以绿荫如海的翠竹、清澈不竭的山泉、星罗棋布的各式别墅、四季各异的迷人风光称誉江南，被誉为"清凉世界""翠绿仙境"。

莫干山以竹、云、泉"三胜"和清、静、绿、凉"四优"蜚声海内外，赢得"天下雅秀"和"江南第一山"之美称。竹为"三胜"之首，以品种之多、覆盖面积之大列全国之最。莫干山植被覆盖率达到 92%，七八月份最高温度仅 24.1 ℃，早晚尤为凉爽。莫干山上多云雾，多风雨。年平均降雨量 1640 毫米，雨量充沛，空气清新。时而风起云涌，电闪雷鸣；时而云开雾散，雨过天晴。陈毅元帅有诗："莫干好，大雾常弥天。时晴时雨浑难定，迷失楼台咫尺间。夜来喜酣睡……莫干好，雨后看堆云，片片层层铺白絮，有天无地剩空灵。数峰长短亭。"把莫干山美丽的自然风光表现得淋漓尽致。

莫干山人文景观十分丰富。山上有建于 19 世纪初的中西式别墅 237 幢，被誉为世界建筑博物馆。莫干山风景区主要景点有剑池、旭光台、滴翠潭、武陵村、芦花荡、荫山街、怪石角等等。

导游工作考核的 20 项指标

根据世界著名的伦敦旅游局(London Tourist Board)现场考核导游的十余种方法和我国导游需要提高的具体情况，这里总结了 20 项导游工作考核指标，供导游进行自测时参考。

(1)声音的可闻度，即导游的声音，无论在车上，或在景区、景点，大家是否都能听见？

(2)语音、语调有无变化，即声音有无节奏感，是否有抑、扬、顿、挫，有无美感？

(3)讲话用词是否准确？

(4)持麦克风的方式是否得当，声音经麦克风是否失真，是否清晰？

(5)出发时是否清点人数，清点方式是否得当；能否将今日要游览的项目和注意事项告知旅游者？

(6)所提供的材料，特别是数据，是否准确可靠，有无出处？

(7)衣着是否整洁，证件、标志是否展示；能否给旅游者一种"训练有素""专业人员"之感？

(8)所选择的讲解点是否得当，选"景"和讲"情"是否有内在联系？

(9)对景点的文化内涵、育人作用，揭示得是否恰到好处？

(10)用语可接受程度,即是否用旅游者经常用的、容易理解的,而又喜闻乐见的语言?

(11)游览车上所讲内容和车外所见景物有无内在的逻辑关系?

(12)讲解时,是否一直面对旅游者,并适度地运用体态语言?

(13)讲解时,是否面带笑容,声音悦耳,使旅游者产生愉快经历之感?

(14)讲解时,是否运用导游的艺术语言,旅游者听后有无美感,语言是否具有生动、形象、富有表现力、口头语言这四大特色?

(15)讲解所用知识和信息是否平衡,即旅游团内各成员所关心的知识和信息是否都有所提供?

(16)讲解能否引起旅游者兴趣,有无旅游者可接受的幽默感,讲解时,是否旅游者都在听?

(17)讲解语言艺术可否达到言之有物、言之有理、言之有据、言之有情、言之有礼、言之有神、言之有趣、言之有喻?

(18)导游词是否有针对性,导游艺术和方法能否"运用而又无形"?

(19)外语讲解是否清楚、准确、流畅,是否有时代感,内容上能否将国内外情况进行对比?

(20)每接一团是否发"征求意见表",旅游者满意率是否达90%以上?

思考与练习

1.谈一谈要成为一个好导游应从哪些方面进行准备。

2.简述导游讲解中手势的运用方法。

第二篇

导游讲解技巧专题

第四章 旅游购物的导游讲解技巧

学习目标

◎ 掌握导游促销旅游商品的常用方法与技巧；

◎ 掌握丝绸的基本知识、主要产品及其价格；

◎ 掌握茶叶的基本知识、主要功效及其价格；

◎ 掌握全国主要旅游商品的种类、价格、产地及其特色。

◎ 能进行常规旅游线路旅游购物的导游讲解；

◎ 能针对主要的旅游商品进行宣传与推销。

旅游购物是重要的旅游活动之一。旅游购物对于旅游业的发展起到了重要作用，无论是在旅游业的发展过程中还是在旅游者的旅游过程中，旅游购物都是不可或缺的。旅游购物可带动旅游业的产业链发展，增加旅游业的经济效益，增加地区收入，同时也传播着当地的文化特色。旅游购物是旅游者的乐趣所在，旅游商品对旅游者具有强烈吸引力，是具有纪念意义的富有民族、地方特色和游览纪念性、艺术性、礼品性和实用性的物质产品。旅游商品的供应不仅可以丰富旅游生活、弘扬旅游地文化，而且销售物品的收入在整个旅游收入中占有相当大的比重。旅游者外出旅游时对当地的旅游商品会产生兴趣爱好，作为导游应做好相应的讲解工作。但是，《中华人民共和国旅游法》也明确规定不得随时、随意地增加购物点。

一、旅游购物的基本概念

(一)旅游商品的定义及其分类

旅游商品(旅游购物品)是针对旅游者这一特殊的消费群而设计、开发的，是旅游者为旅游购买的或在旅游活动过程中购买的，集实用性、艺术性和纪念性于一体，满足旅游者生理、心理需要的一种特殊商品。旅游商品是旅游业的重要组成部分。旅游商品的主要类别有旅游纪念品、旅游日用品、土特产品和旅游食品、其他商品等。

1.旅游纪念品

旅游纪念品是指旅游者在整个旅游活动过程中购买的具有区域文化特征、富有民族特色、有纪念性的一切物品,多以自然风光、文物古迹为题材,是利用当地特有的原料,体现当地传统工艺或风格且制作独特的商品。有饰物、手编、民间工艺品等。旅游纪念品是旅游商品中品种最多、数量最大、销量最好的商品,也是最受旅游者喜欢的物品。旅游纪念品又可划分为旅游景点型、事件依托型和手工艺品型。一般旅游纪念品要标明产地地名,或以产地的人、地、事物特征为商标。它可以用来证明旅游者曾经到过的地方,和曾经有过的旅游经历。有游记类书刊、导游图、风光图片、风情画册、书签、明信片等。具有收藏或珍藏价值的物品或旅游者特殊钟爱的物品都可以成为旅游者购买商品的对象,如兵马俑复制仿制品、彩陶复制品、苏州仿古碑帖字画等。

2.旅游日用品

旅游日用品是旅游者在旅游活动中所必备的生活日用品,主要满足旅游者在旅游活动中的日常需要,是旅游者外出的必需品。它包括穿着和用品两大类,如各种旅游服装、鞋帽、器械、洗涤用品、化妆用品、娱乐用品和文化用品等。不同于一般的日用品,它要求实用性、独特性和艺术性,具有纪念意义,带有礼品性质,因此它是实用性和纪念性相结合的商品。有鞋、烟灰缸、烟斗、书包、打火机、T恤衫、小刀、木勺等商品。

3.土特产品和旅游食品

土特产品是对当地的原材料进行生产加工的地方传统产品,具有浓厚的地方性特征。土特产品是当地名优产品,根植于当地生活文化中,为当地居民日常生活中使用和喜爱的产品。土特产品成为旅游者喜欢也是最常购买的对象。我国土特产品品种繁多,在类别上分农作物、药材、林果、畜禽、水产、矿产、饮品、调味品、滋补品等,如贵州茅台、云南白药、东北人参等。旅游食品是指供旅游者携带或邮寄的各种瓶装、匣装、袋装及其他各种特别包装的食品,并不是指在旅游宾馆、饭店中供旅游者食用的各种食品,如可食用的特色产品、方便食品、快餐食品、风味食品等。

4.其他商品

其他商品主要指名牌商品,它们已经成为一个国家或地区非常有代表性的商品,如法国的化妆品、日本的电子产品、中国的茶叶、韩国的人参、南非的钻石、意大利的皮包和时装等。这类产品在当地一般具有产地优势、品牌优势或者价格优势,受到旅游者的青睐,一般在机场、港口等免税商场出售。这类商品在旅游购物中的比重正逐渐上升。

(二)旅游者旅游购物的需求动机

旅游者的需求动机影响着需求的种类和特点。旅游者旅游购物主要存在以下几种需求动机。

1.纪念动机

纪念动机是旅游者购买旅游商品的共同动机,旅游商品能使旅游者回忆旅游地或旅游经历,是旅游者对浓郁的地方特色的追求。

2.馈赠动机

有些旅游者购物是为了馈赠亲友,以表达对亲朋好友的感情。他们在购物中,主要注重商品精美的设计、合适的大小、灵活的价格。

3.名利动机

有些旅游者购买旅游商品时追求质优价高、有艺术性和有收藏价值的贵重商品,他们购物主要是为了向亲友等展现自己走过的地方,表明自己眼界开阔和声望显赫。他们一般选择材料贵重、款式豪华、工艺精巧及装裱精美的旅游商品。

4.癖好动机

有些旅游者购物是为了满足自己收藏各地旅游商品、工艺品和古董等的爱好。

5.实用动机

旅游商品具有旅游者可使用和消费的效能(物质和精神)。在促销前应了解旅游者的嗜好和生活方式,因地制宜、因人制宜和因食制宜地促销具有实用价值的物品。

上述几种支配和影响旅游者购物行为的购买动机,在旅游者身上可能同时并存,相互交错地发挥作用。因此,导游在促销旅游商品前应该通过各种途径了解旅游者的购物动机,有针对性地进行导游讲解。

(三)导游购物促销的内容

导游的购物促销宣传一定要少而精,主要包括以下四点内容。

1.购物理由

针对旅游者的购物动机和本地旅游商品的特色进行宣传。

2.信誉担保

告知旅游者定点商店的规定,提醒旅游者保存好有关票据。

3.当好购物参谋

掌握有关商品的知识,如云南的导游要学好翡翠玉石的鉴别,北京的导游要学好景泰蓝的有关知识,杭州的导游要学好丝绸选择的知识,等等。

4.实事求是

可挑选几样商品在车上重点介绍,推荐的商品不宜多,可教给旅游者一些挑选的窍门。

拓展阅读

(四)导游购物促销的常用顺口溜

——这种商品是个宝,它的销路实在好;它北销大连、长春、哈尔滨,南销广州、上海和南京;过长江,出黄河,它已远销到外国;它销到日本、韩国、新加坡,还远销美国、巴西、墨西哥。

——买了山水画,增长新文化;买了西瓜霜,不怕嘴长疮;晚上无乐趣,最好去看戏;要想家业兴,多买真水晶;披金显富贵,戴玉保平安;买了好珠宝,好运跟着跑;请上玉貔貅,出门不用忧;工艺品银饰,摆设显档次;攀比不会输,最好选南株;平常喝好茶,绝对保护牙;经常喝好酒,精神好抖擞。

——桂林山水带不走,要带就带三花酒;七瓶八瓶不为多,买回家里慢慢喝。

——货比三家不吃亏,多看多听不能催;好马配好鞍,好船配好帆;今天的工艺品,明天的收藏品。

二、旅游购物的意义和作用

旅游这种体验,是服务和消费同时进行的,必须亲身体验、亲身感受。但是,旅游购物也存在许多弊端,应加以重视,不断改进,从而使我国的旅游产品走向世界,促进旅游业的可持续发展。

(一)旅游购物的重大意义

1.旅游商品具有满足旅游者购物需求和传播旅游地形象的双重意义

大多数国内外旅游者真正感兴趣、愿意购买的是那些特色鲜明,或文化气息强,或设计感好,或有一定档次、价格不菲(具有保值性),或经济实惠的旅游商品。一件精美的旅游商品能激发旅游者美好的回忆,体现旅游者的生活经历,可长期保存或馈赠亲友,使旅游者乐于向周围人群介绍,对旅游地形象的传播是一个很好的渠道,有助于扩大旅游地的知名度。不仅如此,旅游购物还能够增加旅游地的收入,扩大劳动就业,带动相关产业发展。

许多人都有这样的体会,每次外出旅游或开会学习,总想买一些当地的土特产回家,即使这个地方去过多次,但也不想两手空空,确有不买些当地土特产等于没有外出之感。

2.旅游购物是提高旅游业整体经济效益的重要途径

旅游购物在旅游业中发挥着越来越重要的作用,逐渐成为旅游活动中不可或缺的一部分。大力开发旅游购物市场,对拉长产业链、提升旅游企业的水平、增强区域影响力、促进旅游业的全面健康发展起到积极的推动作用。

在我国,旅游者除了对服装、丝绸类感兴趣,他们对纪念品、工艺品、食品、茶叶等的兴趣也在逐渐增加。我国旅游商品的种类也趋向于多元化,但与旅游发达国家相比,还存在着很大的差距。对于世界上大多数旅游目的地,像泰国、法国、日本、韩国、越南、阿联酋(迪拜)等旅游发达地区,旅游购物已经走在前列,旅游收入成为当地经济收入的主要来源。

3.旅游购物可以填补外贸的不足,丰富国内旅游购物市场

旅游商品在国内销售并换取外汇,可称为就地"对外贸易",其换汇率高于一般出口商品,可填补外贸的不足。旅游购物品的供应是国内商品供应的一个组成部分,增加其供应量和品种,是丰富国内商品市场的一个重要途径。

旅游业是创收、创汇的重要产业,通过为旅游者提供食、住、行、游、购、娱等综合设施和服务而取得经济收入。在这些综合性服务中,食、住、行具有相对的稳定性,其经济收入较为有限,而且可预测,但旅游购物在旅游需求中的弹性较大,只要旅游购物品产销对路、服务上乘,旅游业的收入就可以大幅度地增长。因此,旅游购物的经济收入具有较大潜力。在旅游业较发达的国家和地区,旅游购物收入一般占旅游业总收入的 40%～60%,即使是在日本这样旅游资源十分贫乏的国家,旅游购物收入也占旅游总收入的 31.5%。在拥有丰富旅游资源的中国,据国家统计局统计,2019 年全国旅游及相关产业增加值为 44989 亿元,占国内生产总值(GDP)的比重为 4.56%。在旅游业内部,旅游购物规模最大,增加值为 14077 亿元,占全部旅游及相关产业增加值的比重为 31.3%。中国地大物博,物产丰富,各地旅游商品特色鲜明,中国旅游购物大有可为。

4.旅游购物有助于挖掘传统手工艺,促进地方经济的发展

为了满足广大旅游者追新求异的购买心理,旅游购物品应以具有地方特色的手工业产品、传统手工艺产品、轻工业产品为主。旅游购物品的生产以富有地方特色和就地取材为原则,因此,发展旅游购物品会刺激和推动旅游目的地或相关地区经济的发展。

5.旅游购物有助于提高旅游业的声誉

通过旅游购物,促进商品的流通,可以增进旅游地与客源地的相互了解,起到形象宣传作用。同时,可以加深旅游者对旅游地经济、文化生活的了解,加强国际文化交流。例如,新加坡和泰国通过与旅游购物利益相关者的广泛合作来举办各种大型促销活动去吸引旅游者购物。

6.旅游购物可以增加旅游者的旅游乐趣

旅游商品大多具有民族特色和地方特点,不仅可以满足旅游者使用、纪念、馈赠等实际需要,而且也可以满足其收藏、欣赏、炫耀、提高地位、自我满足等心理上的需要,增加旅游乐趣。一些独具特色、大受旅游者欢迎的产品成为当地特色产品,吸引旅游者大量购买,并成为重要的旅游吸引物,例如法国的香水、泰国的鳄鱼皮制品、南非的钻石、斯里兰卡的蓝宝石等。

对大多数旅游者来说,购物只是一项附带活动。旅游购物是接触当地人文、了解当地人民生活情况的好机会,购物过程中所获得的乐趣,甚至胜过所购物品本身。大家都有这样的感触,看看自己在旅游地所购的小物品,往往能回忆起当时游览和购物的情况,回味起许多美好的往事。所以,可以这样说,购物是游中和游后的一大乐趣。

7.旅游购物为社会提供了大量的就业机会

旅游商品的生产属于劳动密集型行业,可以吸纳大量的劳动力,因此,发展旅游商品的

生产和销售,可以刺激社会总劳动力市场在旅游业及其相关行业间的调整与分配,从而为社会劳动就业开辟新的途径。

(二)导游在旅游购物活动中的作用

1. 主导作用

导游根据旅游接待计划和旅游者的需要,安排一定的时间带领旅游者选择商店进行购物,并适时地介绍当地的旅游商品可加深旅游者对商品的了解并激发其购买欲望,这些都说明导游在旅游购物中起着主导作用。

2. 参谋作用

旅游者在购物前一般会向导游征询意见,了解情况,在购买中也会向导游了解商品及售后服务的有关规定,因此,导游在旅游者购物中起着一定的参谋作用。

3. 维权作用

导游应当按照旅游接待计划带领旅游团到定点商店和质量有保证的商店去购物。在购物前要提醒旅游者不要上当受骗。在旅游者买了伪劣产品后,导游有义务积极协助旅游者予以调换。总之,在旅游者的旅游购物中,导游应自始至终维护旅游者的合法权益。

三、导游推荐当地旅游商品时的服务心理

旅游者在购物过程中的心理活动异常活跃,掌握好旅游者心理是导游购物推荐成功的最重要的因素之一。在旅游活动中,需要并愿意购物的旅游者是全部旅游者中的一部分,而以购物为主导需求的旅游者只是少部分。对于有购物愿望的旅游者,如何给予满足并使其达到满意,对于本来没有购物愿望的旅游者,如何激发他们的购物动机与兴趣,同时使他们在购物过程中感受到愉快和享受,购物之后还乐于向他们的亲朋好友进行宣传介绍,这些都是导游要考虑的问题。有针对性地对旅游者在购物活动中的心理进行分析,可以为之后的旅游商品的导游讲解服务及推荐提供极为重要的参考依据。

旅游者在旅游购物时一般具有求纪念、求新、求异、求实用、求知识和求尊重的心理。

行为理论告诉我们,人的行为过程包括三种变量:刺激因素、反应因素和中介因素。刺激因素是指引起人们行为反应的内部条件和外部条件;反应因素是指刺激因素所引发的结果性行为;中介因素是指动机、态度、知觉和检验等。旅游者在购物时的心理活动可归纳为:环视—兴趣—联想—欲望—比较研究—信任—讲价—购买—满意。

导游应根据旅游者的心理做好以下服务工作:①善于接触旅游者;②注意说话技巧;③做好商品展示工作;④灵活运用商品展示的方法;⑤介绍商品,促进成交。

四、导游推荐当地旅游商品的注意事项

导游在旅游购物讲解时要重点推荐有特点、有内涵的旅游商品。

（一）以小型轻便为首选

有些特色商品，体积笨重庞大，随身携带很不方便，不宜购买。人在旅途，游山玩水、乘坐车船并不轻松，行李越少越好。有些物品还可能易碎，稍不小心中途摔坏，更不必为此花冤枉钱。

（二）要有地方特色、民族特色

导游尽量推荐有原始味道，有地方特色、民族特色，能引起人们对往昔生活回忆的旅游商品。

（三）要推荐独特的旅游商品

旅游商品要在构思是否巧妙、是否独特、是否有创新上下功夫，而不落俗套，要让人觉得值得一看，有一番惊喜。

（四）突出"异"的特征

"异"是指异地他乡的产品，平时很少见到，往往反映了当地制作者独特的文化、思维和价值观。

（五）突出"纪"的特征

"纪"就是纪念性，旅游者日后多年，一见此物，就能想起当年旅游的状况。

此外，导游推荐的旅游商品还应具有以下特性：文化内涵、育人作用、信息含量、联想性、美妙程度。

五、旅游者购买旅游商品的主要场所

现代旅游者除了在专门的购物场所（如免税店）购物，越来越多的人喜欢在城市的百货商店、大型购物中心等场所购物。而那些有着浓厚地方特色的场所，如夜市、周末市场、专门的工艺品村、加工厂等也都是旅游者喜欢的地方。在这些地方，旅游者不仅可以体会到当地的风土文化，与本地居民亲密接触，同时还可以挑选到物美价廉的本地产品。当然，可以讨价还价的乐趣也让旅游者们体会到了"淘宝"的满足感。中国主要的旅游购物场所有以下几种。

（一）旅游定点商场

这类商场一般规模大、信誉好、商品质量可靠、品种较多、富有特色，由当地旅游行政管理部门审核后定点挂牌，让旅游者购得称心、买得放心。

（二）旅游商店

各旅游地、景点及交通枢纽处的旅游商店、工艺美术服务部，大多经营具有浓郁地方特色的土特产品、旅游纪念品或旅游日用品。

（三）售货亭（摊）

在景点、交通要道、公园、游乐场所等处设置的固定或流动的售货亭（摊），出售的购物品大多数属于小商品或仿制品，一般印有当地特殊标记，很具代表性，且价格低廉，经营灵活机动，方便了旅游者。

（四）大型旅游购物品交易会

定期或不定期举行的大型旅游购物品交易会，集中了各地最有代表性的购物品进行交易，以利旅游者集中购买。其特点是宣传面广，影响大。

（五）各大城市的大百货商店或专业商店

这些大商店商品丰富、品种齐全、式样新颖、做工精巧、质量可靠，适合时间有限的外地旅游者。

（六）旅游购物一条街

旅游购物一条街一般设在人文和自然旅游资源丰富但同时又比较分散的旅游地，融游览和购物于一体，旅游者可以比较方便地挑选到称心如意的商品。

（七）机场、码头、车站的免税商店

这类商店在一定程度上具备了旅游商场的性质，由于独特的便利优惠条件，成为国际旅游者喜爱光顾的场所。

（八）旅游饭店内的商场

旅游饭店内的商场是现代旅游饭店不可缺少的一个部门，为住店旅游者提供了方便购物的场所，既可扩大饭店的服务范围，又可增加收入。

六、导游推荐当地旅游商品的前期准备、入店时间及氛围安排

（一）推荐当地旅游商品的前期准备

1. 知识准备

导游必须充分熟悉所推荐旅游商品的相关知识，尤其应针对其与众不同的风格和特色做精心的准备和重点介绍，这样才能体现导游的专业素养和水平，才能为准确地引导旅游者购物打下坚实的基础。

2. 物质准备

物质准备主要包括旅游商店制作的一些精美的文字声像宣传资料和自身的广告促销。例如，为了调动旅游者旅游购物积极性和表明自身对某些商品的喜爱，有的导游会特地戴上水晶或珍珠项链、紫晶湖蓝宝石戒指等相关物品。

3. 心理准备

首先，导游要调整好自己的心态；其次，要充分掌握旅游者的购物心理、购物偏好等，尽量缩短与旅游者之间的心理距离。要根据团队的具体情况和旅游合同，有针对性地选择购物场所、安排讲解内容等。

4. 地点准备

旅游者都希望在原产地或具有纪念意义的地方购买自己所喜欢的旅游商品。

5. 自我准备

取得购物促销成功的前提和保障是要成功地推销自己，导游讲解内容要做到真善美，杜绝假恶丑，不得以次充好，要用微笑服务、真诚待客和提高服务质量。

6. 深入了解旅游者

成功推销的法则是：向可能购买产品的旅游者推销；拿到接团计划书时，对团队的情况进行初步了解；接团后，通过领队、全陪了解团内旅游者的需求、兴趣和购买能力等；在与旅游者的交往过程中，不断了解旅游者，适时向旅游者推荐旅游商品。

（二）科学安排进入旅游商店的时间

进入旅游商店时间正确与否会直接影响购物效果。一般来说，进店应该安排在至少游览了一个大景点之后或安排在午饭前后或晚饭之前。许多导游有意识地将上午及下午的游览结束时间控制在离开餐还有 50 分钟左右的时候，这样既完成了观景任务，离午饭、晚饭时间又还早，此时，应是进旅游商店的最佳时间。从心理的角度看，大多数旅游者旅游的首

要目的是游览景点,所以不能把进旅游商店安排为每天的第一项活动;也不能安排连续进旅游商店,否则会引起旅游者的抵触心理;还有,当旅游者精疲力竭或力不从心时一般也不能安排进旅游商店,否则旅游者会拒绝进旅游商店购物。

(三)营造良好的旅游商品购物氛围

1.以诚相待,形成良好的购物氛围

首先,在带团讲解和购物介绍时对旅游者要以诚相待;其次,信任源自优质服务,要做到诚信与换位思考;最后,要提醒旅游者选购商品的注意事项和教旅游者选购商品的一些方法。

2.工作人员对商品看法一致,信息统一

旅游者一般信任领队胜于全陪,信任全陪胜于地陪,信任地陪胜于定点旅游商店的导购人员。因而,领队、全陪对旅游者购物影响力更强,地陪也可以适当向旅游者介绍一些有当地特色的旅游商品。

3.要用生动的讲解吸引旅游者,营造愉悦氛围

在进行购物促销前,应该营造愉悦氛围。对着一车昏昏欲睡的人进行旅游商品介绍,其效果可想而知。尤其是在夏天,经过长途行车,昏昏欲睡或刚从睡梦中醒来的旅游者对导游的旅游商品介绍或是感到厌烦,或是反应迟钝。要想取得良好的旅游购物效果,导游在抵达定点旅游商店前一段时间要进行生动的讲解,唤起旅游者旅游购物的兴趣,可以组织一次车上活动,使旅游者的大脑从睡眠状态转入兴奋状态,然后导游就可以在愉悦的氛围中进行旅游商品的介绍与讲解。

(四)旅游商品的介绍要贯穿导游讲解全过程,巧妙铺垫

优秀的导游不会在要进旅游购物商店时才临时提到商品,他们会在车上讲解或在景点导游过程中,巧妙地提到重点商品,做好铺垫。这样旅游者们会更容易接受导游的观点,也才不会对进旅游商店前的旅游商品介绍感到太突然。

七、优质导游服务是旅游商品推荐的前提

旅游商品的推荐建立在优质服务的基础之上,导游必须根据旅游者的需求对相关物品做实事求是的宣传介绍。导游只有提供了一流的服务,旅游者才会相信导游的为人、品行,从而对导游产生信任,对导游推荐的商品产生兴趣。购物讲解技巧是导游非常重视的部分,很多导游都想在购物方面做出成绩。购物讲解应该以微笑和礼貌为前奏,以博学和轻松为铺垫,以优良的产品为保障,以诚信和服务为依托,这样才能有好的效果。导游要把游览、购物和娱乐相结合。对待购物问题,导游既要热情介绍,又要防止过多过滥的现象发

生,避免旅游者产生误解和反感。

导游应该把讲解放在第一位,导游是通过讲解和服务获得旅游者认可和认同的。一个好导游应该把购物动机等因素考虑到讲解的过程中,通过幽默有趣的讲解,让旅游者产生信任。只要讲解到位了,大多数旅游者都会支持旅游购物这个行为,并根据自己的需求或爱好挑选合适的旅游商品。所以导游特别是新导游,在进行旅游商品推荐之前,应先掌握基本的导游讲解技巧。

八、导游讲解旅游商品时的技巧、原则与注意事项

掌握购物导游讲解的技巧,需要长期的训练,需要以正确的理论来指导实践,同时又需要从大量的实践中总结出好的经验和方法。

(一)购物导游讲解的基本技巧

1.加强旅游商品宣传,重点突出货真价实

做到信誉担保。告知旅游者定点商店的规定,提醒旅游者保留好有关票据。大多数旅游者时间紧,都是从广告宣传中了解旅游地的特产和旅游纪念品。因此,要想提高旅游商品的销售量,增加旅游者在购物点的逗留时间,就必须加强导游讲解宣传,可借助导游图、购物指南等的宣传功能,提高旅游商品信息对旅游者心理的影响。

2.选择有良好购物环境的购物店

旅游购物体验的本质是购物行为的快乐享受。旅游购物体验的微观动力机制是人们寻求美的愿望。空间环境直接影响审美效果。店内环境(颜色、拥挤程度、音乐的节奏和强度等)和购物体验之间存在关联。导游要尽量选择购物环境良好的商店。

3.增加旅游者购物时的参与性与体验性

导游要了解旅游者在购物不同阶段的心理活动,有针对性地进行促销。增加旅游者在购物中的参与度,主要是指地方特色商品生产过程的参与,扩大体验的感受面、挖掘感受深度。在旅游购物过程中,导游要引导旅游者参与旅游商品的生产过程,在参与过程中体验"劳动快乐、创造快乐",使旅游购物品真正符合旅游者的需求,使旅游者自愿、乐意购买自己生产的旅游购物品。旅游者、生产者和经营者之间形成互动,共同达到身心愉悦的目的。

4.帮助旅游者购物的技巧

(1)帮助旅游者选购"唯此地独有"的旅游商品。地方特色商品,不仅具有纪念意义,而且正宗,有价格优势,值得消费者购买。如杭州的龙井、海南的椰子、云南的民族服饰、西藏的哈达等。

(2)教会旅游者"购物避免上当法"。要向旅游者讲解旅游商品知识,帮助旅游者认识旅游商品,避免旅游者"上当受骗"。

（3）推荐性价比高的旅游商品。旅游纪念品应具备新、奇、优、美、廉的特征，同时还要有一定的艺术审美性，要向旅游者介绍一些具有艺术价值或装饰价值的旅游商品。

（4）帮助旅游者选购实用性强和便于携带的旅游商品。导游要充分考虑旅游商品的"实用性"，同时，推荐相关伴手礼时，要推荐方便旅游者携带和方便以礼物性质馈赠亲友的旅游商品，充分发挥旅游商品的人际关系"润滑剂"的作用。

（二）导游讲解旅游商品的方法与原则

1.讲解前后态度要一致，在讲解时要客观真实

导游切记不要为讲购物而讲购物，旅游商品的讲解要穿插于整个行程，无形中加深旅游者的印象。要在景点讲解的过程中就适时掺进旅游商品知识，为旅游购物提前做好铺垫，对旅游者的态度要前后一致，不能讲解的时候只讲旅游商品而忽视对旅游地景区景点的讲解。对当地的旅游商品要进行客观真实的导游讲解，突出其内涵和独特之处，最重要的就是潜移默化，说出购买该旅游商品的好处。讲解服务的质量要始终如一，不能因为旅游者没有进行旅游购物行为而发生大的态度转变。

2.要客观介绍商品知识，教会旅游者鉴别商品

导游平时应多留心，学习并掌握相关的商品知识，包括其属性、鉴别方法、文化内涵、优缺点等，不要出现"书到用时方恨少"的现象。可向旅游者介绍一些挑选、辨别商品的知识，这样会让旅游者更加信任你。讲旅游商品的优缺点，要客观全面，只有这样才能让旅游者感受到你是为他们的利益着想。

3.科学安排进旅游商店的时间，合理布局旅游购物的场所

（1）合理安排进入旅游购物商店的时间

导游不应该把一天的第一项活动安排为旅游购物，也不能安排旅游者连续进行旅游购物。同时，导游应该学会察言观色，选择旅游者精神饱满、心情愉快的时机进行旅游商品的讲解。一般来说，购物的时间最好选择在整个行程快结束的阶段，这个阶段的旅游者开始考虑购买一些土特产品馈赠亲友或为自己和家人挑选旅游商品，此时他们购物的兴趣最大，因此导游选择在这个时候介绍旅游商品的效果最好。也可以是在每天旅游过程中下午的某一个时间点或在这一天旅游最后一个项目前安排去旅游商店购物。

（2）合理布局旅游购物的场所

旅游购物场所可选在风景线、游览线上，也可以是在两个景点间的必经之地，如果两个景点之间路程较长，可在中间休息的时候安排旅游者上洗手间并进旅游商店进行选购。这样可以保证购物的最大客流量，也可以减少旅游者的购物时间，不影响整个游览行程安排，使购物行为自然合理，避免旅游者因为行程缩减而产生排斥和拒绝。进入景点前，在入口处介绍游览过程中旅游者必需的旅游商品。旅游者在出口处的购买欲望极强，由于旅游者通过游览加深了对旅游商品的了解，此时安排他们在出口处的购物场所进行购物比较合适。对于游程长、游线景点密的游览安排，中途也可穿插进一些旅游购物场所。

4.做好旅游者的购物参谋

当好旅游者的购物参谋,导游要学好有关的商品知识。如:云南的导游要学习翡翠玉石的鉴别知识;北京的导游要学好景泰蓝的有关知识;杭州的导游要学好丝绸的相关知识等。导游可挑选几样商品在车上进行重点介绍,导游介绍的旅游商品不宜多,可教给旅游者一些防骗的窍门。导游要当顾问,不当推销员;要当参谋,不当旁观者;要当朋友,不当局外人。

(三)导游购物促销需要注意的问题

1.正确处理旅游者买到不满意商品的问题

有时购物后旅游者会后悔所购买的商品,有些是因为旅游者购物心理不成熟,一时冲动;有些是因为当时没仔细看,回来后发现了小瑕疵。旅游者的类型是多种多样的,旅游购物类型有慎重型、疑虑型、冲动型、价格型、感情型等,不是每一个旅游者都是成熟的购买者,所以购买后出现不满意或想要退货的行为是很常见的。针对前一种情况,导游应再向旅游者讲解这种商品的优越性,解除他的疑虑,帮助地恢复愉快的心情。对于后一种情况,导游应尽量为旅游者联系更换商品,若时间不允许无法更换,而且瑕疵不明显的,导游应做好说服工作,比如赞美这件商品的优点,并提醒旅游者如果更换说不定会有其他的缺点。

2.不要安排重复的购物点,特别是联线团

在某些线路上容易出现重复购买同一类商品的情况,特别是一些联线团,比如昆明—大理—西双版纳联线,在昆明买玉器,到了大理又买玉器,到了西双版纳还买玉器。玉器是奢侈品,价格一般比较高,且具有一定的排他性,如果买过一对玉镯,接下来再买的可能性不会太大,重复安排购买很容易导致旅游者的不满。再如,全国各地都有卖茶叶的旅游商店,虽然茶叶属于易消耗品,确实是一些人生活中的必需品,但如果去杭州、苏州、南京、无锡和湖州,每个地方都买茶叶,这样的效果一般都不会太理想。

3.不要因为旅游者不买旅游商品就"变脸"

导游促销前后态度要一致,不要因为旅游者不买就给旅游者脸色看,把良好的服务坚持到最后,是每个导游必须遵守的职业道德。有一位旅游者曾抱怨:"过了川主寺,一路上无精打采的导游,忽然来了精神,口若悬河地开始给我们介绍前面即将免费参观的藏庙(此庙买香有'乾坤')。"从旅游者的这句话中,我们可以看到该名导游在带团过程中介绍景点时简单,讲购物时热情,自然要引起旅游者的反感。

4.记住最重要的一点:"不要欺骗旅游者"

要安排货真价实的商店,不要欺骗旅游者。旅行社要安排正规的购物店,向旅游者推荐几家信誉良好、货真价实的商店。要教旅游者怎么防骗,同时举些被骗或防骗的案例。导游讲解客观、真实,安排的旅游商店品质有保证,这样才可以减少纠纷,导游也可减少被投诉,关键是对旅游者负责,让旅游者在旅游商品购物中有所收获。

课件

九、信息链接

北京旅游者北戴河旅游误进老乡店

一个北戴河旅游团，到老龙头的时候，导游把旅游者带进一家珠宝店，老板很热情，免费传授他们鉴宝独家秘籍。无意间问起大家的家乡，巧得很，居然祖籍都是北京的，一会儿就和大家认亲，说老乡见老乡，两眼泪汪汪，珠宝打一折。好几个团员就各买了上千元的珠宝首饰，都觉得这一趟值了，结果回北京鉴定后得知所谓的珠宝全都是假的。

专家支招与指点

旅游购物其实本身也是旅游的一大要素，旅游者也有这个需求，但一定要理性消费，价格较贵的东西最好在正规品牌旅游商店购买，买完后一定要保留发票、收据或购物票等证据，以备日后投诉；对于导游的违规行为，团员要团结起来据理力争。

现在有些购物店打着促销打折、让利、亏本卖、老乡优惠价等名头进行促销，旅游者应选购货真价实的旅游商品，而导游推荐的旅游商店应是旅游部门、旅行社所规定的信誉较好的场所，让旅游者购买到货真价实的旅游商品，减少被投诉的风险。

金店关门强卖货 旅游者心软买假表

旅游者叶女士一行 40 人报了香港之旅。导游领着团员到了一个珠宝店，这里所有卖品都不给成分价签，一个"时来运转"吊坠成交后竟达 1600 元港币，而正规商场里只卖 500 元港币。最可气的是，因为这个 40 人团只买了 13000 元港币的东西，商店人员居然把旅游者关起来，把随团的三个孩子饿得哇哇直哭，最后还是一个女团友又花了 2100 元港币买了个"时来运转"的戒指才勉强让他们出门。

导游半乞求半威胁地告诉他们下午要去九龙的一个名表店，但每人必须购物 1000 元港币以上，否则自己会被炒鱿鱼。工作人员把他们直接带到"贵宾"室，拿出来的都是万元港币以上的表，而且号称"假一赔十"。团员们一想反正来一次香港买一块也行，算是支持导游了，所以几乎都买了一块。最后才知道这些名表根本不是瑞士的而是假冒产品。

专家支招与指点

旅游者出发前最重要的是选择有信誉的旅行社，千万不要贪图便宜，记得一分价钱一分货。另外，旅游者在购买贵重物品时一定要保存好收据、发票等证据，以便于在日后发现质量等问题时向旅行社协商联系退货。

很多热门旅游线路都可能出现低价团、零负团费等，请旅游者不要选择此类旅游线路，要知道低价团一定会以进购物店和增加景点等方式来弥补报价的亏空,旅游者在购买旅游商品时应挑选性价比高的产品。对于导游来说,推荐的旅游商店应是货真价实的场所,不能出现强买强卖行为,不能强制消费。

信息 3

导游推荐玉器

有一次,有旅游者参加一个云南当地政府组织的线路考察团,由于这个团都是各旅行社的经理或骨干导游,因此当地政府安排了一位专业水平较高的导游做接待。该导游一路上讲解景点的水平确实呱呱叫。旅游者都很喜欢她,同时注意到导游手上戴了一只漂亮的玉镯,晶莹剔透,衬着她雪白的手腕。当她拿起话筒时许多客人都注意到了这只手镯。她一路的讲解非常好,旅游者对她越来越亲近,最后有一位女客人终于忍不住了,问她这只镯子在哪买的、多少钱,于是她顺势开始讲玉石挑选的知识,讲得头头是道,客人频频点头。她还从领子里拉出一个玉挂件,拿出来与镯子的玉质比较,相比较起来玉挂件没那么好,她就借此讲玉器的鉴赏,从玉质好坏到雕刻工艺,让旅游者大长了一番见识。旅游者当然知道她戴玉镯和挂件都是有意为之,但她讲得确实好,内容客观又实在,不是在骗人。客人根据她讲的知识就可以买到较好的玉器,所以听得很满意。

客人听完她的讲解,一个个都跃跃欲试,打算到玉器店去对比琢磨,一试身手。但在去石林的路上她一直没让车停,客人看到别的团停车买玉,也要求停,她说我们还是先完成我们的景点游览,回来的时候再停吧。这可把客人憋的,回程的时候一开车大家就大声叫道:"等会儿千万别忘了停车啊!"最后,这个团有不少人买了上万元的挂件和玉镯,回去后拿去鉴定都是真品,而且价格相当划算,所以大家都想着以后再去昆明还是找这位导游。

专家观点

好的旅游购物是旅游者的乐趣所在,旅游商品对旅游者具有强烈吸引力。旅游商品的供应不仅可以丰富旅游生活、弘扬旅游地文化,而且销售物品的收入在整个旅游收入中占有相当大的比重。

旅游购物对于旅游业的发展起着重要作用,无论是在旅游业的发展过程中还是在旅游者的旅游过程中,旅游购物都是不可或缺的。旅游购物及旅游商品带动了旅游业的产业链发展,增加了旅游业的经济效益,增加了地区收入,同时也传播着当地的文化。

信息 4

世界各地特产和有代表性的旅游商品

亚洲:

日本——和服、时装、手袋、磁性项链。

韩国——人参、皮衣、玩具。

菲律宾——银器、首饰、木刻、手工艺品、杧果干。

泰国——鳄鱼肉、海鲜、椰子糖、牛肉干、猪肉干。

新加坡——鸡肉干、祛风油。

马来西亚——风筝、蜡染、豆蔻油、榴梿膏。

印度尼西亚——海产、燕窝、木刻、印花、牛皮。

印度——宝石、地毯。

欧洲：

英国——伦敦机场的古玩、陶器、绒布料。

荷兰——阿姆斯特丹的花种市场、陶瓷、钻石、木屐。

梵蒂冈——圣彼得大教堂侧邮政车的纪念邮票、圣物、银饰。

意大利——罗马西班牙广场的皮衣、时装、皮鞋、丝绸。

德国——啤酒杯、木刻、相机配件、双立人牌剪刀。

比利时——布鲁塞尔广场的精美手织花边、钻石、挂毯。

法国——巴黎歌剧院附近一二区的香水、化妆品、酒类、时装。

捷克——水晶、玻璃、皮衣。

瑞士——钟表、十字牌军用刀、音乐盒、巧克力、玩具。

奥地利——装饰木刻、皮革制品、水晶、手制布料。

大洋洲：

澳大利亚——袋鼠玩具、鲍鱼干、树袋熊玩具。

新西兰——雕刻、羊毛制品。

北美洲：

美国——花旗参、急冻海产、急冻龙虾片。

夏威夷——草帽、贝壳、木刻品、项链。

加拿大——急冻三文鱼、皮衣、多伦多的木刻、温哥华的印第安人工艺品。

信息 5

我国各地特产

北京：

烤鸭、果脯、酥糖,京绣、戏装、景泰蓝等。

上海：

服装、丝绸、领带、皮鞋、化妆品、钟表、玩具、耐用消费品、文娱体育用品;海派戏装、金银饰品、雕塑、绣品、人造花等工艺美术品;糕点、五香豆、奶糖、梨膏糖等名食。

天津：

泥人张彩塑、杨柳青年画、风筝、剪纸、漆器、牙雕和玉雕;火腿肠、干烧鱼、狗不理包子、耳朵眼儿炸糕、十八街麻花、煎饼馃子等。

重庆：

重庆曲酒、涂山香肚、茶花牌玻璃器皿、峨眉牌重庆沱茶、白市驿板鸭、吴抄手、玫瑰牌油酥米花糖、荣昌折扇、荣昌夏布、荣昌陶器等。

河北：

唐山、邯郸等地陶瓷,曲阳石雕、秦皇岛贝雕画、人造琥珀,蔚县剪纸,衡水内画壶、武强年画,涿州金丝挂毯;安国中草药、承德杏仁等。

山西：

汾阳杏花村汾酒，竹叶青酒，祁县六曲香酒，长治潞酒；清徐香醋，陵州玉泉陈醋；山西党参、黄芪、上党连翘，平顺花椒，永冶党参；并州（太原）刀剪，大同艺术陶瓷，阳泉铁锅等。

内蒙古：

呼和浩特纯低粗毛线，包头和阿拉善左旗地毯，阿拉善驼绒；多伦马鞍，蒙古靴；锡林郭勒草原口蘑；山羊皮、灰鼠皮、猞猁皮；鹿茸、王府肉苁蓉、党参、枸杞、黄芪、黑木耳、鹿胎、麝香、熊胆；马奶酒、昭君酒等。

辽宁：

大连、丹东、营口等地的海产品；大连贝雕，岫岩玉雕，锦州玛瑙雕刻，抚顺煤精雕刻和琥珀工艺品，大连工艺绣品，玻璃器皿，丹东柞绸；五味子、人参、鹿茸等。

吉林：

东北三宝——人参、鹿茸、貂皮（抚松人参、辉南鹿茸最为有名）及长春、吉林、通化等地的参茸制品；珲春、安图木耳；吉林桦皮画、三宝酒，通化人参蜜饯、人参葡萄酒，长春人参烟；朝鲜族传统泡菜等。

黑龙江：

乌苏里江大麻哈鱼，兴安岭蘑菇（有猴头蘑、榛蘑等60多种实用蘑菇）、黑木耳、松子、山野菜（蕨菜、松茸、薇菜等）；虎骨、刺五加参及珍贵毛皮兽皮张等。

江苏：

苏州丝绸、绣品、草编，南京云锦、绒花，宜兴青瓷、紫砂陶器，无锡泥塑，扬州瓷器，苏州檀香扇，阳澄湖大闸蟹，太湖银鱼；碧螺春茶，南通薄荷油；南京板鸭、香肠，苏州酱肉，镇江酱菜，镇江香醋，名酒洋河，双沟大曲，无锡二泉酒，丹阳黄酒。

浙江：

杭州丝绸，湖州双林绫绢，安吉竹编竹制工艺品；东阳、乐清木雕，青田石刻，温州瓯塑，杭州绸扇、绸伞、天竺筷、张小泉剪刀，龙泉青瓷、宝剑，湖州湖笔、羽扇；西湖龙井茶，杭白菊，绍兴平水珠茶，金华茉莉花茶，温州珍眉茶；金华火腿，杭州藕粉，龙井虾仁，西湖醋鱼，嘉兴粽子，金华酥饼等。

安徽：

泾县（宣州）的宣纸，笔，歙县（徽州）的徽墨，歙砚等文房四宝；祁门红茶，屯溪绿茶，太平猴魁，黄山毛峰，六安瓜片茶等名茶；亳州古井酒，淮北口子酒，濉溪大曲，嘉山名光特曲等名酒。

福建：

福州脱胎漆器，寿山石雕，厦门、泉州木雕，漳州彩塑，紫砂陶器，德化瓷器，安溪竹编，平潭贝雕等传统手工艺品；闽南乌龙茶，安溪铁观音，崇安武夷岩茶，福州、闽侯茉莉花茶，福安红茶，南安绿茶；山区各地所产的笋干、香菇、木耳。

台湾：

台北士林名刀、玻璃器皿，台北文山包钟茶，木栅铁观音茶，南投冻顶乌龙茶，苗栗绿茶，花莲红茶，台中凤梨酥和太阳饼，宜兰金枣糕，新竹米粉等。

江西：

景德镇瓷器、瓷雕，南昌瓷板画，万载夏布，花炮，萍乡烟花；庐山云雾茶，婺源绿茶，井冈翠绿茶，武宁红茶，井冈山竹笋、油茶，南安板鸭（大余鸭加工成），安福火腿，九江桂花酥糖,庐山"三石"(石鸡、石鱼、石耳),名酒樟树四特曲,九江陈年封缸酒等。

山东:

东阿驴皮膏等名药;烟台果酒,白兰地,美味思,三鞭酒,青岛啤酒,白葡萄酒,崂山矿泉水,兰陵美酒,即墨老酒等名酒。

河南:

开封书画,汴绣,禹州钧瓷,洛阳宫灯,仿古陶瓷唐三彩,临汝汝瓷,南阳玉雕和烙花筷子,济源盘砚;许昌烤烟,驻马店香油,洛阳杜康酒等。

湖北:

宜昌红茶,咸宁青砖茶,恩施玉露茶;咸宁桂花,保康木耳,秭归柑橘,兴山夏橙,阳新枇杷,随州蜜枣;鄂州武昌鱼,黄梅银鱼,沙湖盐蛋等。

湖南:

岳阳君山银针,大庸古丈毛尖,长沙高桥银峰与湘波绿茶;长沙湘绣与羽绒制品,醴陵瓷器,望城陶器,湘西土家棉,益阳水竹凉席,浏阳夏布与菊花石雕,烟花鞭炮,凤凰民族工艺品,岳阳扇子等。

广东:

英德红茶,潮州凤凰水仙茶等名茶;广州粤绣,潮州抽纱,佛山石湾陶瓷,潮州枫溪工艺美术瓷,广州牙雕,肇庆端砚等传统手工艺品。

海南:

海口等地的椰雕镶银工艺品,贝雕,海石花盆景,黎族鼻箫等手工艺品;万宁燕窝等。

广西:

靖西、宾阳壮锦,都安瑶绣,南宁麻涤,钦州坭兴陶瓷,桂林美术陶瓷,方竹手杖,梧州竹丝挂帘,北海贝雕,东兴石雕,柳州石雕,柳砚,小棺材;桂林豆腐乳,米粉,三花酒,梧州三蛇酒,蛤蚧酒,北海海鲜,合浦珍珠等。

四川:

成都蜀绣、蜀锦(帛)、漆器、瓷胎竹编,南充竹帘画,自贡、宜宾竹制工艺品,荣昌、会理陶瓷,自贡剪纸;川红茶、峨芯茶、蒙山顶茶等名茶;合川红橘,江津广柑等名果,以及川芎、川贝、黄连等中药材;宜宾五粮液,绵竹剑南春,泸州老窖,古蔺郎酒等名酒。

贵州:

都匀毛尖茶,湄江茶,遵义毛峰茶及竹荪(参),银耳,天麻,杜仲,凯里黑木耳,贵定烤烟,黔东南苗杉;仁怀茅台酒,董公寺董酒,惠水大曲和怀酒,凯里从江大曲酒,雷公山猕猴桃酒,贵阳花溪刺梨酒,习水大曲等名酒。

云南:

昆明、玉溪、曲靖云烟(有茶花、红山茶、红塔山、阿诗玛、大重九、恭贺新禧等名烟),昆明、大理、思茅等地云茶(滇红、滇绿、思茅、西双版纳勐海普洱茶,大理沱茶,苍山雪绿等),昆明等地云药(云南白药、田七、天麻,德钦冬虫夏草等);大理石雕,剑州木雕,个旧、昆明锡制工艺品,东川、昆明斑铜工艺品,昭通版纳地毯,西双版纳傣族、哈尼族织锦刺绣品,丽江纳西族披星戴月衣,建水紫砂陶器,西双版纳孔雀屏羽等。

西藏:

拉萨、日喀则地毯,江孜藏毯,拉萨、泽当、贡嘎氆氇(藏式毛呢),围裙,昌都藏靴,金银铜铁器,昌都、拉萨、江孜、日喀则藏装,拉萨陶器,山南木碗等传统手工业工艺品;熊胆,麝香,冬虫夏草,人参果,天麻,雪莲等名贵药材。

陕西:

紫阳毛尖茶;汉中、安康、商洛中药材天麻、杜仲等;名酒凤翔西凤酒(集清香、浓香于一体),眉县太白酒(历史名酒),汉中面皮,甘泉矿泉水等。

甘肃:

文县党参,岷县当归,铨水大黄等中药材;酒泉夜光杯(玉琢酒杯),嘉峪关石砚,临洮洮砚,天水雕漆,华亭安口陶瓷,临洮仿古地毯,兰州轻工名产毛纺织品等传统手工艺;西凉大曲,金徽酒,肃北马奶酒等名酒。

青海:

玉树麝香、果洛、冬虫夏草;西宁、湟源银器、饰品、藏刀等。

宁夏:

"五色宝"——贺兰山、中宁、中卫的红色枸杞,同心、盐池、中宁、灵武的黄色甘草,贺兰山石砚,平罗、贺兰、中卫白色滩羊皮,同心、金积黑色发菜;"五朵金花"——各地所产向日葵、红花、黄花菜、玫瑰、啤酒花等;驴皮胶(阿胶);石嘴山民族瓷器等。

新疆:

细毛羊绒,皮张,肠衣,长绒棉,桑蚕丝,甘草,雪莲等;乌鲁木齐、伊宁皮革,和田地毯,和田、乌鲁木齐玉雕,乌鲁木齐等地的民族特色首饰,铜器等;吐鲁番果酒,鄯善葡萄酒,奎屯特曲等地方名酒。

港澳:

来自亚洲各地的古玩及艺术品,摄影器材,地毯及挂毯,陶器及瓷器,电脑,免税化妆品及香水,电子器材,家具,毛皮,象牙制品,玉器,珠宝首饰,皮革制品,眼镜框及镜片,定制衣服,手表,西洋餐具,玻璃餐具等。

专家指点

中国奢侈品消费居世界前列,很多人出国购买奢侈品。在境外或海外,导游应推荐旅游者购买比较有代表性的旅游商品,在国内也要帮助旅游者挑选有地方特色和有代表性的旅游商品。

信息 6

欧洲旅游行程购物安排

国家	商店	经营内容/停留时间
法国巴黎	Benlux 免税店或 Paris Look 免税店	香水、化妆品、皮具等 约 0.5 小时
	Galeries Lafayette(老佛爷)百货商店	香水、化妆品、皮具等 约 1.5 小时

城市	商店	经营内容/停留时间
荷兰阿姆斯特丹	Coster Diamonds 钻石厂	钻石 约 1.5 小时
德国法兰克福	Tobosst 免税店	Boss 服装、小礼品(肥皂、血压计等)、保健品(大蒜素等) 约 45 分钟
	Apollo 免税店	小礼品(刀具、电子产品等) 约 30 分钟
德国慕尼黑	German Style 免税店	小礼品 约 45 分钟
意大利威尼斯	Laguna 玻璃店	水晶玻璃 约 45 分钟
意大利佛罗伦萨	Peruzzi 皮具店	皮具(皮衣、皮包、眼镜) 约 45 分钟
奥地利因斯布鲁克	Swarovski Crystal 水晶店	施华洛斯奇水晶 约 45 分钟
瑞士卢塞恩	Swiss Lion 手表店	手表、挂钟 约 45 分钟
	Juwelia 手表店	手表、挂钟 约 45 分钟
列支敦士登	Huber 手表店	手表、挂钟 约 45 分钟

思考与练习

1. 旅游者的购物心理是什么？为什么购物结束后要去验证是否货真价实？

2. 如果你是导游,如何安排购物点？遇到投诉你该怎么办？

3. 为什么旅游过程中要安排购物？购物的主要目的是什么？

4. 很多旅行社把购物放入行程,并要求旅游者参与其中,为什么？

讲座视频

讲座课件

第五章　目的地著名景点的导游讲解技巧

学习目标

◎ 了解增加景点的基本知识及主要功效；

◎ 能够进行旅游线增加景点(自费)的导游讲解；

◎ 掌握导游促销旅游景点的常用方法与技巧；

◎ 能有针对性地对旅游景点进行宣传与营销。

导游要在景点知识方面不断充实自己，勤于搜集相关的景点知识、文化和背景资料，以丰富的信息和生动的语言进行讲解。导游通过对目的地著名景点的生动讲解，带领旅游者体验不同景观的美，打造一趟完美的旅行，满足人们对美好生活的向往，充实旅游者的旅游活动，使其获得更高的精神享受。

一、目的地著名景点导游讲解的意义

(一)目的地著名景点介绍是旅游者实现完美旅游的需要

例如，游览江西庐山，有些旅游者想不到去庐山瀑布，但事实上，很多中国人，对小学、初中曾学过的《望庐山瀑布》还有深刻的印象。中小学教师还可以通过亲身经历与体验，使自己关于讲解《望庐山瀑布》的课堂更生动、更有说服力；中小学生想亲身去大诗人笔下的景点观光旅游，感受景点的魅力；普通旅游者也可回味中小学时光及体验诗人描绘的景点。可以说，这类著名景点对旅游者意义重大，可满足旅游者的文化体验需求。

(二)额外讲解旅游景区可让旅游者多游一些地方，多一点收获

旅游是增长见识的过程，让旅游者了解更多的当地的自然景点和风土人情，是导游的工作职责所在。当然，导游不能做虚假宣传，更不能介绍品位差、旅游资源档次低的旅游景点或娱乐项目。导游讲解，应能使旅游者体验不同的旅游景区，达到充分实现休闲、度假与旅游观光的目的。

（三）为当地旅游开发的新景点做宣传，促进当地经济发展

旅游业是很多地方政府财政收入的重要来源，对经济的拉动作用明显，从这个意义上来说，导游对促进当地经济发展功不可没。根据《中华人民共和国旅游法》（以下简称《旅游法》）的规定，旅行社组织、接待旅游者，不得指定具体购物场所，不得安排另行付费旅游项目，但是，在公平、自愿的前提下，经双方协商一致或者旅游者要求，且不影响其他旅游者行程安排的，双方可补签旅游合同或协议。导游讲解目的地著名景点或增加新景点、宣传新景点可以起到宣传当地经济、文化和提高知名度的作用。

（四）增加一些新的景点可充实过于宽松的行程

由于旅行社报价不能太高，一些景点不在行程中，因此很多行程安排都比较宽松，导游介绍讲解或增加一些行程外的景点，特别是一些目的地著名景点，可以充实旅游者的旅游行程。

（五）国内旅游地接业务经济来源的需要

旅游是重要的经济活动，可以带动当地人们就业，产生经济效益，当地旅行社、景区景点、旅游交通和当地导游都是旅游活动的参与者与受益者，通过增加旅游景点，出售当地旅游资源，他们能获得更多的收益。所以，合理、合法地增加目的地的一些景点是市场经济发展的必然结果，当然不能强迫或非法增加景点。

二、增加目的地著名景点的必备条件

第一，推荐目的地著名景点时必须以计划内旅游项目能保质保量地完成为前提，在此基础上为旅游者规划好空闲时间，不能本末倒置。

第二，要针对旅游者品位、文化素质和兴趣爱好推荐合适、合理和合法的行程外旅游项目，不得向旅游者推荐非法的或货不真价不实的行程外旅游项目，以防旅游者的合法权益和本国（地）旅游业的信誉受到损害。

第三，旅游合同（协议）或行程外的旅游项目可以单列在发给旅游者的日程表下方（在旅游合同中备注），使旅游者有选择机会，保障旅游者的知情权与决策权。

第四，导游推荐行程外的景区景点要照顾大多数旅游者的意愿，要注意介绍的方式方法，绝对不能有勉强甚至逼迫旅游者接受增加目的地著名景点的事件发生。

三、增加目的地著名景点时易出现的问题

（一）由于交通拥堵，在时间上不易把握

随着中国经济的快速发展，特别是在珠三角、长三角、京津冀等东部沿海和环渤海地

区,小轿车的普及率较高,甚至很多家庭拥有两辆以上小轿车。另外,在中西部地区,很多城市也出现了较为严重的堵车现象。中国的"堵城"已经非常普遍,如北京被称为"首堵",还有上海、广州、杭州、南京、深圳等城市交通都非常拥堵,中国 70 个大中城市几乎都变成了"堵城"。在经济发达地区,很多高速公路也经常出现堵车现象,特别是一些较为重要的机场,像北京、上海的机场高速经常出现堵车,所以作为导游,在时间安排上一定要提前做好堵车的思想准备,并且要有应对策略。

(二)不按《旅游法》要求来收取旅游者增加景点的费用

《旅游法》明确不得强制加点,但在现实旅游过程中总是会出现客人意见不一致的现象,部分导游有时对于这一现象把握不准,可能出现不按《旅游法》的要求对所增加目的地著名景点收取旅游者相关费用的情况;也有可能采用举手表决等简单的操作方式,甚至用"少数服从多数""一刀切"等办法来解决意见不统一的问题,特别是收费可能存在不规范现象。

(三)目的地著名景点的导游讲解服务和安全保卫不到位

中国国土面积较大,景点众多,但很多导游阅历不是很深,部分导游对目的地著名景点不熟悉,可能出现不能为旅游者做好目的地著名景点的导游讲解服务工作。另外,部分民族地区或边远山区的社会治安或风俗文化有较大的差异,如果导游的安全保卫工作不到位或对民族政策的把握不准确,容易出现问题,给旅游者的体验感不好。

(四)目的地著名景点数量过多

不同地区的地接导游都想重点介绍当地有特色的景点,可能造成旅游者行程较为紧张或者旅游时较为疲惫,难以全部接受。比如华东线,这么多重要的城市,往往每个城市各有特点,景点又较多,可能每到一个地方就换一个地接导游,每个地接导游都会详细介绍自己所在地的著名景点,甚至想增加旅游景点,让旅游者更多地体验当地的风土人情,这样就可能出现旅游者难以接受的现象发生。

(五)推荐目的地著名景点内容雷同,造成旅游者审美疲劳

再以华东线为例。上海、扬州、苏州、南京、杭州、湖州都有江南园林,而且都比较有名,导游不能千篇一律地只介绍江南园林。再比如,江南水乡古镇旅游资源丰富,有南浔、乌镇、西塘、周庄、同里、木渎、朱家角等等;浙江有很多畲族乡、镇,他们的文化相同,婚庆活动大同小异,表演也较为类同。推荐目的地著名景点内容雷同,容易导致旅游者出现审美疲劳。

(六)个别导游介绍的个别项目或景点的内容不健康

个别导游介绍目的地的内容不健康的旅游项目,比如泰国的各种秀、成人表演、赌场或游乐中心等。甚至有些演出或真人秀会给旅游者误导性的表达,对于未成年人的身心健康可能不利。导游要坚守法律和道德的底线,不要推荐不健康的旅游项目。

（七）缺乏科学合理地安排目的地著名景点的常识

有些景点要选择恰当的观赏时间，如果安排不科学可能让旅游者欣赏不到景点的美。比如海宁潮、香山的红叶、黄山的日出、雷峰夕照、南屏晚钟、平湖秋月、三潭印月，都有时间和季节的要求，不是任何时候都能有最佳的观赏效果的。导游要恰如其分地进行相关项目的安排与推荐，做到科学、合理，满足旅游者对美的追求需要。

四、增加目的地著名景点的技巧

一个优秀的导游会在出团前准备一些要增加的景点或线路的照片等宣传资料，在沿途讲解时适时展示给旅游者观看，并结合所见到的风景和民俗风情等有意识地进行讲解。

（一）讲解真正精彩的景点

当地有特色而行程中又没安排的景点，都是导游要向旅游者介绍的内容，导游要用精彩的讲解吸引旅游者。比如九江的庐山瀑布、白鹿洞书院、石钟山；南京的侵华日军南京大屠杀遇难同胞纪念馆、夫子庙、秦淮河；苏州的留园、寒山寺；杭州的雷峰塔、西湖游船、岳庙；北京的恭王府、圆明园、长城等。

（二）目的地著名景点要距离、价格适中

比如去黄山旅游的旅游团，如果行程中没有西递、宏村，或者没有屯溪老街；又如去庐山旅游，如果行程中没有共青城项目（特别是上海团），或者没有白鹿洞书院和庐山瀑布，或者没有五老峰；再如在杭州旅游的行程中没有龙井问茶，或者没有雷峰塔，或者没有灵隐寺，或者没有宋城景区；在如上情况下导游可适当地进行相关景点介绍，主要是这些著名景点价格比较适中，而且都离主要景区景点较近，可以满足外地旅游者更多地了解当地文化的需求。

（三）如实介绍景点情况，不得做虚假宣传

现在旅游业价格日趋透明，竞争也越来越激烈，旅行社为了争取更多的客源，把价格一降再降，甚至出现了零团费、负团费的情况。所以，部分旅行社行程里面的景点越来越少，不是一些免费的景点就是门票价格非常低的景点。很多精华景区景点或一些著名的景区景点可能没有被安排在行程中。比如去青岛旅游要去体验青岛海底世界，去海南要去体验潜水项目，然而这些景点可能都不在行程中。故而导游要把行程情况如实地向旅游者说明，不管旅游者去不去都得把当地的精华景点向旅游者进行介绍，导游讲解要客观、真实，不得为了增加景点而做虚假宣传或夸大宣传。

（四）服务过程中要特别强调安全注意事项，保障旅游者安全

外出旅游，安全永远是排在第一位的，导游在增加景点的服务过程中要特别强调交通安全，以及人身和财产安全，在旅游过程中和驾驶员、全陪、领队、景点导游一起做好安全保障工作，一定要在安全的前提下思考是否增加景区，不得本末倒置。

（五）讲解过程要多做铺垫，选择恰当的时机进行加点说明

为了后面更详细地讲解某一旅游商品，导游第一天要稍微提到一点，一般是轻轻带过，只是为了让旅游者知道有这个东西，制造新奇感。时机一般选在第一天接机的时候，或者是在第二天去景点的路上。例如，华东线加点导游词："朋友们，不是每朵鲜花都能代表爱情，但是玫瑰做到了；不是每种树木都能耐得住干涸，但是胡杨做到了；不是每种声音都能奏出美妙的旋律，但是音乐做到了；不是每个导游的付出都能得到旅游者的认可，希望我能做到。苏州看白居易修的七里山塘街，包括一个私家园林、苏州评弹、苏州太湖碧螺春、苏州游船；杭州有紫砂壶泡的西湖龙井茶，西湖游船，岳王庙。另外，杭州的《印象西湖》或《宋城千古情》的演出也非常值得一看，我们公司可以提供最优惠的价格，还有导游优秀的讲解和免费的旅行大巴送给各位，通过观看演出大家可以更好地了解杭州的历史和文化。'给我一天，还你千年'，相信各位一定会不虚此行。"

视频

课件

五、信息链接

信息 **1**

欧洲旅游景点自费项目案例

国家	自费项目	内容说明	收费/欧元	选择
荷兰	阿姆斯特丹福伦丹古老小渔村	福伦丹是阿姆斯特丹北郊一个传统的小渔村，荷兰的兴起与这个小村庄密不可分，这里处处建造着红砖小屋，穿梭着身着传统服装的农夫，保留着传统的荷兰渔村风貌。您还能观赏到荷兰著名的拦海大坝。来到渔村，当然要尝尝这里的特色美食，纯正又美味。 含车费、特色餐 参观时间：约1小时	35	
	阿姆斯特丹运河游（夏季）	乘坐阿姆斯特丹特色玻璃游船漫游运河，欣赏两岸迷人风光。 游船时间：约1小时	30	

国家	自费项目	内容说明	收费/欧元	选择
法国	巴黎 红磨坊	观看大型歌舞演出。 含车费、司机加班费、门票预订费、夜总会服务生小费、香槟 参观时间:约1小时45分钟	135	
	巴黎 法国大餐	法国面包,红/白葡萄酒,海鲜拼盘,蜗牛,鹅肝酱、冰激凌、甜品,主菜可选择牛排/猪排/鸡排/鱼排。	65	
	巴黎 塞纳河游船	欣赏塞纳河两岸法国著名建筑,体验法国浪漫情怀。 含车费、司机加班费、船票、船票预订费 游船时间:约1小时15分钟	25	
德国	法兰克福 莱茵河游船＋ 猪脚餐	畅游莱茵河,享受河风和阳光,陶醉于历史悠久的古堡和大片的葡萄田。下船后,您可以品尝德国特色的猪脚餐。 含船票、猪脚餐、啤酒、服务生小费 游船时间:约1小时	45	
	科隆 科隆大教堂	哥特式建筑的完美代表,被誉为欧洲第一高教堂,1362年兴建,经过632年才真正落成,气势磅礴。 含车费、停车费、司机加班费 参观时间:约30分钟	15	
瑞士	卢塞恩 少女峰	含车费、司机加班费、门票、登山玻璃火车及缆车费用。 参观时间:约2小时	135	
	卢塞恩 铁力士雪山	含上下山车费、门票 参观时间:约1小时20分钟	80	
	卢塞恩 卢塞恩湖游船	卢塞恩湖,地处陡峭的石灰岩山地中间,湖光山色相映,风景如画。您可以远眺皮拉图斯山,欣赏其诗意的自然美景。 含船票、车费 游船时间:约45分钟	30	
意大利	比萨 风味餐	品尝意大利特色风味比萨饼、意粉、汤、主食、甜品。	25	
	比萨 比萨斜塔	含进城税、停车费、司机车费 参观时间:约1小时	25	
	威尼斯 "贡多拉"	含船票、服务小费(6人一条船) 游船时间:约30分钟	30	

客人签名表示自愿参加:

注:自费项目是推荐性项目,目的是使客人增长见闻。所有团员都应本着"自愿自费"的原则酌情参加,自费项目不带有任何强迫因素,大小同价,如参加人数不足20人,将无法获取团队优惠价,则费用会相应调整。以上风味大餐已含正常团队餐费,即不退团体餐费。

信息 2

美国旅游景点自费项目案例

城市	自费项目	项目介绍	服务内容	价格/美元	选择
洛杉矶	好莱坞环球影城	好莱坞是人类的造梦机器,世界电影的轴心。乘着电动游览车参观各个好莱坞拍片工厂,有旧金山地震区、洪水区、侏罗纪公园的恐龙区、大白沙拍摄区等,还能观看惊险刺激的未来世界4D电影。	含往返车费、门票＋预订费(3~4小时)	96	
	圣地亚哥游船	圣地亚哥有美国著名的太平洋舰队基地,太平洋舰队的大小50艘舰艇常年驻扎于此,乘坐游船您可以近距离观赏航空母舰。	含往返车费、船票＋预订费(约1小时)	22	
纽约	夜游曼哈顿	乘车游览不夜城曼哈顿,霓虹闪耀,鳞次栉比的高楼大厦足以让您流连忘返。	含晚间用车超时费、司机导游加班费、帝国大厦或洛克菲勒中心登顶费用＋预订费(约1.5小时)	60	
	伍德伯里奥特莱斯	伍德伯里奥特莱斯是美国东部最大的名品奥特莱斯,这里集中了世界各地时尚品牌220多家,低至3折起,让你"血拼"到手软。	含用车超时费、超公里费(约半天)	80	
	杜莎夫人蜡像馆	杜莎夫人蜡像馆为旅游者提供了一个和历史上的著名人士及现今当红明星会面的机会。200年前杜莎夫人蜡像馆已经创立了形象逼真的名人蜡像,2000年开始接待旅游者。	含往返车费、门票＋预订费(约1小时)	40	
	"无畏号"航母博物馆	"无畏号"航母于1982年退役后就改装并在纽约市展览,旁边更有潜艇展览,每年吸引无数旅游者。	含往返车费、门票＋预订费(约1小时)	30	
华盛顿	巴尔的摩	巴尔的摩市是美国马里兰州最大的城市,也是美国东部重要的文化城和海港之一,有现代化的码头及装卸、仓储设施。	含用车超时费、超公里费(约1小时)	70	

城市	自费项目	项目介绍	服务内容	价格/美元	选择
布法罗	"雾中少女号"游船＋IMAX瀑布电影	乘坐"雾中少女号"游船穿梭于瀑布中,近距离体验尼亚加拉大瀑布的巨大水流似银河倾泻冲下断崖,场面宏伟壮观。IMAX电影为您生动介绍瀑布的历史及传说故事。	含游船船票、电影票、预订费	40	
	布法罗奥特莱斯	瀑布附近最大的奥特莱斯,游览尼亚加拉大瀑布后,可前往该奥特莱斯选购打折名品。	含往返车费、人工费(1~2小时)	20	

备注:1.项目费用包含门票、车费、导游和司机服务费、停车费、入城费、预订费等综合费用。

2.报价为参加人数80%以上的价格,如果人数不够报价会有上调。

3.请您在选择之前务必慎重考虑,一旦确认参加并付费将无法退款;并请您务必签字确认交给导游,以保证您的权益。

4.如果您希望参加行程中未列出的其他自费项目,请您务必在自费同意书上签字确认;如发生纠纷,您的签字确认文件将作为处理依据,以保证您的权益。

我自愿参加以上自费项目:＿＿＿＿＿＿＿＿

信息3

华东线自费项目推荐导游词

1.苏州

从前,人们到苏州不是来赚钱的,而是赚够了钱才来苏州,来这里养老,过悠闲的日子。据说民国作家张恨水的理想生活是,拼命写小说,赚稿费,然后在苏州定居,过自己喜欢的生活。夜晚的古城才是苏州最美的时候,从儿时的歌谣中走出,从脉脉的流水上划来,那些千姿百态的桥是古城向四方抛张的媚眼,轻歌曼舞,丝竹繁华。昏黄的灯光中,让我们坐着画舫,顺着狭窄的河道,看看傍河而筑的民居。

当然更美丽的是坐在画舫前面的那苏州可人儿,说到这,小张想问下在座的各位,你们看女孩子怎么看呢?(与旅游者互动)"吴娃肤凝脂,皓腕赛霜雪,从不假铅华"什么意思?这说的是我们苏州的女孩子皮肤很好,就像霜雪一般,天生丽质不需要任何的装扮,让您感觉吹弹可破,苏州女孩子皮肤好最主要的原因是气候,我们这是水乡啊,而且她们从小就吃珍珠粉,长大了还天天用珍珠粉来做面膜,那是一个长期的"装修"工程。我们用个几次的,只能改善和调节。我们看苏州女孩子的第二点是用耳朵听,听什么?首先听她们说话,苏州人说话叫吴侬软语,黏黏糯糯,酥酥软软;更要听的是这些可人儿穿着旗袍,手捧琵琶,独自弹唱着苏州评弹,时而高亢嘹亮,时而低回婉转。您虽然不能完全听懂,但是您能听出这就是江南。呵呵,晚上小张交给大家一个任务,每人回来后要说一句苏州话,如果哪位能学会一首评弹在车上唱一下,晚上我请吃饭。

2. 杭州

"江南忆，最忆是杭州。山寺月中寻桂子，郡亭枕上看潮头。何日更重游?"到了杭州去看什么? 好像都没什么意思，因为一切都太熟悉了。也许我们还能够去做些什么给这个城市带点新鲜的刺激，到苏州最好是看戏，在杭州呢，最好是"谈情说爱"了。

杭州是个爱情之都，来，大家说下，杭州都有哪些爱情故事? (互动:嗯，白娘子和许仙……哦，梁祝是吧? 呵，您能告诉我，梁祝到底怎么回事吗? 嗯嗯，两个人早恋是吧?)大家想不想听下我们杭州人口中的梁山伯和祝英台之间发生了些什么啊? 好，下面让我来给大家简单介绍一下。从前有个姓祝的地主，人称祝员外，他的女儿祝英台不仅美丽大方，而且非常聪明好学。但由于古时候女子不能进学堂读书，祝英台只好日日倚在窗栏上，望着大街上身背书箱来来往往的读书人，心里羡慕极了! 难道女子只能在家里绣花吗? 为什么我不能去上学? 她突然反问自己:对啊! 我为什么就不能上学呢? 想到这儿，祝英台赶紧回到房间，鼓起勇气向父母要求:"爹，娘，我要到杭州去读书。我可以穿男人的衣服，扮成男人的样子，一定不让别人认出来，你们就答应我吧!"祝员外夫妇开始不同意，但经不住英台撒娇哀求，只好答应了。第二天清早，天刚蒙蒙亮，祝英台就和丫鬟扮成男装，辞别父母，带着书箱，兴高采烈地出发去杭州了。到了学堂的第一天，祝英台遇见了一个叫梁山伯的男同学，学问出众，人品也十分优秀。她想:这么好的人，要是能天天在一起，一定会学到很多东西，也一定会很开心的。而梁山伯也觉得与她很投缘，有一种一见如故的感觉，于是，他们常常一起诗呀文呀谈得情投意合，冷呀热呀相互关心体贴。后来，两人结拜为兄弟，更是时时刻刻形影不离。春去秋来，一晃三年过去了，学年期满，该是打点行装、拜别老师、返回家乡的时候了。同窗共烛整三载，祝英台已经深深爱上了她的梁兄，而梁山伯虽不知祝英台是女生，但也对她十分倾慕。他俩恋恋不舍地分了别，回到家后，都日夜思念着对方。几个月后，梁山伯前往祝家拜访，结果令他又惊又喜。原来，这时他见到的祝英台，已不再是那个清秀的小书生，而是一位年轻貌美的大姑娘。再见的那一刻，他们都明白了彼此之间的感情，早已是心心相印。此后，梁山伯请人到祝家去求亲。可祝员外哪会看得上这穷书生呢，他早已把女儿许配给了有钱人家的少爷马公子。梁山伯顿觉万念俱灰，一病不起，没多久就死去了。听到梁山伯去世的消息，一直在与父母抗争以反对包办婚姻的祝英台反而突然变得异常镇静。她套上红衣红裙，走进了迎亲的花轿。迎亲的队伍一路敲锣打鼓，好不热闹! 路过梁山伯的坟前时，忽然间飞沙走石，花轿不得不停了下来。只见祝英台走出轿来，脱去红装，一身素服，缓缓地走到坟前，跪下来放声大哭。霎时风雨飘摇，雷声大作，"轰"的一声，坟墓裂开了，祝英台似乎又见到了她的梁兄，她微笑着纵身跳了进去。接着又是一声巨响，坟墓合上了。这时风消云散，雨过天晴，野花在风中轻柔地摇曳，一对美丽的蝴蝶从坟头飞出来，在阳光下自由地翩翩起舞。杭州的爱情故事都是比较悲惨的结局，所以说杭州人不相信爱情，但浪漫是这个城市不变的主题:不求天长地久，只求曾经拥有!

……

杭州被称为天堂般的城市，南宋对杭州起到了十分重要的作用。宋朝在中国历史上是一个相对弱小的王朝，一直边患不断。1127年，金兵南侵，首都开封被攻占，宋徽宗和宋钦宗被俘，北宋灭亡，史称"靖康之耻"。大家看过电视连续剧《射雕英雄传》，里面的背景就是北宋遭受金兵入侵的这段历史。两位主角郭靖和杨康，二人的名字就是从靖康之耻来的，金庸先生为了让大家记住这段屈辱的历史而故意起了这么一个名字。北宋灭亡以后,宋徽宗第九个儿子、康王赵构南逃到了杭州,他来到钱塘江边,前无去路,后有追兵。万念俱灰之下,他解下腰带在一棵香樟树上上吊。刚吊上去,腰带断了,他把腰带折叠后再挂上去,树枝又断了,赵构认为这是树神显灵,天不亡他,于是跨上庙边上的一匹泥马过了钱塘江。后封这棵树为树神,现在这千年香樟还在我们宋城。之后定都临安,史称南宋。临安现在是杭州的一个区,在杭州的西边。临安什么意思啊,它寓意为临时安置,就是希望有朝一日能还都开封。但是很遗憾,宋高宗定都杭州后,发现杭州怎么样啊? 山美水美人更美,于是天天在西湖边花天酒地,莺歌燕舞,早把还都开封的事忘到九霄云外去了,结果南宋在杭州一待就是150多年,使杭州成了当时世界上最大最繁华的城市。

"山外青山楼外楼,西湖歌舞永不休。"今天晚上,就让我们去宋城领略一下南宋王朝那奢华的歌舞……这是我们这几天最精彩的,每个人一定要去,并不是导游我逼着您去,而是您为了自己也一定要去。"给我一天,还你千年",今天晚上一个小时,让您经历那千年的沧海桑田,却依然觉得似曾相识!

(本文摘自第一导游网)

思考与练习

    1.拿到行程单后应该如何安排增加景点的时间?

    2.什么时候是导游安排增加景点的黄金时间?

    3.如何协调旅游者对增加景点意见不统一的现象?

第六章　全国热点夜游项目的导游讲解技巧

学习目标

◎ 掌握导游促销夜游项目的常用方法与技巧；

◎ 掌握增加夜游项目的基本知识、主要产品及其价格；

◎ 能进行增加夜游项目的导游讲解；

◎ 能针对主要的夜游项目进行宣传与推销。

　　夜游项目又称"夜间旅游"，是指旅游者停留在某旅游地的夜生活。随着我国旅游文化市场的不断拓展和旅游创意的不断涌现，"夜游"作为一种备受追捧的文化现象，早已遍地开花，显示出一座城市的活力与张力。夜间实景演出、夜游长江、夜游运河、夜游龙门、夜游三峡、夜游黄龙洞、夜游动物园……"让外地旅游者的一日游变成过夜游""建设一批 24 小时服务设施促进夜间经济发展"。

　　从某种意义上来说，夜间旅游比白天旅游的含金量更高，其消费水平是衡量一个城市旅游业发展成熟度的重要标志之一。夜游文化项目不仅仅是一种"另类旅游"的表现形式，也是对旅游地发展创新力、特色活动掌控力，以及创建知名品牌的文化禀赋的考量。

一、夜游项目成为旅游业界的新宠

　　夜游文化自古有之。北宋著名文学家苏轼创作有《记承天寺夜游》，成语有"秉烛夜游"等，这都说明夜间出游别有一番风味，且由来已久。当然古人所说的"秉烛夜游"，讲的是人生苦短，要珍惜光阴，多看看这个世界。今人乐此不疲的夜游体验，早已超出了古人"夜游"的含义。

（一）夜游成为拉动消费的"利器"

　　如今夜游逐渐成为拉动消费的"利器"。然而，要想让旅游者欣然夜游，仅靠漂亮的夜景、绚丽的灯光还不够。旅游是个大概念，包含吃、住、行、娱、购、游等诸多要素。夜间旅游集中于傍晚到深夜约 5 小时的时间段内，受作息时间限制，更倾向于休闲化和娱乐化。要想让夜游深入人心,就应增加独具特色的娱乐节目,将美景、美食融入其中,让旅游者深度体验当地的风土人情,真正"夜有所乐"。发展"夜经济"被热切地寄予希望。全国各地不约而同地选择了从晚间的旅游入手,试图带动"夜经济"的发展,寻找刺激旅游消费的新路径。夜游文化活动能否留住人,未必非要依靠"彩灯多样化"的效果,更要依靠夜游中所见所尝的小吃,所选所购的旅游纪念品,所听所看的娱乐项目,车水马龙的街道,有序引导的人流,等等。

(二)夜游是衡量一个城市旅游业发展成熟度的重要标志

夜游可丰富旅游产品类型,满足旅游者的需求。发展夜间旅游的意义日益凸显,通过夜间旅游的开发可丰富旅游者的行程,延长旅游者滞留的时间,增加旅游者的消费支出,带动关联产业的发展,从而促使城市和景区各种设施利用率提高,使城市的就业机会增多,经济总量增加。夜游项目可丰富旅游产品类型,满足旅游者的需求,实现社会和经济双重效益。作为旅游城市,发展夜游产品是提升当地城市知名度与吸引力的重要手段。夜间旅游已成为提升城市旅游竞争力和延长旅游地生命周期的不二选择。

(三)"月光经济""夜游热"成为一种新时尚

旅游的吃、住、行、游、购、娱六要素中最重要的是玩,玩以前没有玩过的,看家里看不到的。比如,一位四川导游讲到在九寨沟促销少数民族歌舞晚会时谈了自己的切身体会:"对于晚会的讲解绝对不是进入九寨沟前那一点点时间就可以的!一路上导游的全部讲解内容都要为晚会做铺垫,导游在路上对于藏族、羌族的风情讲解一定要鲜活有趣,如果旅游者对这两个民族的风情没兴趣,没有好奇心,那么促销晚会就不会有好的效果!"再比如,中国三大世界闻名的演出:云南的《云南映象》、湖南的《魅力湘西》和广西的《印象刘三姐》。旅游者通过观看这些演出,能更好地了解当地的文化特色。现在,中国的许多著名旅游城市也都开始有了自己的旅游专场演出,如苏州夜游、湖州南浔古镇夜游、上海黄浦江夜游、广州珠江夜游、青岛海上夜游和乌镇西栅夜游等都深受旅游者的欢迎,而且客流量非常大,出现了夜游热。

二、全国各地夜游情况举例

夜游成为"夜经济",是拉动城市经济发展的重要引擎,催生出的各种夜间经济活动和夜概念,已成为新时期经济发展和市民生活的重要商业资源和时尚潮流。夜经济的繁荣是城市繁华的表现,也充分反映了城市的时尚度。从某种意义上而言,"夜经济"越发达,其城市的经济发展越充满活力。例如,湖南的苗族特色表演——张家界的大型篝火文艺晚会《魅力湘西》;香港的夜游维多利亚港;上海的黄浦江夜景;云南神奇的九寨等。再如,杭州《印象西湖》《宋城千古情》、运河夜游;温州瓯江夜游;横店影视城梦幻谷夜游;海南红艺人表演、夜游三亚湾;常州嬉戏谷夜游;武汉两江夜游;苏州古运河夜游;南昌赣江夜游;合肥护城河夜景观;厦门鹭江夜游;无锡蠡湖游船夜游;洛阳龙门石窟"夜游龙门";芜湖星光灿烂大剧院。

此外还有：《夜泊秦淮》大型水上实景演出，以秦淮历史文化为主线，撷取了东晋以来各个历史阶段具有秦淮特点的代表性诗词、典故和传说，通过《桃叶团扇》《香君撕扇》《夜泊秦淮》《太祖出巡》等节目，演绎了秦淮在六朝的风情、盛唐的风月、南唐的风韵、大明的风华及清代的风雅，生动地体现了历史上南京和秦淮的人文魅力。大型原生态水乡情景表演《四季周庄》是中国第一部呈现江南原生态文化的水乡实景演出，演出在"小桥、流水、人家"的经典环境里展开，以特有的水乡表现手法，再现周庄的文化特质和迷人情韵；演出的四个篇章——渔歌、渔妇、渔灯、渔作——表现出"水韵周庄"，春的《雨巷》、夏的《采藕》、秋的《丰收》、冬的《过年》演绎出"四季周庄"，迎财神、阿婆茶、水乡婚庆展示出"民俗周庄"，其地域性、民俗性、观赏性、草根性、艺术性堪称演艺之精品。

三、导游讲解夜游项目的常用技巧

(一)整体讲解夜游项目，把具体所含内容进行说明

夜游项目要有整体性、趣味性。旅游者外出旅游的心理是玩性价比高的产品，而整体夜游项目能吸引旅游者。以杭州为例，精华线路有：①钱江新城灯光秀。它是杭州市人民政府为迎接 G20 峰会的召开而倾力打造，成为来杭州旅游的"新标配"。它沿着钱塘江，以杭州钱江新城市民中心、杭州国际会议中心、杭州大剧院为中心。②西湖音乐喷泉。它是杭州西湖的标志性文化景点，也是国内较有知名度和关注度的音乐喷泉，建于 2003 年。2023 年 7 月，阔别三年的西湖音乐喷泉重新亮相。新的展演包括《梁祝》《七蛟龙》《鸿雁》，以及杭州亚运会推广歌曲《爱达未来》四首曲目。③运河游船夜游。夜逛运河最不可错过的节目就是由法国著名灯光师罗杰·纳博尼设计的"运河之光"灯光秀。从武林门码头出发，一路向北，朝晖桥、潮王桥、御码头、富义仓、大兜路，武林新姿、江桥忆昔，大运河的千年遗韵扑面而来。

(二)重点突出真实性、现场性，增进旅游者之间的情谊及强调参与性

许多夜游项目是当地特色旅游项目，具有排他性，非到该地无法欣赏到现场感，同时又比较有代表性，是当地文化和民俗等的集中体现，旅游者可以现场感受和融入其中。当然，夜游项目要突出地方特色，不是仅仅停留在走马观花的表面，要强化夜游过程中旅游者的参与性。不少旅游者喜欢在一起聊天、喝茶、打牌等，因为这些活动具有参与性和娱乐性，个别项目还具有一定的刺激性。夜游项目也要满足以上特点，让旅游者参与活动，增长见识，提高满意度。

(三)讲解真正精彩的夜游项目

例如，在华东线可重点推荐《宋城千古情》演出，南京秦淮河、上海或苏州夜游，但项目不能太多，原则上是隔一晚安排一次(以旅游合同为准)。要给旅游者选择权，导游只有建

议权,重点介绍当地精彩的夜游项目和特色。

(四)如实介绍夜游项目情况,不得做虚假宣传

导游讲解一定要客观、真实,不得做夸大或虚假宣传。现在是信息时代,搜索信息几乎没有难度,夸大或虚假宣传容易让旅游者不满,甚至造成投诉等。当然网上相关信息较为杂乱,加上旅游者文化层次不同,具有不同程度的认知差异,导游要帮助旅游者查证信息,得出科学、客观的结论。

(五)强调注意事项,保障旅游者安全

旅游者外出旅游,应始终把安全放在第一位。夜晚光线昏暗,或旅游者对当地环境不熟悉等,容易产生一些不安全因素,因此导游安排的夜游项目一定要健康,要强调安全。安排旅游者观看计划内的文娱节目时,地陪须陪同前往,并向旅游者简单介绍节目内容及其特点,引导旅游者入座,介绍剧场设施、位置,解答旅游者的问题。在旅游者观看节目的过程中,地陪要自始至终坚守岗位。在大型娱乐场所,地陪应主动和领队、全陪配合,提醒旅游者不要走散并注意他们的动向和周围的环境,以防不测。如果所在地区

课件

社会治安不是很理想,导游特别要提醒旅游者注意安全,不要给不法分子机会,原则上导游要全程陪同。

四、信息链接

信息1

导游增加《印象西湖》演出的讲解

"山外青山楼外楼,西湖歌舞几时休?"这首诗相信大家都已经非常熟悉,但诗中真正的西湖歌舞,请问在座的有谁看过呢?估计没人看过,怎么样,遗憾吧?失落吧?其实没什么好遗憾的,因为今天我们就将抵达人间天堂杭州,赏不厌的西湖歌舞都将呈现在大家面前。

《印象西湖》是一台大型都市山水实景演出。它以天下驰名的西湖十景苏堤春晓、曲院风荷等为演出背景,以西湖水面为舞台,以西湖千年文化底蕴为元素,将西湖都市山水融为一体,构成极为豪华的都市山水天然剧场,开创了世界都市山水实景演出的先河,成功演绎人与自然的和谐关系,真正体现了"天人合一"的境界。

《印象西湖》是由国际山水实景演出的原创团队、登峰造极的创意铁三角张艺谋、王潮歌和樊跃共同执导的"印象"系列大型实景演出。其中有许多好点子,尤其是水元素的演绎。

《印象西湖》演出时将在岳湖水面搭建一个60米×60米的可升降的菱形舞台(平时隐于水中),通过声、光、水高科技的完美组合,真山、真水、真景地演绎着真实的生活。以西湖

迷人美景和千年文化为背景,260多名专业演员在西湖风景区方圆数十万平方米的实景中,再现江南特有的田园诗般民风民俗,带你走进小桥流水、渔歌唱晚、爱情传说、梦幻天堂的世界。像苏小小的痴情等待,白娘子许仙相会,梁祝长桥相送,白居易、苏东坡的千古绝唱,江南丝竹,越剧唱段也将融入其中,以前所未有的方式将西湖的古老传说和美妙神话娓娓道来,展现杭州的独特神韵。山水实景、经典文化与高科技完美结合的《印象西湖》堪称世界独一无二的都市文化旅游项目。整个演出是匪夷所思的,带给你的体验也是如痴如醉的!《印象西湖》绝对会给你不一样的震撼!

《印象西湖》,是一个融会传说与真实、历史与现代、自然与人文、时尚与科技的演出,一个真正体现"天人合一"的好去处!

朋友们,你也许看过张艺谋导演的原生态大型实景演出《印象刘三姐》和《印象丽江》,那么,同为实景表演项目的《印象西湖》又有什么不同呢?《印象刘三姐》和《印象丽江》反映的是少数民族的民风民俗,而《印象西湖》是第一次用山水实景演出中国千年传统文化和民间传说。它绝不是为了差异上的猎奇,而是为了文化上的认同!它重点打造"四性"——国际性、神秘性、科技性、唯一性;"四水"——西湖水舞台、梦幻水世界、江南水文化、浙江水精神……

信息2

导游增加上海夜景的讲解

各位,上海白天的景色如何?上海大不大?大家一定都知道上海在国际上的地位了吧。作为中国最大的城市,上海的变化是一天一个样。因为上海是块与时俱进的土地。

朋友们,上海的城市发展速度是惊人的,你们说上海最有名的是什么?夜景?你看过了?没关系!我也看过了,每周一次,导游嘛!可每次来我还是很兴奋!因为世界上夜景最漂亮的城市是哪?上海?美国《时代》杂志评选的第一是美国的拉斯维加斯,赌城,去过没?没有?请君听好,拉斯维加斯啊!到了夜里,你不管从哪一条公路开车到赌城,远在1小时车程之外的地方,就可以发现前方的天空异常明亮。直到翻过最后一个山头,啊!眼前所见金碧辉煌的美景,将让人毕生难忘。拉斯维加斯,是一块在无垠沙漠中的耀眼明珠,无论日夜,不分阴晴,永远散发着无穷的魅力,吸引着你我前来。所以它是第一。第二是上海?No,是法国的巴黎香榭丽舍大街,浪漫之都的埃菲尔铁塔是法国巴黎的象征。一到夜晚,在灯光的照射下,铁塔仿佛变成了"玻璃塔",玲珑别透,成为巴黎奇景之一。埃菲尔铁塔竣工于1889年,由建筑师埃菲尔设计,全塔高320米。在天晴的日子,可从此眺望70千米以外的巴黎近郊地区,到了晚上协和广场那古色古香的路灯,燃着菊色的光泽,融入香榭丽舍大道的浪漫之中,柔和、浪漫是她的灵魂!有生之年去看看,花个万八千的,值!排第三的就是上海的夜景了,陆海空一体。三年前的上海夜景和现在不一样,五年后的上海夜景和现在也是不一样的。朋友们,上海值得再来!夜景值得再看!(在车上或前一站景点游览中就可以和客人说了)——要知道上海的夜景,不是单一的亮度而是立体的亮度,比如不断拔高的东方明珠。东方明珠建成于1994年,是江欢成设计的。高463米,比埃菲尔铁塔高多了。世界最高塔雅加达塔也是江欢成设计的。埃菲尔铁塔可以眺望70千米以外的地区,东方明珠可把整个上海尽收眼底呢!还有"更上一层楼"的环球中心大厦,上海的高度不断提速。上海还有磁悬浮列车。让我们通过上海的"三度"——亮度、高度、速度，来展开上海夜景的震撼感！所以各位，没看过世界第一的拉斯维加斯夜景没关系，去法国看第二的巴黎香榭丽舍大街，浪漫啊！没去过法国，没关系，看上海的夜景，"横看成岭侧成峰，远近高低各不同"！上海留给大家的是共同资源，资源分可再生资源和非可再生资源，夜景是可再生资源。随着上海黄浦江两岸北外滩、东外滩的不断兴建，上海夜景真的会呈现出南浦大桥与杨浦大桥之间"双龙戏珠"，老外滩西洋建筑群"十里洋场"浮华绚烂，浦东陆家嘴现代建筑群流光溢彩，那不久的将来，浦东的夜景又会发生些什么变化呢？小导希望大家在了解这些的同时，更该去了解上海夜景的未来，陆家嘴、东外滩、北外滩的规划，因为上海的未来就是中国城市的未来。

（本文摘自中国导游网）

思考与练习

1. 导游拿到行程单后应如何安排好夜游项目的时间？

2. 夜游项目吸引旅游者的主要原因是什么？

3. 为什么优秀旅游城市都有自己的特色夜游项目？

补充视频

补充课件

导游讲解技巧（第二版）

第七章　风味美食及风味餐的导游讲解技巧

学习目标

◎ 掌握风味美食导游讲解的常用技巧；

◎ 掌握全国风味美食的基本知识、主要产品及其价格；

◎ 能对旅游活动中的风味美食进行导游讲解；

◎ 能针对旅游活动中的风味美食进行宣传与营销。

美食旅游是一种较为新颖的、吸引力较强的旅游形式，是旅游者到异地寻求审美和愉悦经历，以享受和体验美食为主的具有社会和休闲等属性的旅游活动。美食旅游带动了食品生产经营业、房地产业、商贸业、文化娱乐业等各行业发展，为经济发展带来了巨大的空间和潜力。我国幅员辽阔、物产丰富，自然、社会经济和生活习俗差异很大，各地美食丰富多彩，具备自身独特的历史、文化、技艺和风味。地方饮食文化是传统民俗文化的重要组成部分，是在共同地域、共同历史和共同文化的作用下，形成的一种文化传统，包括饮食风味、方式、礼仪等，成为一种重要的文化景观。将我国各类美食向旅游者推荐，使旅游者在饱览名山大川之余，还能品尝到具有浓郁地方特色的风味，是一名导游义不容辞的职责和使命。

一、美食旅游的定义、特点和功能

（一）美食旅游的定义

1.美食旅游与旅游美食

美食旅游是以"美食"为吸引物或旅游资源，吸引对美食情有独钟的旅游者，使其产生旅游冲动的一种旅游类型。旅游美食是旅游者在旅游过程中品尝到的美味食品，可以是在旅游途中携带的体积小、轻便、新颖的旅游小食品，也可以是享用到的风味大餐。旅游美食是美食旅游的重要组成部分。

2.美食旅游与饮食文化旅游

狭义的美食旅游是指饮食文化旅游。饮食文化旅游重在"文化",指将饮食文化与旅游活动相结合,以了解饮食文化和品尝美食为主要内容,是一种较高层次的旅游活动。由于人们对"美"的理解和认识是千差万别的,故"食"在内容与形式上呈现出缤纷的色彩。丰富而浓厚的饮食文化内容是开展美食旅游的必备条件,美食旅游则是饮食文化旅游发展的必然趋势和结果。

3.美食旅游与旅游餐饮

旅游餐饮是指在旅游过程中的餐饮行为,而美食旅游是以美食为吸引物的旅游过程。这两个概念分别指不同类型的行为,但都在旅行途中发生,而且都与旅游者的饮食行为有关。但美食旅游不仅仅包括餐饮过程,还包括其他与美食相关的参与性活动,如烹饪比赛、啤酒节、水果节等,旅游餐饮则更多地注重旅游者的餐饮行为及餐饮质量,如在旅游过程中的饮食安全、卫生、营养等。

(二)美食旅游的特点

1.区域性

我国幅员辽阔,由于地理环境、气候物产、政治经济、民族习惯与宗教信仰等的不同,各地区、各民族的饮食千姿百态、异彩纷呈。中国的"八大菜系"就是由区域环境的整体差异所形成的,以其各具风韵的烹调技艺和菜肴特色成为美食旅游重要的吸引物,是旅游资源中不可或缺的一部分。也正是这种特殊的旅游资源在区域上的差异分布,才形成了美食旅游者的空间流动,它是造成人们以旅游形式达到审美和愉悦目的的根本原因。旅游资源的这种区域性特征,赋予一国或一地区对该种资源的垄断,使简单的仿制无法与本体旅游资源相比拟,故而,美食旅游具有区域性的特点。

2.原创性

美食旅游的区域性能够凸显美食旅游的原创性。虽然地方美食可以在异地再造,然而随着自然环境和人文环境的改变,旅游过程中所享受到的"美食"会出现差异,难免给旅游者留下不正宗的感觉。为了迎合市场的需求,离开发源地的地方美食不得不做出一些适应性的改良,对于美食旅游者而言,其旅游体验将大打折扣。这一点在北京体现得尤其明显。北京汇聚了全国各地的人,也几乎汇聚了全国各地风味的饭店,尽管这里有许多民族风情的主题公园,但它缺乏地域环境、周边环境与民族习俗的依托,在旅游者视域中,真假泾渭分明。

3.民族性

由于美食旅游者生活在不同的文化背景下,因此其旅游需要自然要受到文化因素的影响,从而影响对旅游资源的价值判断。生活在不同区域的旅游者,对美食的理解和追求各异。美食旅游是文化与饮食的综合体,饮食与文化相互融合、相互渗透、密不可分。不同国家、不同民族的饮食文化大相径庭,因此不少学者把美食旅游归属在民俗风情、民族文化旅游资源一类,常常将其归纳为人文旅游资源的重要组成部分。各个民族由于文化、生活习惯和地理环境不同,就会出现具有当地民族特色的美食,所以说饮食具有民族性的特点。

4.时代性

不同时代的美食旅游者需求是变化的,对美食的评价也不同。改革开放初期,人们求奇、求新的心理比较重,在口味上寻求差异、享受刺激;90年代开始,人们更追求营养、滋补及保健,求野、求洋、求补开始流行;进入21世纪以后,求绿、求土之风刮起。各个时代人们对美食的评价不一,主流的美食不一,则美食旅游的主题将呈现很大差异,具有明显的时代性特点。

5.参与性

美食旅游的参与性相对于其他的旅游类型要强烈得多。首先,美食旅游最主要的旅游经历是品尝,这种来自味觉的美感既是有形的,又是无形的。这种参与性直接影响着整个旅游时间的长短、旅游质量的高低,故旅游体验对于美食旅游者显得更为重要,对美食旅游本身也提出了较高的要求。其次,美食旅游是一项参与性活动,如观看烹饪比赛、茶艺表演和学做中国菜等,都能激起美食旅游者强烈的模仿欲,这些操作性强、内容丰富的旅游活动,极易延长美食旅游者兴趣的持续时间。

(三)中国美食的特性

1.风味多样

我国一直就有"南米北面"的说法,口味上有"南甜北咸,东酸西辣"之分,主要有巴蜀、齐鲁、淮扬、粤闽四大风味。

2.四季有别

自古以来,按季节变化来调味、配菜,是中国烹饪的一大特征。秋冬味醇浓厚,春夏清淡凉爽;秋冬多炖焖煨,春夏多凉拌冷冻。

3.讲究美感

中国烹饪,不仅要求技术精湛,而且有讲究菜肴美感的传统,注重食物的色、香、味、形、器的协调一致。对菜肴美感的表现是多方面的,无论是红萝卜,还是白菜心,都可以雕出各种造型,给人以精神和物质高度统一的特殊享受。

4.注重情趣

我国烹饪注重品位和情趣,不仅对饭菜点心的色、香、味有严格的要求,而且对它们的命名、品味的方式、进餐时的节奏、娱乐的穿插等都有一定的讲究。中国菜肴的名称可以说是出神入化、雅俗共赏,既有根据主、辅、调料及烹调方法的写实命名的,也有根据历史掌故、神话传说、名人食趣、菜肴形象来命名的,如"全家福""将军过桥""狮子头""叫花鸡""龙凤呈祥""鸿门宴""东坡肉"等。

(四)中国美食的分类

1.地方菜

地方菜是指在一定的区域内,因物产、气候、习俗不同而形成的有地方特色的菜系,如通常所讲的四大菜系、八大菜系等。

2.宫廷菜

宫廷菜是皇宫"御膳房"烹制的供皇室食用的菜肴。特点是名称动人,用料考究,技艺精湛,色、香、形俱佳。名菜有"百鸟朝凤""万字扣肉""游龙戏凤"等。北京仿膳的"小窝头""豌豆黄""芸豆卷"亦很有名。

3.官府菜

官府菜是指一些大的官僚、名人、社会名流府上所烹制的菜肴,后流传到民间,著名的有孔府菜、谭家菜。东坡肉、宫保鸡丁等名菜也应列入官府菜之内。

4.民族菜

民族菜是指从我国民族地区发展起来的菜肴,后来普及到全国各地,有"烤肉""涮羊肉""羊肉串""烤全羊"等。

5.寺院菜

寺院菜即素菜,因大多出自佛家的寺院内,所以称为寺院菜,是我国饮食文化的重要组成部分。由于现在兴起的素食热,中国的寺院菜备受各国旅游者的欢迎。此种菜别具风味,有利健康,选材很广,名菜极多,模仿荤菜,形味逼真。

6.药膳

药膳是我国饮食文化特有的菜类,亦可称为饮食疗法。将中药根据咸、酸、苦、甘、辛五味和药性、功能,适当地放入菜肴中,可收到既食美味又利健康的效果。药膳有"百合鸡子汤""当归生姜羊肉汤"等,在国外的中餐馆也有提供。

(五)美食旅游的功能

1.经济功能

美食节活动能营造市场热点,吸引百姓消费,凸显消费互动,打造拉动内需的核心动力。比如,北京中关村国际美食节作为每年一届的行业盛会,迄今为止已经连续成功举办过多届,逐步成为弘扬饮食文化、推动行业创新的重要平台,对于规范企业经营、引导行业健康发展,也无疑起到了积极的促进作用。此外,如今旅游者更重视旅游体验,自觉增加餐饮方面的消费,也使得整个旅游过程中的消费得到增长。

2.文化功能

美食旅游者的文化需求是美食旅游得以产生、发展、繁荣的前提和基础。文化和美食互为花叶,相得益彰。美食旅游要能够满足旅游者的文化需求,以市场需求为导向,挖掘文化内涵,继承和弘扬传统文化。旅游活动是文化求异和文化认同的统一,美食旅游者四处寻找差异文化,不自觉地抹平了饮食文化的地区差异。美食旅游如何适应市场又保持特色,如何寻找到平衡点,旅游文化在其中起着主导作用。

3.社会功能

美食作为向旅游者传送旅游地的文化生活特色的重要途径,已潜移默化地成为旅行途中不可或缺的一项重要内容。美食是一种万能的润滑剂,不仅仅局限于期友会亲、报上励下、安邦睦邻等社会功能,其联络感情、洽谈生意、日常交往等的社会功能更为出色。利用餐厨垃圾推动循环经济,倡导企业承担社会责任也是美食旅游的社会功能。

4.健身功能

通过美食调整身体内部的关系和生理与心理的关系,达到养性健身的目的是中国饮食文化的精髓所在。"食疗、食养"等内调作用与旅游的有机结合促成美食旅游目的的实现。

(六)美食旅游的发展前景

由于美食旅游属于发展和享受层次的旅游形式,因而其研究更重视生态学、经济学方面的效益,运用生态学的原理来指导美食旅游开发,从可持续发展的角度来看待美食旅游的发展,即繁荣旅游业和餐饮业的同时又不会引起"吃的危机"。美食作为人们现代生活的追求、向往和需求,其带来的丰厚回报,也激发了美食旅游开发的火爆热情,这些都预示着美食旅游有着巨大的发展前景。

二、风味美食及风味餐开发的必要性与意义

(一)风味美食的重要性

美食成为当下人们追求的一种新的方向,而外出旅游时大家都想品尝具有当地特色的风味小吃和地道的当地美味。在这种情况下,美食旅游、风味美食、特色小吃成为旅游中的一个重要内容。人类真正的美味源于一片叶子、一颗豆子或者一块肉,而非化学合成的某种味道和颜色。在大自然最原始的感召之下,天地山水湖海赋予了人类终极美食,这样的美食带给人别样的人生境界。《舌尖上的中国》开播以来之所以受到了全国观众的高度好评,正是因为中国现在已进入追求生活品质和档次的时代。

1.风味美食是旅游文化的一个重要方面

风味美食对于旅游者来说是非常重要的一环。人们出来旅游,除了眼睛看到许多未见过的美好风光,耳朵听到许多从未听闻的传奇故事,嘴巴也要尝尝各种从未品尝过的滋味。中国有无数极具特色的风味小吃,比如北京的烤鸭、涮羊肉,天津的"狗不理"包子,呼和浩特的烤肉,西安的羊肉泡馍、饺子宴,山西的刀削面,兰州的拉面,四川的担担面、夫妻肺片、灯影牛肉,上海的南翔小笼包,南京的盐水鸭,无锡的肉骨头,扬州的蟹粉狮子头,湖州的鲜肉粽,洛阳的水席,湘潭的毛家红烧肉,井冈山的烟笋烧肉,海南的文昌鸡、竹筒饭,湖北的热干面,桂林的马肉米粉,昆明的各种菌菜,蒙自的过桥米线,西双版纳的傣家酸食,新疆的羊肉串、烤全羊,广州的老火靓汤、海鲜,还有清远的清远鸡,梅州的客家酿豆腐等。旅游者在享用美食的过程中,更多的是一种对当地文化的享受。故而,美食是旅游文化的一个重要方面。

2.风味美食可提高当地的知名度

某些地方风景并不出众,但当地的美食却让游人津津乐道,从而使这个地方因美食名扬四海,也达到了宣传形象、吸引客源的目的。比如著名的德州扒鸡,它的特点是五香脱

骨、肉嫩味纯、味透骨髓、鲜美异常。它的造型也很奇特,两腿盘起,爪入鸡膛,双翅经脖颈由嘴中交叉而出,全鸡色泽金黄,黄中透红,远远望去似鸭浮水,口衔羽翎。美景与美食,往往相得益彰。比如在贵州赤水,离赤水城区不远的十丈洞大瀑布和四洞沟瀑布是非常漂亮的,在这里吃上一道"石子鸭肠",旅游者将永远记住它。接着上来一个"鸡豆花",原来那"鸡豆花"是把鸡肉剁成泥,然后像做豆花一样凝结,再切块下锅煮,端上来时和平时的豆花一模一样,但一入嘴,鲜不可及,美味无穷。

3.风味美食可丰富旅游产品的内涵

品尝各地美食也是一种增进交流的过程。当我们惊讶于别的地区的食物之时,我们的大脑也就受到了许多外界的刺激。比如西双版纳有一种奇特的食物,叫"撒撇"。撒撇浓汁是杀牛时取出的从牛胃进入牛肠的那部分苦肠,它是一种墨绿色的汁水,用来蘸肉类吃,据说味道微苦但又有一种清凉的感觉,在炎热的西双版纳吃这种东西非常舒服,这也是傣家人待客的菜式。如果不是来这里旅游,这种奇食在其他地方几乎吃不到。这也可能在旅游者心里埋下一粒想要深入傣族村寨中去的种子。

(二)中华饮食文化旅游资源的开发

1.中华饮食文化历史悠久,源远流长

中国是世界公认的饮食超级大国,饮食文化历史悠久,源远流长。地理环境、气候物产、社会经济、生活习俗、民族习惯和宗教信仰等方面存在的差异,造就了中国饮食具有原料物产丰富、烹调方法多样、各地风味独特、各大菜系独领风骚、民族饮食风味浓郁、讲究美感美食美器美景、菜名内涵丰富、注重养生食疗与保健等特点。食文化、酒文化和茶文化内涵丰富,地方特色风味独具魅力,中华菜系、民族饮食、宗教饮食,以及养生、医疗、保健和药膳饮食资源等构成了中华饮食文化。

作为一种独特的非物质文化遗产,中华饮食文化在旅游开发中表现为由菜系、民族民俗饮食、餐饮产业和节事构成的饮食景观体系,经组合成为饮食文化旅游资源。可通过饮食文化旅游资源挖掘、饮食餐饮产业培育和节事及文化营销等策略机制建立等开发饮食文化旅游资源。要深入挖掘地域饮食文化及餐饮业的无限潜力,逐步培育美食旅游的营销价值与独特吸引物。地域饮食文化作为旅游活动的一项日益重要的资源,需要创新餐饮产品和饮食形象,具有地方特色的名吃、名菜和名点已成为旅游地重要的旅游形象代表,如北京的烤鸭、天津的"狗不理"包子、成都的火锅等。

2.各地美食成为吸引旅游者的重要内容,各种"美食节"层出不穷

"八大菜系"以其独特的风味而成为美食旅游的吸引物。地方饮食文化也是一种融物质与精神于一体的独特人文旅游资源。休闲时代,以享受和体验美食及其文化为主要动机的美食旅游将成为一种重要的旅游方式。旅游者通过领略旅游地风味小吃、特色菜肴、名特产品等饮食文化,进而深入了解其地域风俗习惯、风土人情和文化特征,通过亲身参与获得丰富深刻的感官和审美体验。

例如,原国家旅游局曾将2003年旅游宣传主题定为"中国烹饪王国游"。再如,广东推出"美食旅游线路",通过举办美食节、烹饪比赛等活动,吸引了国内外大量美食爱好者。又如,成都被联合国教科文组织授予"美食之都"称号,成都的美食旅游是最早也是最有影响

力的。成都充分发挥自身的地域优势,开展各种美食节,吸引了全国乃至国外的旅游者前来品尝美味。

旅游地充分利用饮食文化资源,将饮食文化与旅游发展相结合,不仅能促进旅游产品多样化,而且能提高旅游吸引力,利用旅游业弘扬地方饮食文化,利用饮食文化优化旅游地形象,为美食旅游设计奠定坚实的基础。便于参与、亲身体验异域文化的饮食成为旅游者旅游体验的一个支持因素,同时,它也正以不同形式成为旅游目的地的重要吸引物,形成了各式各样的美食之旅等专项旅游产品。再以成都饮食文化旅游资源构成元素为例:成都饮食文化资源丰富,主要有川菜、火锅、小吃、名茶和名酒,且多有优美有趣的历史传说和名人典故,如夫妻肺片、龙抄手、灯影牛肉和担担面等,美食节、啤酒节、月饼节、葡萄节等旅游节事,川菜馆、火锅店、小吃铺和茶馆等餐饮企业共同构成成都饮食文化。

目前,开发饮食文化资源已成为世界各国发展旅游业的重要举措,如韩国"泡菜节"、德国"慕尼黑文化啤酒节"等。我国国内诸多旅游地根据自身地域特点和风物特产,衍生出具有现代地方特色的饮食节事,除各地举办不同菜系的烹饪厨艺比赛之外,其他如香港、北京、成都、广州、上海、南宁等地的"国际美食节"或"美食旅游节",以及上海、广州、重庆、河南信阳等地的"国际茶文化节"或"茶叶节"、普陀山和武夷山的"佛(禅)茶文化节"、山东青岛的"啤酒节"、江苏盱眙的"国际龙虾节"等均取得了良好的社会效益和经济效益,成为提升旅游地魅力与旅游形象品牌的营销途径和平台。

3. 主打地方特色的美食节案例

美食作为人们现代生活的追求、向往和需求,能为旅游开发者带来丰厚的回报,也刺激着旅游地的各种经济消费,同时可满足旅游者的多种感官体验,有着巨大的发展前景。下面就以浙江富阳美食节为例,看看该美食节主推的特色美食情况。

(1)干炸响铃(青菜豆腐皮)。干炸响铃是正宗杭帮菜里位居前列的名菜。特点是外形美观,薄如蝉翼,香脆可口,味道鲜美。

(2)龙羊豆腐干。龙羊豆腐干是富阳龙羊地区的特产,有别于传统的豆腐制作方法,采用龙羊当地的黄豆和无污染的山泉水加工制作,风格独特,味道鲜美,入口爽滑,清香扑鼻,是真正的绿色食品。

(3)官府浓汁菜。官府浓汁菜源自明代宫廷秘方调配,曾流落于民间,后经饮食鼻祖袁枚挖掘,重现于民间富裕人家;以富阳农家的雄性本鸡、本鸭加18种名贵中药材沸煮,然后用特殊工艺去沫而成清汤,再与高山猪肘子经大火炮制而成的浓汤勾兑。口味鲜香绝伦,回味无穷。

(4)五更料牛腩。五更料牛腩是曾流传于富阳民间富裕人家的一道小菜,原料采自富阳乡间的一种乌毛牛,其牛腩部位的肉质尤其精干坚挺。先用原牛牛肉炖制的汤水浸泡一天,捞出后再加入混合了各种酱料和香料的特制调味汁水中,以紫砂小锅焖煮,其间需不停地更换香料品种共五次以透彻入味。酥烂的五更料牛腩汤料浓香扑鼻,肉质软嫩滑爽,滋味无比鲜美。

(5)龙门炖牛肉。龙门炖牛肉取地道龙门土牛肉,手制腌菜,炖制而成。此道菜为正宗土制菜,味香,肉酥,入口即化。

(6)客栈麦荷。客栈特色点心,以麦粉为原料,灶锅现糊,配以客栈特制咸菜裹食。

(7)富春江鲥鱼。鲥鱼数"富春江鲥鱼"最为名贵。它鱼体丰肥,肉质细嫩,脂厚味美,历来被尊为鱼中上品，清朝康熙年间被列为"满汉全席"的主菜。鲥鱼最好的烹调方法是清蒸，蒸好后，再用酱油蘸食，实为"鱼中之王"。郭沫若曾赞誉"鲥鱼时已过，齿颊有余香"。

（8）香酥猪手。猪肘子因其营养丰富、肉嫩味美而一直被当作食补的上品，是现代粤、闽人家滋补汤水的常用原料。香酥猪手严格按照官府秘方的要求，以富阳农家肥猪为原料，经多种干质和水质调料和中草药腌渍后，以大火大油炸成，最后覆盖官府配方的特殊香料，不仅保留了猪手的高营养价值，而且肉质厚实光滑，外皮酥脆芳香，是口味厚重、喜好香炸的食客之无上妙品。

此外，富阳还有"新三五"的凤爪、永昌臭豆腐、三味农庄锅巴等特色小吃。

三、导游常介绍的各地风味餐或美食

中国饮食有个特点，就是名山、名水、名胜之处，必有名吃。所以选择"吃"时，导游就要同当地名胜的名称联系起来。像曲阜孔府三大宴（家宴、喜宴、寿宴）是山东的名菜；西湖醋鱼、南京盐水鸭、无锡脆鳝、苏州卤鸭、龙井虾仁、绍式小扣，都是江南名菜；荔浦扣肉、东江春卷是广东一带的名吃；黄山炖鸡、符离集烧鸡，是安徽名菜；此外，还有北京烤鸭、天津包子、西安的饺子等，也都是闻名于世的风味名吃。

同时，在旅游行程中导游必须遵循自愿原则，不得强求旅游者品尝风味餐。导游常推荐的风味餐主要有以下三种。

（一）异国风情风味餐

有葡萄牙风味餐、瑞士风味餐、泰国风味餐、日式风味餐、意大利风味餐、马来西亚风味餐等。

（二）特殊食材的风味餐

有三亚、北海、青岛、舟山等地的海鲜风味大餐，重庆风味餐饮廖记棒棒鸡，内蒙古烤肉风味餐，广东烤乳猪风味餐，新疆烤全羊风味餐，湖州百鱼宴风味餐，淮安盱眙龙虾风味餐等。

（三）当地特色风味餐

有西安饺子宴、西安羊肉泡馍、洛阳水席、北京烤鸭宴、雪山草地红军餐、彝族文化风味餐、渔家风味餐、农家风味餐、火锅风味餐、素宴风味餐、山地风味餐等。以下简要介绍华东五市风味餐或美食。

南京：小笼包（皮薄如纸，汤汁讲究）、煮干丝（拌上香麻油和上乘酱油，入口清爽而回味悠长）、牛肉锅贴（外脆里嫩，馅足汁多）、鸭血粉丝（又香又辣，味道可口）、如意回卤干（形似玉如意，因而得名）、什锦豆腐脑、状元豆、五香蛋（色泽呈紫檀色，入口富有弹性，香气浓郁）、盐水鸭鸭头（肥而不腻，鲜香美味，具有香、酥、嫩的特点）、蒸饺（汁鲜味美）等。

无锡：怪味生茸虾、龙须血糯、无锡小馒头、三鲜馄饨、油豆腐干、萝卜丝饼、酒酿圆子、五色汤圆、牛肉线粉、糖芋头、玉兰饼、豆腐花、梅花糕、银丝面、春卷、海棠糕、金玉满堂、无锡排骨等。

上海：生煎馒头、八宝辣酱、南翔小笼包等。

杭州：西湖醋鱼、杭州酱鸭、干炸响铃、东坡肉、蟹黄小汤包、小鸡酥、榴梿酥、木瓜酥、彩虹水晶球等。

苏州：松鼠鳜鱼、清汤鱼翅、响油鳝糊、西瓜鸡、太湖莼菜汤、翡翠虾斗、荷花集锦炖、阳澄湖大闸蟹、蜜汁豆腐干、松子糖、玫瑰瓜子、虾子酱油、枣泥麻饼、猪油年糕等。

四、风味美食导游讲解技巧及注意事项

（一）充分利用各地的美食节

导游可以通过安排旅游者观看烹饪比赛或茶艺表演、学做地方菜，以及参与美食节、茶文化、啤酒节、水果节等体验性饮食旅游活动丰富旅游产品，增进饮食旅游产品的原真性体验开发，提升旅游地形象。例如，长春吉菜美食旅游节、日照美食节、大连美食节、成都国际美食旅游节、合肥徽菜美食旅游节、舟山海鲜美食文化节和广州美食节等。江苏淮安充分利用"中国淮扬菜美食文化节""盱眙中国龙虾节""金湖荷花艺术节""涟水白鹭节"等特色节庆，大力推介淮安传统饮食文化，充分展示淮安菜肴小吃等系列美食，提升了淮安旅游形象和饮食餐饮的知名度和美誉度。成都国际美食旅游节则为成都塑造"美食之都"的城市旅游形象提供了节事和文化营销的平台。

（二）风味美食讲解及注意事项

我国物产富饶，美食众多，特色小吃享誉海内外。导游在安排风味餐及讲解时应注意以下几点。

（1）认真、细致、系统地向旅游者介绍中国的饮食习俗、中国菜；

（2）向旅游者推介具有代表性的风味餐；

（3）遵循自愿原则，不得强求旅游者品尝风味餐；

（4）安排风味餐与旅行社订餐发生冲突时，在征得全体旅游者同意的前提下，请示旅行社计调部门能否更改订餐，若未得到批准，不得强行安排；

（5）实事求是地向旅游者预报要产生的餐费或其他可能产生的费用，严禁欺诈、欺骗；

（6）必须在旅游定点餐厅安排风味餐，严禁将旅游者带到非旅游定点餐厅用餐；

（7）向旅行社汇报风味餐安排情况，并征询旅行社意见；

（8）注意饮食卫生，严防不洁饮食和食物中毒。

课件

五、信息链接

全国各地流行的美食小吃

（1）台北：鸳鸯火锅。火锅最重要的是汤底，有多少店就有多少种汤底。跟吃川菜一样，火锅的麻辣程度是分等级的，鸳鸯火锅一半辣一半不辣，任君选择。有别于其他火锅的是，材料里不可缺少的是鸭血，还有豆腐、牛肚、牛什（牛杂）、鸡肉等。价格丰俭由人，折合人民币人均100元到上千元不等。

（2）高雄：蚵仔煎。蚵仔是高雄特产，是壳类海产的一种。先用线粉搅拌蚵仔，然后把鸡蛋打散放油煎，用鸡蛋包着蚵仔，像鸡蛋饼一样。

（3）香港：烧腊。烧腊包括烧鹅、乳鸽、乳猪、叉烧，以及一些卤水菜式。一般是先用秘制的酱汁腌制一段时间再放到炉里烤，烧鹅、乳猪皮脆、肥美，口味略带甜味。镛记酒家是这里的"老字号"。香港人逢年过节上香拜神都会带上乳猪，电影（视）开镜也喜切乳猪图吉利。卤水菜式相对清淡，有卤水鹅掌（翼）、卤水鸭肾等。

（4）广州：老火靓汤。地道的广州人没有不喜欢喝汤的，不管是家里做的还是大小馆子里卖的，广州的老火靓汤不外乎一个目的——滋补。夏天冬瓜煲排骨加扁豆、赤小豆降火，冬天花旗参煲鸡祛寒。如果你刚到广州，上了出租车司机会告诉你：这里的水很热气呀，脸上会长痘痘，要喝汤、吃凉茶……

（5）三亚：红咖喱金瓜嘉积鸭。嘉积鸭，俗称"番鸭"，是琼籍华侨早年从国外引进的良种鸭，其养鸭方法特别讲究：先是给小鸭仔喂食淡水小鱼虾或蚯蚓、蟑螂；约2个月后，小鸭羽毛初上时，再以小圈圈养，缩小其活动范围，并用米饭、米糠掺和捏成小团块填喂；20天后肉鸭便长成了。其特点是，鸭肉肥厚、皮白滑脆，皮肉之间夹一薄层脂肪，特别甘美。再加以红咖喱与金瓜，更显活色生香。

（6）厦门：水煮活鱼。这道菜近年在厦门的走红至少说明胃口一直非常挑剔甚至顽固的厦门人对川菜的认同，很多人把这归结为这个城市外来人口的剧增所导致的外来菜式在厦门的大举登陆。但水煮活鱼的味道也的确不错，虽用料简单且大众（草鱼），烹制方法也未必奇特（水煮），但其辣与鲜的奇妙结合既满足了厦门人对鱼类海鲜持久不改的偏好，同时也是其传统"沙茶情结"在整个川菜流行大趋势中的延伸。

（7）成都：泡椒墨鱼仔。一个叫"毛了"的作者是这样写川味海鲜的：自从海鲜变节从了川菜以后，它仿佛焕发了它的"第二春"！铁例之一便是泡椒墨鱼仔。这菜全靠四川的泡海椒（子弹椒），要选色泽鲜红、体大肉厚的海椒，泡得也需恰到好处。成菜红白分明，赏心悦目。泡椒的味全在墨鱼仔里面，还带点回甜的味道。

（8）长沙：干窝带皮蛇。口味蛇与口味虾有异曲同工之妙，把蛇剁成条，同样是用湖南的特产辣酱、大料、香叶、青红尖椒，加葱、姜、味精一顿猛煨。大火炒制后还用子火煨透、入味。淋了汁摆在盘中，肥肥的蛇段已被浸得通体红亮，蛇肉紧实，丝丝泛着透明的油光，顺着肌理一咬,弹性十足的蛇肉在舌间就渐渐化成了香气,那种随后觉出的辣,让人欲罢不能。

(9)南昌:藜蒿炒腊肉。"鄱阳湖的草,南昌人的宝",说的就是这道菜。南昌与九江两大城市联手打造的这道菜虽不昂贵,却是江西人的爱物,江西人一有机会就点给外地朋友和离开江西太久的人吃。藜蒿是鄱阳湖区特有的一种水草,中医认为其味甘、性平、微毒,可清热、利湿、杀虫。取其嫩茎与腊肉合炒,再加些韭菜才能"衬"出藜蒿的"原香"。腊肉咸香柔软,藜蒿脆嫩香甜。

(10)南京:芦蒿炒香干。盐水鸭现在当然还是南京人待客不可或缺的一道菜。外地人来南京,慕名要吃的还有芦蒿炒香干,南京人也称"芦蒿只有南京才有"。其实产芦蒿的地方很多,但都没有南京人对待素菜的那份精细。南京人吃芦蒿,一斤要掐掉八两,单剩下一段干干净净、青青脆脆的芦蒿秆儿尖。炒香干也是"素"炒。

(11)大连:咸鱼饼子。咸鱼饼子从当地农村流入城市,现在所有小馆子、大饭店都吃得上。鱼是秋天的海鱼,有棒鱼也有黄花鱼,巴掌长,放了姜、葱、盐腌,腌好了用油煎得焦黄。饼子是陈年的苞谷面掺了豆面、白面发的。把大锅烧上水,饼子贴在锅四周,想吃啊? 等着熟吧!

(12)延安:羊腥汤。延安好吃的东西很多:洋芋擦擦、甘泉豆腐、子长煎饼,最应该尝一尝的是羊腥汤。羊肉、羊杂加上作料熬的汤,原料做法简单得很。围着羊肚手巾的老乡蹲在一起,手里捧着冒着热气的羊汤,在四季平均气温只有9 ℃的延安,"这个冬天不太冷"。

(13)西安:凉拌驴肉。驴肉具有补气血、益脏腑等功能,有"天上龙肉,地上驴肉"的民谚。陕西关中盛产驰名全国的"关中驴"。自清代咸丰年间起就有凤翔腊驴肉,古时驴肉只有生熟两种吃法,现在又多了驴肉汤锅和驴肉炒菜,加入了川菜和药膳做法,肉美、味鲜。

(14)郑州:鲤鱼三吃。鲤鱼三吃是郑州的名菜,从前那鲤鱼,饭馆买回来,必须在清水池里面养上两三天,把土腥味吐干净,才可以捞出来下锅。现在这种讲究就有点奢侈了,不过一鱼三吃还是让人食欲大开。一半干吃,一半做糖醋瓦块鱼,头尾杂加萝卜丝做汤,最有意思的是把糖醋汁拌面条吃,跟杭州西湖醋鱼拌面有异曲同工之妙。

(15)太原:过油肉。太原的餐馆被粤、川、京、鲁菜占据了,本地菜系叫得上名字的似乎就是些面点小吃。过油肉也有点面点小吃的意思,不过它正儿八经地是当地的一道颇受欢迎的传统菜。选用上等精肉,切成薄片,外面薄薄蘸一层鸡蛋勾成的芡,在油里氽一下,捞出来煸炒,随便哪家饭馆都会做,味道香而不腻,值得一试。

(16)北京:水煮鱼。"麻上头,辣过瘾",水煮鱼本是重庆的名菜,如今却在京城盛行。这间接反映了川菜在北京的崛起和东北家常菜在北京的没落。水煮鱼工序简单:将新鲜的鱼切成薄片,用盐稍稍腌渍,再上滚水氽。味道的好坏取决于麻椒、辣椒原料的好坏,以及红油熬制的水平。

(17)银川:雪花羊肉。雪花羊肉为一贯以腥膻味厚著称的羊肉制造了一种浪漫轻盈的联想。此菜以熟白羊肉片去皮拍松,切成骨牌块又加料渍匀。再用鲜牛奶、鸡蛋清拌进了鸡肉、鳜鱼肉的细茸,入小笼屉蒸透后撒上百合粉,复杂的工序至此还远未结束,抽打起泡的鸡蛋清分别舀在蒸透的羊肉块上才能形似雪花冰莹玉洁。坐勺上火,再层层加料、勾芡,最后淋入鸡(鸭)油,一道外观清爽,入口松软鲜嫩,如雪花之即融的"雪花羊肉"这才终于大功告成。用工之考究实在很有些贾府茄子的味道。

（18）乌鲁木齐：手抓羊肉。手抓羊肉之所以鲜美其实并不是我们想象的那样是因为"用手抓"，而是因为新疆当地的羊、当地的水，还有当地的烹饪方法。整只羊去皮、去内脏，放入大锅中，以天山雪水煮之。待要起锅时抓大把盐撒入锅中，或者直接以出锅羊肉蘸盐巴，便可大快朵颐！

（19）石家庄：抓炒全鱼。所谓的石家庄菜，其实就是吸收了京、鲁等地菜系的特点，再加以创新而成。本地菜里有一道抓炒全鱼颇见石家庄人的这种"胸襟"。抓炒全鱼用的是大鲤鱼，精彩之处在于刀功。端盘上桌，一盘菜就占去三分之一桌面，好吃又有气氛。

（20）呼和浩特：蒙古烤肉。马背民族的地道风味是烤出来的。进了蒙古包，喝过奶茶，双手接过热情好客的牧马人递过来的哈达。围着熊熊篝火，享受着草原徐徐微风送来的烤肉香，你肯定会想起一句诗——"风吹草低见牛羊"。

（21）长春：地三鲜。我国民间历来有立夏之日尝地三鲜、树三鲜、水三鲜的习惯。这地三鲜，指的是新鲜下地的时蔬：苋菜、元麦和蚕豆（或是蒜苗），炒在一起吃的就是鲜嫩。地三鲜是长春当地的名菜。现在也有把土豆、茄子、辣椒炒在一起的三鲜。这可是地地道道的东北菜。

（22）沈阳：四川火锅。和其他城市一样，四川火锅也风行于沈阳的大街小巷。四川火锅的味道厚重讲究鲜辣，不但和东北菜的浓烈粗犷相似，也正投了沈阳人的脾气，对了沈阳人的口味。说起吃辣，东北人也是佼佼者。其实真正到了沈阳，四川火锅店的老板们才感觉找对了地方，沈阳人的热情简直让他们把这里当成了第二故乡。

（23）哈尔滨：得莫利炖活鱼。哈尔滨郊区靠着马路边有一个叫得莫利的小村庄，村里人在路边开了个小吃店招待歇脚吃饭的过路人。把豆腐、宽粉条和从乌苏里江里捞上来的鲤鱼炖在一起吃，这是老乡们吃个热乎的老做法。后来菜的做法不胫而走，传遍了城里的大街小巷。哈尔滨人说：要是外地朋友不喜欢吃西餐和东北大菜，咱们就吃得莫利炖活鱼去。

信息2

导游安排饮食要提醒旅游者特别注意的事项

（1）不要过多地在旅途中改变平日饮食习惯，坚持饮食荤素搭配，注意多吃水果，以利消化。

（2）注意饮食卫生，一定要吃得干净，防止"病从口入"。

（3）注意饮食平衡，吃饭不可饥一顿、饱一顿，多饮茶水，保持体内水分。

（4）不要偏食，特别注意少吃大鱼、大肉等肥腻食物，防止消化不良。

（5）各地名吃一定要"品"，但量不可大，注意自己的消化能力。

（6）不要勉强吃自己不喜欢吃的东西。虽然有人主张"舍命吃名品"，但有些自己一向忌口的，不可勉强，记住英国谚语："你的佳肴，他人的毒药"（One man's meat is another man's poison）。

（7）各地都有风味小吃，特别是特产瓜果、生猛海鲜等，这些当地人吃得津津有味的东西，并不一定所有人都能享受，这里确实有个服不服水土的问题，应特别注意。

导游讲解技巧（第二版）

信息 3

避免水土不服的"八大绝招"

(1)注意饮食,不大鱼大肉,饭菜清淡一些,多食些青菜,多吃软食,面条、粥可多用。

(2)酒是"上火"之物,旅途中可不要太贪杯。

(3)合理安排时间,参观过一个景点后,往下一个景点不可太过赶路,防止身体消耗太大,引起过度疲劳。因人们体力不同,要量力而行,不可同他人比跑步、比爬山,适可而止。

(4)生活要有规律,注意早起早睡,每日睡前要洗澡,条件不允许,起码也要烫烫脚,对身体大有益处。

(5)长途旅行,不可太节俭,如坐火车、轮船,最好买卧铺票,以便休息,恢复体力。

(6)身体不舒服时,要充分休息,放弃一些游览项目,以便更有精力继续旅游。

(7)多喝开水,要注意一些"饮料"并不一定适合身体不舒服之人,"白开水"非常好,若有条件喝杯香茶,既解渴,又解乏。

(8)旅游出发前,可备些日常小药品,出现"水土不服"和"上火"时,可根据情况,适当服用黄连上清丸、牛黄解毒片、三黄片、青果丸等。必要时请医生看一看为好。

专家指点

外出旅游环境不断变化,不像在家里一切方便,也休息得好。长途跋山涉水,必然消耗一定的体力和精力,身体处于疲劳状态。如果再加"吃"得欠好,饮水不足,身体就会出现新陈代谢不平衡现象,就会发生"水土不服",有人也称之为"上火"。主要症状为头晕、头痛、嘴唇干裂、口苦、食欲缺乏、大便干燥、小便发黄、全身乏力。

思考与练习

1."民以食为天",旅游者外出旅游品尝当地特色美食,导游有哪些应对技巧?

2.你所在城市的美食有哪些?请列举不少于五种。

3.为什么北方人喜欢面食而南方人更热爱大米?

第八章　针对旅游业负面报道的导游应对技巧

学习目标

◎ 了解近年来主要的旅游业负面报道内容；

◎ 掌握旅游业负面报道对旅游者的心理影响及应对策略；

◎ 掌握正面利用旅游业负面报道的常用方法与技巧；

◎ 能客观解读旅游业负面报道的内容；

◎ 能正面利用旅游业负面报道进行导游讲解；

◎ 能应对旅游者关于旅游业负面报道的提问与解答。

导游是一项专业性很强的工作，从事导游职业的成本也较高，导游的辛勤付出应该得到认可，导游也应该获得相应的报酬。但当前我国旅游业负面报道较多也是不争的事实，有些是零负团费和低价团带来的不良后果，也有一些是因为导游素质较低、唯利是图，甚至有违法行为。不合理的薪金制度不能全面评价导游的工作量和工作质量，不能保证导游劳动价值的补偿。它极大地挫伤了导游的服务积极性，使得服务质量再好的导游也会滑向"导购人员"，妨碍了旅游业的健康发展。一方面，全国各地要建立规范、合理的导游薪酬制度，提高导游的收入。同时要建立透明的佣金制、小费制，让潜规则置于阳光下，充分调动导游工作的积极性，并挽回"导游宰客"的负面形象。另一方面，导游要加强自身修养，提高业务素质，遵守职业道德，通过自己扎实的技能和高尚的人格去获得旅游者的赞许和社会的认同。

一、旅游业负面报道解读

（一）为什么媒体热衷于对旅游业的负面报道？

1. 新闻媒介的特殊性决定了其必须热衷于报道负面新闻以吸引民众视线

19 世纪 70 年代，美国《纽约太阳报》的编辑主任约翰·博加特把新闻解释为"狗咬人不是新闻,人咬狗才是新闻"。这就是新闻的通性。如今,旅游活动日益增多,成为民众生活中的一个重要组成部分,"旅游热"在全国成为普遍现象,而旅游业中也确实存在着少数不良现象。通观全球旅游业,旅游的特性决定了它"二次消费"的特质,而且低价吸引是很多国家旅游业所采取的策略,但有些媒体人对旅游业的专业知识一知半解,或对一些行规不甚了解,可能出现在评论时加入自己的主观因素,或完全站在消费者的角度来进行解读,并不是中立立场或客观评价,只是夸大地解读一些现象。

2.旅游业不良现象是少量存在的,媒体新闻进行了过度的解读,放大了其负面影响

文化和旅游部旅游质量监督管理所发布的《2020年旅游投诉分析报告》显示,2020年旅游投诉共收到有效旅游投诉49534件,全年投诉总量同比下降10.98%。相对于全国旅游人次和旅游人数来说,这个数量还是非常小的,但媒体对此进行了过度的解读,放大了不良现象的负面影响。旅行社、景区和在线旅游企业仍是被投诉较多的市场主体。其中,旅行社占52.63%,景区占21.91%,在线旅游企业占17.5%。报告分析认为,不按合同约定标准履约是旅行社服务质量存在的突出问题;景区投诉主要集中在工作人员的服务问题上;对在线旅游企业的投诉主要集中在机票和住宿产品的预订、退订问题上;人员服务不佳是住宿产品服务质量的突出问题;态度言语不良是投诉导游领队的主要问题,占导游领队投诉总量的53.64%。

(二)国内旅游业混乱的主要根源

1.零负团费、低价团是旅游市场混乱的主要原因

零负团费是旅游商"发明"的一种经营方式,有些旅行社"挂羊头卖狗肉",靠蒙靠哄靠骗来吸引旅客上当,表面上价格很低,其实是通过旅游项目之外的消费,来牟取额外收入,比如购物就是他们惯用的伎俩。旅行社零负团费经营模式的资金流有两条:一条资金流根源于旅游者在客源地预付的初次旅游费(或刚性消费"打包"),资金沿着"旅游者→组团社→中间社→地接社→司陪人员→旅游供应商"这样一条经营链流动,运行不畅时会产生"三角债"现象。另一条资金流根源于旅游者在目的地的"二次消费"(或弹性消费),资金沿着"旅游者→购物点和自费项目→司陪人员和地接社→旅游供应商(在负团费运作模式下包括组团社)"这样一条经营链流动,购物点和自费场所给司陪人员、地接社"回佣"就是其表面现象。"零团费""负团费"就是旅行社以等于甚至低于行业平均成本的团费报价(第一条资金流)来吸引旅游者报名参团,到了旅游目的地再通过带旅游者参加自费旅游项目和购物等方式赚取"回佣"(第二条资金流),从旅游者身上把钱挣回来。

2.旅游产品是消费和生产同时进行的,质量难以控制

旅游服务本身的无形性使得不同的人对同样的服务会有不同的感受、评价,同时也使得旅游服务的质量难以精确、量化,从而也就给了旅行社、导游很大的操作空间。旅游产品的生产过程与消费过程是同时进行的,导游人员的接待过程就是旅游者的消费过程。以服务为核心的旅游产品是不可转移的,旅游者必须离开常住地前往旅游目的地进行消费。旅游者的实际购买、消费旅游产品的过程,就是旅游产品的生产过程。旅游产品的生产、交换和消费在时间与空间上都是统一的,它们同时产生,同时终止,具有不可分割性。"旅游二次费用"是旅游者在旅途中所发生的、付给旅游服务供应商(即旅游接待单位)的费用,通常是购

物和自费项目,这些项目一般也是同时进行的,产品质量和价格也都难以控制,旅游者和导游之间可能存在一定的争议。

3.旅游市场竞争激烈,文旅产品的非标性、个性化导致行业混乱

不同地区的旅行社,在采购同一旅游线路、同一旅游产品时,采购的时间、采购的数量不同,所获取的回佣、得到的价格也不尽相同。同时,不同的旅行社,即使从同一地接社采购到同样的、同价的旅游产品,出于不同的目的和不同的竞争考量,旅行社与同地区的竞争者之间会展开激烈的竞争。旅游业混乱的真正根源是部分商店通过出售低质、高价且无标准的所谓特产、茶叶、金银饰品、玉器、药材等,借助高额回扣、高额返点,让旅行社通过一些手段或诱导等手法,吸引旅游者去消费。再如团餐,旅游服务合同一般会约定八菜一汤,但是,在八个菜之中,究竟有几个荤菜、几个素菜,这个比例完全由旅行社、导游来安排;即使确定了几个荤菜、几个素菜,在不同的菜品中,不同品种的食材、不同的新鲜程度、不同的产地、不同的季节、不同的卖相、不同的配料、不同的烹制方法等,也会使得团餐的标准、感受大不相同。由于旅游接待风味餐馆、偏僻宾馆、观光缆车、上岛游船、购物商店、特种演艺厅等涉及行业比较多,从业人员素质、企业管理都不同,存在很多偶发因素。再如外出旅游时的游览顺序、游玩时间、导游讲解水平及服务水平、所乘车辆或游船豪华等级等均有不同,旅游品质存在非标准化,制定一套统一的规范是十分困难的。有些旅游产品具有当地特色,其好坏没有一个绝对的判定标准,每个旅游者的偏好不同、感受相差较大,存在众多的不确定性,容易出现旅游服务质量不易把握的情况。

二、正面利用旅游业负面报道的常用方法与技巧

(一)优质导游服务是消除旅游业负面报道的前提

1.只有优质的导游服务才能消除旅游者对导游的负面认识

如果导游的服务做得好,旅游者回去后会告诉他的16位朋友,如果服务不好,他会告诉他的25位朋友。首先,导游要有真心的微笑和真诚的服务。比如,一个从大连来的团队,刚一上车导游就看到两个旅游者在小声笑谈,原来他们在见到导游之前一直在猜想他是一个什么样的人,而导游上车时的第一个动作就是对着他们真诚地笑了,他们说当时有一种家的亲切和温暖。之后整个行程都很愉快。所以,导游给旅游者的第一印象很重要。其次,导游要生动准确熟练地进行讲解。给旅游者留下良好的第一印象之后,导游将当地的风土人情准确娴熟地介绍给旅游者时,他们会向导游打开心扉,对导游有更进一步的了解。最后,注意细节。细节很重要,但往往为大多数人所忽视。在接团带团过程中,导游或是轻轻的一句问候,或是递上一张纸巾,或是一两句关心的话语,或是吃饭时递上服务员疏忽的汤匙等细节,都会让旅游者对导游产生亲切的感觉。这个时候,导游不仅仅是导游,也成了旅游者的好朋友。

2.导游提供服务时要学会换位思考

首先,导游在带团过程中,应经常做换位思考,设想自己就是一位旅游者,出门在外,到了一个陌生的地方,需要当地的导游做些什么,说些什么,得到什么样的服务,这样就知道自己应该怎么去做了。其次,导游要想旅游者之所想,急旅游者之所急。旅游者在生活中,或在发生意外或紧急情况,需要帮助时,如果导游在能力范围内积极努力地给予帮助,旅游者会消除对导游的所有防备和挑剔,取而代之的是深深的感激和心无芥蒂的交流。最后,在游览过程中,当一步步让旅游者信任导游、喜欢导游、依赖导游之后,导游可充分利用那微妙的变化,将导游引以为豪的家乡或所在地区的景区景点向旅游者做进一步的推介,让他们在充分游览及流连忘返之余向更多的人推荐与宣传,这样,不仅导游顺利地完成了导游服务,旅游者也能以愉快的心情结束旅程。

总之,作为导游,时刻以饱满的精神、乐观自信的态度站在旅游者面前,以诚恳热忱的心态服务于旅游者,就一定能够带好旅游团队,获得大家的信任和支持。

(二)导游利用负面报道来进行正面宣传的技巧

1.用真心、真情和专业的服务去改变旅游者的偏见

大量的导游拿着不高的报酬在敬业地工作,为传播文化、刺激消费,做着自己力所能及的工作。从总体来看,我国旅游业投诉率或不良案件所占比例还是比较低的,旅游者不应该有既想要超低价出游又要享受超额服务的"贪便宜"心理。当然,作为旅游从业人员最主要的还是要不断提高服务水平和讲解质量,真正满足人民日益增长的旅游消费需求。

导游要用真心、真情和专业的服务去改变旅游者对导游的一些偏见,消除负面报道带来的影响。在第一次接团的时候做到"三出":一是出"面",即第一次见面就给旅游者留下一个好印象,让旅游者感觉到导游的热情;二是出"口",就是导游的讲解要让旅游者感觉到导游的不同之处,要让旅游者聚精会神地听;三是出"手",即言谈举止要让旅游者觉得导游有良好的素质。

2.告知旅游者新闻上对导游负面报道的事件绝对不会发生在本团

导游带团拿购物回扣的负面形象在大众心中已经根深蒂固。社会舆论对导游的工作性质和功能也认识不清,引发了诸多误解,产生了很大偏见,社会舆论导向单极化,使得带来批评性质的东西较多。在旅游过程中,任何一个差错,都将使导游成为第一个被责难的对象。

导游要告知旅游者新闻上对导游负面报道的事件绝对不会发生在本团,导游会让旅游者明明白白消费,强制消费是不允许的,要让旅游者放心花钱旅游。在促销讲解中,导游大可不必不好意思,但绝不能强制消费或欺诈。不择手段地诱骗旅游者消费的导游,不但违背了导游的职业道德,同时也违反了有关的行业法规。导游在加点、购物、导游讲解等服务过程中严格执行旅游合同,尊重旅游者的意见和建议,在合法的范围内进行加点、促销,绝对不要出现天价海鲜、非法"宰客"等现象。对于加点、购物要提前进行说明,在旅游部门的指导价下进行操作,并且一定要让旅游者的一切消费在合理、合法、自愿的基础上进行。

3. 导游讲解时客观、公正地对自己所从事的职业进行阐述

一个好的导游可以是旅游者之师、之友。在旅途之中能遇上一个优秀的导游,常会让人有"听君一席话,胜读十年书"的感觉。导游是集脑力、体力于一身的高智能、高强度的工作,导游应告知旅游者这份工作不容易,有不妥之处请多多包涵。旅游业是社会、经济发展到一定历史阶段的产物,同时,发展旅游业反过来又对社会、经济和文化产生较大的影响,这些影响既有积极的一面,又有消极的一面,但是从整体上讲,积极的一面要远远大于消极的一面。要正确认识、充分利用旅游业对于发展国民经济和社会、文化所能产生的积极影响,努力抑制旅游业可能带来的消极影响,实现旅游业的可持续发展。

视频

课件

三、信息链接

信息 1

导游谩骂恐吓强迫旅游者消费

现在是你们在欠着我的,不是我欠着你们,我给你吃给你住,但是你们不付出。你们这辈子不还,下辈子也要还出来。人就是这样子,你花一点钱开心一下,有什么所谓呢?

你们不要害我,珠宝店我是没脸走出来,两个团队,我们连人家一个零头都凑不出。

今天晚上住酒店的时候,我会把房门都锁上,你们没有需要出去嘛,消费不够嘛,对不对?

你们来这里交的团费,连往返机票都不够,那你们坐飞机、吃饭、住酒店、坐大巴的费用,谁给你们掏的?是大老板!那这大老板凭什么给你们掏钱?这家珠宝店,就是他开的。你们总得买点东西吧?总要对得起大老板吧?

解读

导游谩骂旅行团的片段在网上被转载热播,该片段由一名不满导游强迫购物的旅游者所拍,片段中导游以恐吓性话语要挟和辱骂不购物的旅游者。

该导游带旅游者到珠宝店购物,全团花费约 20 万元。翌日,带他们到珠宝店前,要求每人必须各花 3000 元购物。

事实上,这位导游的话已经点出了"超低价游"利益链的关键所在。部分旅行社还在旅游者报团时隐瞒行程,旅游者因此落入购物圈套,并且可能因为被迫前往购物店而大感不满,这也成为与导游争吵的导火索。

本书观点

一是导游无底薪、拿提成的机制不对。

所带的旅游者消费越多,导游拿的钱就越多。这从客观上鼓励了强迫购物的行为。社会上有很多类似于这样的无底薪、拿提成的机制。

二是旅游市场不透明,旅行社和旅游者双方信息不对称。

旅游一般是一次性行为,大部分的旅游者不会重复去同一个地方旅游,所以"我这次觉得这个团很好,下次还跟这个团"的可能性极小。缺乏有效的市场评价,是差团能继续存在的原因。一个公允的评级机构或平台,或能弥补这一缺陷。

三是旅游市场消费机制不完善,没有详细、标准的合同规范。

这种团的合同中并没有写明不去购物,很多人看到团费很低,就贪便宜报了,去了才发现还有消费标准。如果在合同里写清楚,纯玩团是多少钱,消费团是多少钱,要消费多少,在哪消费,就不会发生这种误会。购物团其实并没有错(比如,有人去香港就是奔着购物去的),错就错在事先未明确告知旅游者。从经济学的理论来说,只要一切东西都有明确的价格,就能达到帕累托最优,也就是实现社会效益最大化。

此外,还需要一个强有力的行业自律联盟,来规范旅游市场行为和秩序,避免"劣币驱逐良币"的现象发生。

信息 2

零负团费、低价团到底伤害了谁?

当前,我国旅游市场虽得到了长足的发展,但低价恶性竞争、购物回扣、服务缩水等现象仍时有发生。为应对激烈的行业竞争,一些外地游、出境游线路的价格低得吓人,有的报价甚至低于成本。如果价格远远低于成本,一些旅行社必将通过安排旅游者消费、增加自费景点等来获取利润。

为何市场上一些低价旅游不仅没被淘汰,而且总能被部分旅游者接受? 旅游者明知低价团会有猫腻,为何还要报名参加?

这是旅行社和旅游者双方都在试图与对方进行"博狠"的游戏。在旅行社一方,他们寄希望于用低价诱来旅游者之后,有"我就不信你不买"的逻辑;对于旅游者而言,他们有以下几种心理。

(1)虽然明知超低团费的背后必有猫腻,却抱定"我就是不买,看你能奈我何"的心态,认为导游不可能真把他们怎样。

(2)抱有侥幸心理,认为自己很聪明,能很好地应对导游的手段。

(3)在报名之前有所准备,如果被逼得紧、非要购物时,就花小钱买一些小东西。

(4)就是贪图便宜,可能报名前没想太多。

各怀心思的结果,就是在实际的旅行途中,不断进行着耐力的比拼和意志的较量。

这些所谓的零负团费和低价团,往往会令旅游者陷入强迫购物或者高价购物的阴谋中。旅游者在参加低价游被强迫要求购物时采取的策略有以下几种。

(1)可能会以合同上没要求非得购物为理由进行投诉,认为导游不能强迫他们购物。

(2)可能会主动购买东西,他们去一个地方,就会带回一些特产、礼品送给亲朋好友。

(3)可能会采取观望态度,如果其他旅游者都买东西了,他可能就不买了,能逃脱就逃脱了。但如果有中意的还是会买的。被导游逼急了,就花小钱买小东西。

(4)就是坚决不买。

解读

导游在面对一些零负团费或者低价团时,不仅要把旅游者照顾好,还要面临经济和心理的压力。如果是"负团费"旅游,当旅游者到达某地时,当地的导游会按旅游者数量以上百元的"人头费"从组团社手中买断接待权,此时,导游就开始"赌团"了,接这个团是否挣钱完全在于地接导游的操作,而旅游者的消费成了导游的"赌注":旅游者消费多了,导游可以盈利;旅游者消费少了,导游无利可图,就以推荐、讽刺、冷落等多种方式诱导旅游者消费,直至达到导游的盈利标准。在旅游中,旅游者的经验远不如导游丰富,有些旅游者自认为很了解旅游,殊不知导游早把他们的心理了解得清清楚楚。在被强迫购物时,旅游者不满导游的安排或者服务,将严重影响旅游的心情和旅游的质量。

思考与练习

1.如何对旅游业负面报道进行客观的分析?

2.导游如何利用旅游业负面报道来正面地为自己的导游讲解服务?

补充视频

补充课件

导游带团技巧

第三篇

第九章　接团后 30 分钟的导游讲解技巧

学习目标

◎ 掌握欢迎词的常用讲解方法与技巧；

◎ 掌握接团后 30 分钟的导游讲解技巧；

◎ 了解第一印象的重要性并能树立良好的第一印象；

◎ 能进行接团后 30 分钟的导游讲解。

俗话说："好的开始是成功的一半。"导游接团后，要和旅游者或全陪核对行程与标准，要认真、仔细、耐心、风趣地介绍本地的风土人情及各景区景点的情况，特别是接团第一天的讲解。精彩的欢迎词是为了更好地打开局面，其实一般的旅游者都可以从导游上车后的 30 分钟通过穿着打扮、语速语调，以及导游词的精彩程度判断出导游的水平高低。

一、接团后 30 分钟的注意事项

(一)导游要重视欢迎词

旅游者初来乍到，什么都感到新鲜，什么都想知道，这个时期的旅游者是最缺乏安全感的，是需要被关心和照顾的，求知欲也最强。如果导游在这个时候能让旅游者通过欢迎词感受到自己的热情、幽默和真诚，便可在旅游者心中留下美好的第一印象，从而更好地开展后面的工作。

(二)导游要重视"第一印象"

导游在工作一开始就应注意树立自己的形象。第一印象之所以重要，是因为它常常关联着旅游者的信任，成为他们对导游最终评价的参考。导游若不注重第一次交往的效应，往往容易造成误会，如果事后又不懂如何弥补，就会给人留下"此人不可信"的印象。而"第一印象"一旦固定，要改变它就得做出很大的努力，花费很多的精力。

（三）导游要重视第一次的"出面""出口""出手"

所谓"出面"，就是导游要展现良好的仪容、仪表、神态、风度。导游，特别是地方导游，与旅游者的接触是短暂的，旅游者虽然会全方位地品评导游，然而短暂的接触留给旅游者的印象往往是形象（仪表）在起主导作用。因此，导游的衣着要整洁、得体，妆容和发型要适合个人的身体特征和身份，并与追求的风格和谐统一。穿着打扮得体比浓妆艳抹更能体现出一个人高雅的趣味和含蓄的风度。总之，一名导游要时刻注意身份，衣着打扮不能太光艳，以免夺走被服务者的风采，引起他人的不快；也不要因为自己的衣着影响工作，导致旅游者的不满；要尽量避免让人用"太"字来评价自己的服饰打扮，但是，导游也不能不修边幅，否则旅游者可能会想：连自己都照料不好的人又怎能照顾好旅游者？神态、风度在第一次亮相中起着十分重要的作用。

"出口"，指导游使用的语言，以及讲话时的声调和音色。初次见面时，导游谈吐高雅脱俗、优美动听、幽默风趣、快慢相宜、亲切自然，很容易获得旅游者的好感。

"出手"，表现在动作、姿态诸方面。待人自然大方，办事果断利索，站、坐、行有度，与人相处直率而不鲁莽，活泼而不轻浮，自尊而不狂傲，工作紧张而不失措，服务热情而不巴结，礼让三分但不低三下四，这样的导游比较容易获得旅游者的信任。

总之，初次亮相，"出面""出口""出手"诸方面表现不凡的导游容易给旅游者留下好印象，从而容易在旅游团中树立"领导地位"。

（四）导游要维护良好的形象

导游要重视树立自己的形象。良好的第一印象形成后，导游还得继续努力维护自己的形象。维护形象往往比树立形象更重要、更艰巨，维护形象的努力应贯穿于旅游活动的全过程。出现紧张情况时，导游要知道如何应付，能全面控制局面；办事既要沉着、冷静，更要果断、利索；说话不模棱两可；出了问题不推诿责任，努力使旅游者感到在这样的导游带领下有一种安全感。导游要为旅游者提供真诚、热情的服务，随时关心旅游者，了解他们的个别需求，在合理而可能情况下尽量予以满足；工作中要永远精神饱满、笑口常开、亲切友好、乐观自信，给人以亲切感和信赖感。

导游在工作中不仅要充满自信，还要谦虚友好。在旅游者面前夸夸其谈、炫耀自己，哗众取宠是不可取的；自以为是、不懂装懂的行为往往惹人笑话，令人反感；缺乏知识修养又狂妄自大、目中无人者让人讨厌。这样的人不可能成为称职的导游，当然也不可能带好旅游团。

（五）导游要给旅游者留下美好的最终印象

心理学中有一种"近因效应"，它是指个体与他人交往过程中，最近接收到的信息对形成印象影响更大的现象。旅游业最关心的，则是其最终产品——旅游者的美好回忆。导游留给旅游者的最终印象非常重要，如果导游留给旅游者的最终印象不好，那么就可能导致前功尽弃。一个游程下来，尽管导游感到十分疲惫，但在表面上依然要保持热情不减、精神饱满的状态，能做到这一点的，往往能得到旅游者的包容、肯定和欣赏。同时，导游要针对旅游者此时开始想家的心理特点，提供周到服务，不厌其烦地帮助他们，如选购商品、捆扎行李等。致欢送词时，要对服务中的不尽如人意之处诚恳道歉，广泛征求意见和建议，代表旅行社祝他们一路平安，真诚地请他们代为问候亲人。以诚相待是导游博得旅游者好感的最佳策略。在仪表方面，要与迎客时一样穿正装，送别时要行注目礼或挥手致意，一定要等飞机起飞、火车启动、轮船驶离后才可离开。最终的美好印象能使旅游者对即将离开的旅游地和导游产生强烈的恋恋不舍之情，从而激起再游的动机。旅游者回到家后，通过口口相传可以起到良好的宣传作用。

（六）导游接团后可采取沿途谈天式讲解法

所谓"沿途谈天式讲解法"，指的是在旅游途中导游为融洽与旅游者关系，增进相互了解，而进行的一种自由自在、无拘无束的交谈。通过这种方法，导游和旅游者可以相互了解，旅游者可将自己的感受、想法、要求都毫无保留地"谈"出来，使导游获得信息，从而有针对性地进行下一步接待工作。导游开展谈天式讲解要注意以下几点：

第一，要谈健康的、双方都感兴趣的话题，在交谈中注意"求同存异"；

第二，要畅所欲言、推心置腹，更要注意分寸、恰到好处，不可漫无边际；

第三，切忌一本正经和装腔作势，最好要幽默、生动和有趣；

第四，不谈年龄、工资、婚姻、饰物价格、住房面积等属于隐私的话题，可多谈天气、园艺、足球、习俗等对方有兴趣的话题；

第五，要保持一定的距离，不要给其他旅游者以厚此薄彼的感觉。

二、导游讲解欢迎词可采用不同的风格

（一）歌曲版

例如：亲爱的，旅游者朋友，欢迎大家来到湖州游玩。亲爱的，旅游者朋友，让我们做个好朋友。（《两只蝴蝶》曲调）

有一个，美丽的小导游，他的名字叫×××，大家可以叫我×导，这个导游并不是装的，小×啊，你要带我去哪玩？我要带你，飞到××去，看那××多么美丽，摘下一颗，轻轻送给你。（《小薇》曲调）

来到了湖州城，听×导唱一唱，唱呀一唱，城里好风光，处处是美景，到处是美食。（《南泥湾》曲调）

（二）无厘头版

例如：你们都认识我吧，我就是南京非著名景点导游，也是您今天的皇家私人旅行顾问，小庄。啊，别误会，这个庄，可不是装孙子的装，是庄子的庄，庄子你们知道不？说起我的老祖宗庄子啊，他是春秋战国时期鼎鼎有名的景点导游，他写了一篇很有名的旅游攻略，叫作《逍遥游》，在当时绝对畅销啊。《逍遥游》说的是什么？人要"乘物以游心"，人活一世，不过百岁，何不潇洒逍遥一番呢？庄子其实就是写给你们这些上班族的，你们整天整天地上班,起得早,睡得晚,生活那是"压力山大",今天难得出来放松一下,逃出布满陷阱的水泥城市的魔爪,掉进我庄导做的馅饼里,你们就只要做一件事,那就是吃好、喝好和玩好。昨天晚上,我做了一个梦,梦见我的老祖宗庄子了,他跟我说:"庄儿,你明天带贵宾去游玩,你可要好好地带团,千万别丢咱老庄家的脸,还有,你替我转告一下,出来玩的,务必做到开心、快乐。"

(三)诗歌版

例如:今天天气很给力,你们看窗外,阳光明媚,春光乍泄,万里无云的天空飘着朵朵白云(旅游者笑了),如此风和日丽,让我诗兴大发,刚刚我写了一首诗歌送给在座的各位:人间四月天,出游好时节,××一日游,×导伴身边。啊! 好诗,鼓掌!

(四)快板版

例如:竹板这么一打啊,别的咱不夸,夸一夸,南京传统美食,盐水桂花鸭。这盐水鸭,究竟好在嘛? 究竟好在嘛? 是皮薄肉嫩十八种味,就像一朵花。有个老外,还是个女的,刚把南京邀游玩,直接奔宾馆:今晚宴会,我不想吃别的,来它半斤盐水鸭! 别看这女老外,平时端庄又潇洒,可一见鸭子端上来,直接用手抓,这嘴还直吧嗒:嗯,不错不错,味道好极了,用我们美国话叫 very good。大家好,本次旅游,是由我带领的,我叫×××。

三、接团后 30 分钟导游讲解的常用技巧

(一)提醒旅游者注意事项

欢迎词包括问候、自我介绍、旅游地介绍、旅游行程介绍、预先提醒、旅游注意事项等。导游接团后应准备好欢迎词和欢送词,快速拉近与旅游者之间的距离,了解客源地的情况。关于旅游行程介绍,主要是让旅游者明白自己在这几天要去什么地方、吃什么风味、进什么商店。预先提醒主要是防范在之后的游览过程中出现了问题对旅游者产生的情绪影响,如果导游在事先有个铺垫,那么效果就会好很多。旅游注意事项主要包括安全(旅游期间旅游者的人身安全和财物安全)、准时(强调团队的整体性和提醒旅游者注意守时)、卫生(景点卫生和车内卫生)、天气(提醒注意天气变化,预防感冒)等四个方面。随着带团经验的增加,也可以自己在欢迎词中添加上一些其他值得注意的事项。

(二)对旅游者进行第一次"摸底"

关于欢迎词的形式,建议采用对话式或问答式,这样可消除导游照本宣科的形象,也可以使导游顺便了解旅游者的实际情况。导游在讲完欢迎词后,务必对旅游者进行第一次摸底,应该对团队的人员构成、职业和收入等方面有初步的了解,也就是搞清楚团队的属性。例如,旅游者是否同属一个单位、什么单位,公费还是自费抑或"半公半自",团里面最大的领导是谁,几男几女,有没有夫妻等基本情况。

(三)抓住"中心人物",培养"中心人物"

导游要善于抓"中心人物"。一般来说,领队对于团队的情况更加了解,接待社的导游要主动和他们交流,协调好关系,弄清团队的情况。团队中的"中心人物",一般来说具有三个特点:其一,有比较丰富的社会阅历,特别是对旅游业和旅游目的地的情况比较了解;其二,认知能力比较强,且意志比较坚定;其三,有比较娴熟的社会交往技巧,善于察言观色,善于选择交往对象所容易接受的交往内容和方式。在带团时,要善于识别"中心人物",侧重处理好与他们的关系。

在团队中,除了领队,往往还有一个或几个影响力比较强的人,而别的旅游者一般表现出"随大流"的心理,这种从众心态在某个环节出问题时会给导游造成很大的压力,但若利用得好,也会带来种种好处,因此,导游在接待团队时必须注意观察,了解团队的情况。一是要抓住团队中的"中心人物",可以说,和他们关系处理好了,团队就比较容易控制;二是要培养"中心人物",即使在以后的游程中出现了一些遗憾或不足,由他们出面说几句话,遗憾和不足更易得到弥补,旅游者不愉快的情绪也会很快过去。

(四)以丰富的信息和生动的语言来打动旅游者

导游应在知识方面不断充实自己,勤于搜集各种相关资料,在讲解时以丰富的信息和生动的语言来打动旅游者。另外,导游要尽量使自己对所讲解的内容产生兴趣,连你自己都不喜欢或根本不信的东西,就很难生动地、有感情地来介绍。

视频

课件

四、信息链接

信息 1

欢迎词 1

大家早上好!我是××旅行社的一名专职导游,我的名字叫×××!大家有缘坐在一辆车里就是一家人了。今天我们即将同吃、同游、同乐。在我旁边的驾驶座上的这位,是我们此行的司机师傅,姓×,大家可以称呼他×师傅。那接下去的这两天呢,就得辛苦×师傅为我们大家保驾护航了。说到司机师傅,小×在这里问大家一个问题啊,请问大家知道司机师傅的特长是什么?是"三心二意"。为什么我要这么说呢,大家可不要想错了啊,我说的"三心"是开车小心,态度热心,服务耐心;"二意"是开起车来一心一意,对待客人全心全意。

那么大家出来旅游呀，一定要服从导游的安排，一定要跟着导游走。这跟着导游走，吃喝啥都有，问啥啥都会，走着还不累。等一下到景点就请大家跟着我的导游旗走。小旗不倒，不许乱跑。因为呀，只有跟着我的导游旗走，美好的感觉才会有！

……

这就是我们这几天的行程安排，大家要是有什么意见或建议可以提前向我反映，我会做相应的处理，现在我要跟大家强调一下出门在外的一些注意事项。

（1）出门在外安全第一。这里指的不仅仅是人身安全，还有我们的财物安全。说句不好听的，在外面要是有什么问题发生，不管是多么小的问题，总归心里会不舒服的，所以我希望大家自己要小心地保管好贵重物品。

（2）我们这两天有好几个餐是用团队餐，那大家经常出来的可能都知道，团队餐只能是保证大家吃得饱，所以到时候大家觉得菜不够的话，可以自己加菜，要是菜的口味吃不惯，我倒可以和餐厅沟通尽量做得合大家口味。

（3）今天晚上我们要住在××酒店，大家住的是双标房，可以自己拼，两个人一间房。拿到房卡后不要急着休息，先检查一下门和窗户锁不锁得上，然后再检查空调和电视的遥控器是不是有，毛巾、杯子是不是都有双份，要是没有可以打电话到总台，叫服务员送过来。宾馆里的床单、毛巾不是都是白色的嘛，大家在使用的过程中也请注意，不要染上其他的颜色，这样的话就可以在退房的时候减少麻烦了。

（4）等会儿我会给在座的每一个人都发一个有我们旅行社标志的帽子，希望大家可以"戴戴"平安！而且你们在游玩景点的时候，小×希望大家可以戴上帽子，这样子不容易走散。

（5）我们是以一个团队的形式出游的，在时间方面小×希望大家都可以准时，不要迟到，因为一个人迟到会让整个团的人都等你，到时候希望各位可以自觉遵守。

（6）出门旅游，旅游车就是我们的第二个家，希望大家可以保持车里的清洁，不要在车上吸烟，需要垃圾袋可以跟我讲，同时大家也记一下我们这个车的车牌号×××。

那我就讲这么多的注意事项，希望各位不要嫌小×啰唆。车程有×个小时，我们中途会进服务区停车，给大家一定的时间休息，顺便唱唱歌。

（本文摘自第一导游网）

欢迎词2

Hello！各位旅游者朋友，大家好！欢迎各位来到风景秀美、气候宜人、美食成堆、美女如云、帅哥成林的历史文化名城长沙。俗话说得好："百年修得同船渡，千年修得共枕眠。"现在流行的说法呢，就是"百年修得同车行"，我们大家今天在同一辆车里可是百年才修来的缘分呐，小×真是深感荣幸啊！中国有句话说要"活到老学到老"。那来到了长沙呢，首先我们也要学习一下"三个代表"啊：第一，我谨代表长沙人民，对各位远道而来的客人表示热烈的欢迎！第二，我谨代表××旅游公司全体员工欢迎大家参加本次快乐之旅！欢迎，欢迎，热烈欢迎！第三，我代表我本人和司机师傅，做个简单的介绍。我是来自××旅游公司的一名导游，也是大家这次长沙之行的地接导游，我的名字是×××，大家可以叫我小×或者×导，只要让我知道你们是在叫我就可以了啊。接下来呢，我要为大家隆重地介绍一下在我们本次旅游中占有绝对重要位置的人，那就是为我们保驾护航的司机师傅×师傅！

我们业内有这样的说法：司机呢，到了吉林是"急"开，到了内蒙古是"猛"开，到了上海是"胡"开，那有没有人能想到来了我们长沙是怎么开啊？还是我来揭开谜底吧，我们长沙的师傅呢，比较特殊，他们是在黑白两道都能开。为什么这样说呢？那就要说到我们长沙的气候了。"春有百花秋有月，夏有凉风冬有雪"，这就是我们长沙的气候特征。长沙四季分明，春、夏、秋三季的道路一般是黑色的，到了冬季一下雪，道路就变成白色了，所以，我们的师傅是黑白两道都混得很熟的。那么大家对我们这几天的行车安全啊，尽可以放心了。现在，我给大家介绍一下本次旅游行程。

（本文摘自第一导游网）

信息3

<h2 style="text-align:center">欢迎词3</h2>

各位朋友，大家好！欢迎大家来到烟雨诗画的江南——华东五市旅游。在未来的六天行程中，我们将一起游览杭州、上海、苏州、无锡、南京这五座华东城市，深入体会江南的秀美河山、风土人情和特产美食。我们即将游览的每一个城市都有很多精华和精彩在等着大家。首先，祝愿在座的各位男士气质像西湖龙井茶一样清新，女士如同太湖珍珠一样珠圆玉润，小朋友比杭白菊还要苗壮，亲朋之间的关怀像杭州蚕丝被一样温暖，大家的生活像无锡紫砂壶一样有品位，愿所有的人都像貔貅一样招财守财。我建议大家在接下来的每一天都要做同样的三件事：①每天给您的家人打个电话，告诉他们您很开心并且天天想念他们；②每天接触到的快乐事情您也不妨用笔简单记录下，再拍些照片，相信它会成为您将来美好的回忆；③无论贵重与否都给自己的亲朋好友带上点小礼物回去，这样快乐会时时伴随您的。

我们刚才到达的机场叫作萧山机场。萧山位于杭州市南部，它的得名源于一段著名的历史——吴越争霸。相传2500多年前（前496），吴王阖闾率军攻打越国，双方主力战于槜李（音zuìlǐ，今浙江嘉兴一带）。越国军队让越国的死刑犯穿着兵士服装，跑去阵前自刎。这下吴国将士看不懂了，还没有开战呢，越国士兵怎么就玩自杀了，是不是被我们吓傻了呀？正当吴军疑惑不解、注意力分散之机，越军突然发动猛攻，大败吴军。吴王阖闾在战争中身负重伤，回国没多久就死了，他的儿子夫差继承了王位。两年后，越国用水军攻打吴国，战于夫椒（今江苏太湖中洞庭西山），这回越军战败，主力被歼。所以大家发现没，江南人为什么尚文厌武？江南男人可以在大街上对吵两三个小时，但就是不动手，因为这是有历史教训的：谁先动手谁就要输！

回过头来说那越王勾践战败后，带着伤兵残将，一路南逃，途中登上了一个小山头。他环顾四周，满目萧然，心情悲怆，便赐山名为萧然山，又名萧山。这个地名一用就是2500年！吴军呢，则乘胜追击，直到占领了越国的首都会稽（今浙江绍兴）。越王勾践所率余部5000人被围于会稽山上。勾践请求投降，吴大臣伍子胥反对，认为"今不灭越，后必悔之"。吴王夫差因急于北上中原争霸，没有采纳伍子胥的建议，就答应了以勾践在吴国当人质为条件，准许越国投降。勾践夫妇为吴王"驾车养马"三年，赢得了夫差信任，获释回国。勾践回国后一心要兴越灭吴，便"卧薪尝胆"，发奋图强。同时，他找来了一位重要的谋臣辅佐，这个谋臣就是我×导的偶像，江南好男人的榜样。他是一个政客，辅国兴邦；他是一位商人，被后人奉为财神；他是一位星探，发掘了中国古代第一美女；他还是一个地质学家，发现了世界上独一无二的矿土……说到这里，相信大家都已经猜到他是谁了。没错，他就是范蠡。以现代人的眼光来看，他也是一个有权、有钱、有才、有美女的"四有"新人。最难能可贵的是，他在官场顺风顺水的时候，能够清楚地看清兔死狗烹、鸟尽弓藏的政治局势，急流勇退，辞官回家，带着心爱的西施泛舟五湖，逍遥自在。五湖就是现在的太湖。

......

（本文摘自第一导游网）

思考与练习

1.导游如何树立良好的第一印象？

2.如何理解"接团后30分钟的讲解水平是衡量一个导游是否优秀的关键"这句话？

3.如何撰写接团后30分钟内的欢迎词？

补充视频

补充课件

导游讲解技巧（第二版）

第十章　车上娱乐的导游讲解技巧

一名导游是否优秀,在车上的讲解水平是很关键的。导游在旅游车上一般会进行风光风情的讲解,介绍当地的风土人情、旅游商品,以及当地经济、文化、旅游景点等的相关知识。如果交通车程较长,地陪导游可以在车上组织一些娱乐活动,如:做小游戏,教旅游者说方言,带领旅游者唱歌、讲笑话、猜谜语等。地陪导游也可以与旅游者展开一些交流活动,如介绍近日国内外重要新闻、探讨热门话题、聊天寒暄等。为了丰富旅游活动,让旅游者有更多的收获,导游要努力进行导游讲解。

一、车上互动娱乐的重要性

(一)旅游车上是进行景点介绍、提醒注意事项的绝佳场所

旅游者坐车时较为无聊,导游如果把一些目的地著名的景点、有当地特色的夜游项目等进行讲解,可产生一种"润物细无声"的功效,让旅游者在接受旅游知识的同时了解到一些当地特色的旅游景点、文娱演出和特色旅游商品的信息。旅游车上空间有限,导游讲解生动有味道,旅游者很容易接受众多的信息。

(二)可拉近与旅游者的距离,让旅游者放松地享受旅游的乐趣

当日子变得忙碌起来,旅行成为一件奢侈的事情,现代人的心底永远留了一块想象的空地给那不知名的远方:找一个放松的假期,抛开工作的忙碌,去想去的地方,做想做的事。外出旅游是提高人们生活质量和幸福指数的事,导游要让旅游者明白原来生活可以像旅游这样,享受着大自然给予的礼物:清新的空气、明媚的阳光……通常一个团队在旅行过程当

中,都有乘车两三个小时的情况,那这两三个小时讲什么呢?旅游者对导游首先是相互不熟悉,导游要做的是通过讲解打消旅游者的顾虑,建立旅游者对导游的信任,体现导游的价值。在行进中解说时,导游一定要考虑到团队的整体行动速度、旅游者的年龄及接受能力等,并及时调整解说的速度和音量。

(三)可活跃气氛

有些旅游者出来旅游是希望能够热闹、开心、听听笑话、唱唱歌、放松心情的。作为一名导游,除了沿途给旅游者讲解,还可以适时地组织一些活动,活跃一下气氛,比如唱歌、讲故事、猜谜语等等。主要目的有三:一是活跃车上的气氛;二是充分显示导游的才华;三是加深大家对导游的印象。

(四)可为销售当地特色旅游纪念品创造机会

在旅游车上,一般要求导游的解说简短、明快,可根据沿途景点或风景的不断变化而展开。导游有时也会在车上销售一些旅游纪念品。讲到在车上卖货,日本导游排在第一位。日本导游在车上卖的东西种类之繁多并不亚于一家小百货公司,深海鱼油、火山灰滤水器,还有一些自费的项目,包括吃的(神户牛柳、海鲜刺身等)、玩的(富士山、子弹火车、迪斯尼乐园等)。日本的消费水平较高,日本导游让旅游者在车上花的钱一点也不比进购物店花得少。泰国导游卖榴梿干、鳄鱼肉;新加坡、马来西亚导游卖纪念品;印度导游卖发油、牙粉。我们的导游左手玉镯,右手手表,手指上戴着红蓝宝石的戒指,脖子上挂着吊坠或珍珠项链,包里装着香烟、虎皮膏、酸枣糕、化妆品等,优秀的导游会不失时机地将这些旅游商品介绍给旅游者。

二、车上导游讲解要遵循的原则

(一)把握好讲解节奏和信息量

车上导游讲解一定要生动有内涵,有感情、激情,节奏感强,要充分地调动旅游者的情绪,不能是催眠曲,那样比不讲还糟糕。

(二)指示应明确及时

很多注意事项必须明确地告知旅游者,且要及时,不能含糊其词。

(三)导游所讲与旅游者所见有机结合

景点概况、沿途介绍,导游必须在车上讲,而且沿途讲解应和周边的景点同步,具有即时性,导游讲解的要和旅游者看到的一致。

（四）调动旅游者参与，实施互动

导游不能唱独角戏，必须充分调动旅游者的积极性，让旅游者参与其中，双向互动，使车上娱乐活动有意义。

（五）讲解与组织活动、旅游者休息结合

如果旅游者是乘长途火车而来，没睡好或没有休息好，导游却在那里兴致勃勃地大讲特讲，即使讲得很不错，但旅游者生理上的困顿还是可能打败导游的精彩讲解，而旅游者的鼾声更是会打击导游的自信。这时候导游要知道，不是失败在讲解上，而是失败在关心旅游者的服务上。

三、常用的车上娱乐项目及主要类别

（一）"明七暗七"的报数

所谓"明七"就是 7、17、27 等含"7"的数，"暗七"就是 7 的倍数 14、28 等，这些都是不能说的数字，轮到了就说"过"，下一个旅游者得跳到下一个数字，如果说错了，或反应太慢，或不是明七暗七也说"过"的，就要罚他表演。该游戏适合单位团队旅游，散客就不是很适合。

具体的做法是：①导游先进行游戏说明，再进行一次试探性的报数；②说明抓到的旅游者要表演节目，或让好朋友帮助表演节目；③抓到第一个、第二个后继续报数，抓到第三个时第一个被抓的上来表演节目，抓到第四个时第二个被抓的上来表演节目，以此类推；④实在是没有才艺或朋友帮忙的，还要给旅游者台阶下，比如上来鞠躬三个，同时说"我错了"三次（旅游者没有台阶下是不好的，游戏没法继续下去）；⑤旅游者的才艺可以是唱歌或讲笑话或猜谜或真心话或大冒险等，关键是开心好玩，大家放松一下。

该游戏的优点：比较简单，参与性强，较为适合教师、学生或高素质的旅游团。缺点：容易抓住比较紧张的旅游者，或反应比较慢的旅游者，或没什么才艺的旅游者。

（二）猜数字（又叫终极密码）

导游或旅游者在一张纸上写一个数字，比如"23"，让旅游者猜，数字范围是 1～100，一个接一个猜，比如其中一个猜 53，那范围就缩小至 1～53，直到他们猜到 23 为止，猜中者就获奖。在猜的过程中，旅游者的情绪可能是高涨的，因为游戏比较简单，参与性强，而且具有不确定性，每个旅游者都可以参与其中。该游戏适合单位团队旅游，散客就不是很适合。

旅游者表演的节目：至于让旅游者讲笑话或唱歌，可能常会遇到旅游者不配合，造成冷场。这时可以带动旅游者来鼓掌，可以让旅游者学狗叫、猫叫，学绕口令之类，相对简单的都可以。另外，如果旅游者太散或者年龄差距较大，玩这类游戏就不好操作了。这种情况下，导游的讲解更加重要。

（三）真心话与大冒险

如第一个人问：你喜欢吃苹果吗？第二个人回答喜欢，然后发问：你喜欢旅游吗？第三个人回答喜欢，然后再发问：你晚上有约会吗？（三不问原则：一不问年龄；二不问收入；三不问隐私问题。）

（四）连环游戏（名字＋交通工具＋某一动物＋口头禅组合）

我叫×××；

我喜欢的交通工具是×××；

我喜欢的动物是×××；

我的口头禅是×××；

组成一个完整的句子：我是×××，我乘坐着×××，遇见了×××，我对他说"我爱你"，×××说×××。

具体为导游问三个问题：①请说出你最喜欢乘坐的交通工具。②请说出你最喜欢的动物。③请说出你最爱说的口头禅。说了一圈后，导游再说："我们接下来做一个连环游戏。大家记得自己刚才说的话吗？现在我们将自己刚才说的答案连成一句话。这句话的格式是这样的：我乘坐着……（喜欢的交通工具），遇见了……（喜欢的动物），我对他说"我爱你"，那个动物说……（你的口头禅）。

本活动的意义在于可以形象生动地介绍旅游者，加深对大家的印象，加强互相的沟通。

（五）猜谜语

金银铜铁——打一地名（无锡）；四季温暖——打一地名（长春）；一路平安——打一地名（旅顺）；风平浪静——打一地名（宁波）；降落伞——打一历史人物（张飞）；啥都卖就是不卖被子——打一历史人物（刘备）；红色庄园——打一国家名（丹麦）；蓝色的庄稼——打一国家名（荷兰）；一片青草地——打一花名（梅花）；来了一只羊——打一水果名（草莓）；又来了一只狼——打一水果名（杨梅）；又来了一群羊——打一小食品名（喜之郎）。

（六）请旅游者上来唱歌（自愿或旅游者推荐）

流行的、传统的歌曲都可以。可以清唱，也可以伴着卡拉OK唱。年轻人多的就选择前者，年长的多的最好用后者，因为年轻人记得的歌多，而年纪大的只会一些老歌，有的歌词都不一定记得。在江西，导游最好就是唱井冈山的民歌，像《毛委员和我们在一起》《小小竹排江中游》《请茶歌》等。

（七）"走、扭、柳、搂"的数字组合

从车上座位的第一个人开始，第一个人说"走一走，扭一扭，见到一棵柳树，搂一搂"，第二个人说"走一走，扭二扭，见到两颗柳树，搂二搂"，以此类推。谁顺序接错了或数字算错了就罚谁表演节目。此类游戏可增加陌生旅游者之间的熟悉感，比较适合学生团、单位团，素质高的旅游者和普通话好的旅游者都比较适合，对普通话不好的旅游者会有一定的难度。

(八)词语组合

准备好纸和笔,发给客人3张白纸,第一张写上姓名,第二张写上地名,第三张写上最爱做的事情(地方和事情越夸张越好),分别放进3个袋子里,再让客人抽,形成新组合,会有很多意想不到的有趣事。优点:搞笑,消磨时间长,客人容易接受,如果有小礼品更好。

(九)对歌

导游和旅游者对歌或男女对歌,只要把旅游者逗乐,气氛自然就上来了,那么相互配合也就有了默契。让客人讲笑话或唱歌,可能常会遇到客人不配合,造成冷场。这时可以带动客人来鼓掌。当然,为了鼓励旅游者参与,也可以分成几派来做节目(类似对歌大赛),派别取名,"峨眉派""青城派""岷山派"之类的都行。让没参与的人来评判,第一名的适当给点奖励。

(十)击鼓传花

可以用可乐瓶或导游旗代替手绢,导游在前面唱歌,歌一停,拿到瓶子(或导游旗)的人表演节目,获得玩具、明信片之类的奖品;扎气球猜灯谜、谜语——没有人回答时,只要点出活跃分子表演节目,奖品就归他。

四、车上导游讲解技巧

(一)导游与旅游者"聚谈",防止唱"独角戏"

在车上进行导游讲解可实现和旅游者交流,了解旅游者,为针对性服务做准备,可以和旅游者进行双向的聚谈或问答或聊天,充分发挥旅游者的主观能动性。同时,要掌握一定的技巧,例如:少说多听,主要是倾听旅游者的观点,从中揣测旅游者的心理;活跃气氛,要留意聚谈者的情绪变化,必要时岔开话题或打圆场,说些笑话让旅游者放松,千万不要让聚谈演变为争吵;控制进程,视情况选择合适的话题,及时制止涉及人身攻击、个人隐私和违反有关法律法规的不当言论;广泛对话,要发动更多的旅游者参与到聚谈之中来。

(二)讲解时注意思维的连续性和跳跃性

车内讲解没有框架,甚至没有命题,需要导游自己去总结归纳,然后再将准备好的资料娓娓道来。在车内讲解,不光要语言流畅,更要思维清晰、敏捷。旅游车在行进过程中,总会经过一些重要的地方,有标志性的建筑,有蕴涵文化气息的寺庙,还有发生过一些重大事件的地点。这就要求导游暂时停下自己的讲解,对当时出现的地标做简要介绍。导游不仅要对当地的风物足够熟悉,还要具有很好的思维跳跃性。在介绍完一个地标后,导游还要拥有足够好的连续性思维能力和记忆力,将后面的讲解在之前的断点上续接起来。

（三）找到旅游者的兴奋点，有针对性地讲解

导游在讲解的过程中要注意观察旅游者的反应，如果大部分人的关注点是在车外或频繁地互相交流，此时导游要注意调整讲解内容，通过指示旅游者观看车外的某个景物或现象将其注意力吸引回来，并及时运用"问答法"与旅游者进行互动交流。在经过重要的景点或标志性建筑时，要及时向旅游者指示景物的方向，讲解的内容要与车外的景物相呼应。旅游除了参观景点，还有一个重要的内容是感受景点所在的地方。导游可以站在本地人的角度进行介绍，比如生活水平、平均收入、业余活动、房价对比、交通环境等问题，都会加深旅游者对这个地方的了解。也可以细致地讲讲这个地方著名的美食，如味道、特点、历史由来、著名餐厅等，这样可以很快引起旅游者的注意。

（四）尽量讲自己熟悉和拿手的内容

导游要准备一些自己拿手笑话、故事和歌曲（有时旅游者听导游讲得好，情绪被调动起来也会插言讲笑话或故事）。旅游就是一种生活的需求，导游可以从日常生活出发，介绍一下自己的成长史，最好能结合导游工作，以及成长的城市与旅游团相关的素材来说，会有更好的效果。

（五）突出重点与常规提醒相结合

在即将到达所要游览的景区时，要使用"突出重点法"将景区最重要的价值及最独特之处向旅游者进行讲解，以激发旅游者对该景区的游览兴趣。到目的地前的半小时左右，如果有客人在休息，可以放点音乐，并以逐渐加大音量的方式唤醒他们，一来让客人醒过来，方便听接下来的讲解；二来也避免到点时，客人突然被叫醒。同时，生活服务也要注意，比如车的牌子、牌照、颜色，以及出发时间、行车安全等，都是必须提示的内容，下车前要注意强调景区游览时的注意事项，以及集合的时间和地点，详细讲讲即将游览的景点的线路情况和时间安排。

视频

课件

五、信息链接

信息 1

车上导游讲解蚕丝被示例

在古代，杭嘉湖地区生了男孩的人家，会在门前种榉树，同时埋下"状元酒"，希望自己的儿子将来长大了可以中举或考中状元，可以做官光宗耀祖；生了女儿的人家，会在后门种樟树，同时埋下"女儿红"黄酒。

媒婆会根据主人家屋后香樟树的粗细来判别女孩的年龄：如果是大拇指粗的香樟树，说明是一个刚出生的女婴；如果是像腰一样粗的香樟树，则说明那已经是一个老太婆了。

香樟树不粗不细,刚好和碗口一样大小,那说明是一个亭亭玉立的黄花少女。等到相亲的时候,男女双方家长会交换"八字",看二人是否相合。女方的家长还会去男方家看一看家境如何,如果屋子后面有几亩桑田,就知道女儿嫁过去以后日子一定会过得很殷实。古语说"天下之利莫过于桑",家家户户都抢着去种桑养蚕。女孩子出嫁以前,做父亲的会把香樟树砍掉,加工成樟木箱作为嫁妆一起嫁到夫家去。有钱人家要在樟木箱里放八条蚕丝被,称之为"八八大发";或者是六条,称之为"六六大顺";少一点的也要放四条,称之为"事事如意";再少也要放两条,称之为"好事成双"。以前的嫁妆都是用扁担挑的。八条蚕丝被,大家会想太多了吧? 其实两条是新娘拿去孝敬公婆的,两条是新婚夫妻自己用的,两条是送给小姑子做见面礼的,另外两条是给未出生的宝宝准备的。一条盖,一条垫,自己就跟蚕宝宝一样躺在中间享受。直到现在,我们这边嫁女儿的习俗都仍然陪嫁蚕丝被,同时还要配上光滑舒适的蚕丝被套,蚕丝被套柔软耐用,可用几十年,象征着父母对女儿一辈子的呵护。

人的三分之一时间是在床上度过的,有好的享受才会有好的睡眠。在生活品质提高了的今天,神奇的蚕丝被给我们带来了意想不到的好睡眠。蚕丝里面含有18种氨基酸,其中有一种非常神奇的成分,目前连科学家都没有找到它的原因,它会安定一个人的大脑神经,使你很快进入睡眠状态,让你拥有一个美好的睡眠环境,因此我们暂时把它命名为"睡眠因子"。这种睡眠因子连蚕屎里面都有,我们把它制成枕头,叫"蚕沙枕",有安神降压的作用,确实非常奇特! 我的父母非常节约,就连每天晚上吃剩的菜汤都舍不得倒掉,说是要把钱存着留给我们做儿女的。其实钱财留给子女,花完了什么都没有。父母留给子女的,应该是教会他们生活的能力而不是给予金钱。去年冬天的时候,我就买了一床蚕丝被给父母,希望他们能有一个更好的睡眠环境,父母身体健康才是儿女们最大的幸福。广告词上说:"天下所有的父母都知道儿女的生日,又有几个儿女知道父母的生日呢?"我去年的礼物让我的父母温暖了整整一个冬天,真是盖在身上、暖在心头。

丝绸产品从前都是皇帝或富贵人家才用的。今天我们的生活条件比以前大为提高,因此我们应该学会善待自己,也应该好好享受一下以前皇帝的待遇,去买一张冬暖夏凉、通风透气的蚕丝被。一张三斤重的蚕丝被×××元,四斤重的蚕丝被×××元,五斤重的××
×元。因为我们去的地方是国有工厂,产品质量绝对保证,但没有折扣可讲。国有工厂不会把价钱定得高高的,让我们去做无谓的讨价还价。工厂的东西好、价钱便宜,他们还会帮我们打包或代办邮寄托运,各种规格应有尽有。只是选购的人非常多,等一下大家要跟紧工作人员不要走散。好了,蚕丝被工厂到了,大家跟着我下车。

(本文摘自中国导游网)

信息 2

车上导游讲解乌镇示例

今天我们的旅游目的地是乌镇。来到乌镇,很多朋友会关心乌镇为什么叫乌镇,乌镇又是怎样形成的。首先,乌镇的地理位置非常好,它位于杭州的东北部,地处苏杭交接处,依偎京杭大运河。它自古以来非常繁华,水网密集,密如蛛丝。在过去科技不发达的年代,这里主要的交通方式就是水运,非常适合来往的商队中途休息整顿,更好地进城。久而久之,很多商人为了方便,干脆就把家安在了这里。这便形成了乌镇的原始雏形,再经过后人不断的建设,完善形成了今天的乌镇!那乌镇为什么叫乌镇呢?

正所谓"山管人丁,水管财",各位朋友会发现乌镇周边是没有山脉的,但是水多得很!所以乌镇是商人的聚集地,在我们浙江做生意的人都特别讲究这个。水为财,只有水多了,财富才能源源不断。商人们为了财富,难道要建个水镇来作为自己的歇脚地吗?显然不能,难度太大,现代社会也做不到。但讲究是不能变的啊。聪明的商人想到了用一种可以替代的方式:颜色!我们知道火对应的颜色是红色,土对应的颜色是黄色,金对应的颜色是白色,木对应的颜色是青色,水对应的颜色呢?黑色。黑镇?呵呵,确实不好听。黑就是乌,乌就是黑,黑代表水,故取名乌镇。其实,各位朋友今天一到乌镇都能切身感受乌镇为什么叫乌镇了。步入乌镇,所能看到的一切一切都是黑色的:一砖一瓦,一石一木……似乎空气到了乌镇都变成财气了。"西北归来不看土,黄山归来不看岳,九寨归来不看水",那乌镇呢?呵呵,乌镇归来就不差钱了!一身财气带回家!乌镇自古名人辈出,大文学家茅盾——新中国第一任文化部部长,就出生在乌镇。我对乌镇无比热爱。我的家乡乌镇,历史悠久,我曾经去过很多古镇,很多都是走马观花。但到了乌镇,您会不由自主地融入其中,仿佛真的回到了过去。

信息 3

华东导游带团时应遵循的原则

(1)如果客人迟到的时间很长,先发消息给他(目的是留证据),然后留全陪等;

(2)不要把行程时间算死,留点余地;

(3)多看新闻,了解时尚;

(4)旺季核房,淡季核餐,计调也会犯错,一旦出错就会"砸团";

(5)进上海前,让客人上个洗手间,因为你永远不知道会不会堵车;

(6)中午如要开长途,建议客人不要喝啤酒,你不能确定是他尿快还是到洗手间快;

(7)黄金周顺利就好,稳定心态;

(8)河南人、山东人要馒头、面食;

(9)问题说在前是水平,说在后是借口;

(10)小孩不要坐第一排,不但危险,还会干扰你讲解;

(11)最后一排中间位子尽量不坐人,一不小心客人可能就会飞出去;

(12)如客房太老有潮气,或太新有油漆味,应让宾馆提前半小时开空调通风,可以的话喷空气清新剂;

(13)苏州平房蚊子多,可让宾馆提前点蚊香;

(14)广东旅游者开餐时要用开水来烫碗,福建旅游者用餐时应上两个汤。

思考与练习

1."每个导游必须会三首歌、三个故事、三个笑话",对此你如何理解?

2.如何把一些自费项目在车上导游讲解时加进去,且做到"不动声色"?

第十一章　旅游景点的导游讲解技巧

学习目标

　◎ 掌握景点讲解过程中常用的方法与技巧；

　◎ 掌握常去的旅游景点游玩路线；

　◎ 能够对行程中所涉及的旅游景点进行讲解；

　◎ 能针对不同的景点类型进行讲解并且回答旅游者的提问。

　　景点游览参观是旅游者外出旅游的核心部分，导游应按照游览的顺序，介绍所看到的具体景点和文物古迹等。旅游景点讲解是导游以丰富多彩的社会生活和璀璨壮丽的自然或人文景观为题材，以兴趣爱好不同、审美情趣各异的旅游者为对象，对自己所掌握的各类知识进行整理、加工和组织，借用口头语言进行表达的一种意境再创造。在导游技巧上可运用画龙点睛法、制造悬念法、设置疑问法、巧妙穿插法及含蓄幽默法等，使旅游者获得美的享受。

一、旅游景点导游讲解的基础知识

（一）旅游景点导游讲解的内容

　　旅游景点导游讲解的开头可大体介绍景区景点的概况和主要的游览项目、景点，使旅游者有一个总体印象，并激发旅游者对所游玩景点的兴趣。导游讲解词又称为导游词，是导游介绍、讲解自然景观或人文景观，使旅游者获得知识，实现审美满足的一种有声语言。导游词的结构包括称呼语（问候语）、开头、主体、结尾等多项内容。开头形式多种多样，一般采用设问式、悬念式、故事式、诗歌式、叙述式等，具体的方法视情况而定。同时，还应交代有关注意事项。

（二）旅游景点导游讲解的要求

　　景点游览参观具有时间较长，人员不断发生移动，旅游者容易产生疲劳，以及干扰因素多（包括同行、旅游者、环境及其他因素）等的特点，因而导游在做景点讲解时应注意以下几点。

1.选择适当位置

导游站在台阶上讲解或让旅游者站成半圆形,这样能使旅游者听清并有利于旅游者集中注意力。再比如站在景区导游图前、景点指示牌前或某一建筑前,一边讲解一边请旅游者观赏美景或介绍旅游线路及注意事项。而导游在讲解前,首先要有意识地"占领"最佳位置,面向旅游者面带笑容,既不要靠旅游者太近,也不要离旅游者太远,大约离旅游者1米即可。

2.讲解与引导相结合,集中与分散相结合

旅游是一种审美活动,旅游者听导游讲解可以欣赏到用眼睛看不到的东西。但导游的讲解不能取代旅游者的游览。旅游者独游,驰骋想象,有时更能领略悠然自得、陶冶性情之趣。因此,导游并不是讲得越多越好,有时要娓娓而谈,有时则要让旅游者自己欣赏。要使讲解和引导游览相得益彰,以导游讲解为主,以旅游者独游为辅,集中与分散相结合,有导有游,导和游搭配,从而产生更好的旅游效果。

3.讲解与聊天相结合

在游程中,导游要善于与旅游者聊天。聊天可供选择的话题很多,可以是彼此感兴趣的话题,如足球、时事等,也可以是各自的工作、生活。在聊天中,可以增进了解,促进沟通,消除误会。在聊天时,要避免提及旅游者忌讳的话题,还要注意选择好的时机。导游的语音高低要视当时的环境而定,手势的幅度不要过猛,讲解的景点空间距离也不要跨越过大。

4.注意旅游者反应

导游在讲解时,应当随时注意旅游者的反应,并根据旅游者的反应调整讲解内容和速度,实现导游讲解活动中双方的互动。具体来说,要善于察言观色,注意旅游者的动作、表情及细微变化。讲旅游者最想听和最想知道的,并根据实际情况适时调整自己的讲解,这是极其重要的。如果导游在讲解景点时,只顾自己口若悬河、滔滔不绝,而不注意旅游者的情绪反应,讲解效果是要大打折扣的。

5.掌握抗干扰的技巧

导游在讲解时会面临一些干扰因素,在具体处理时,一要善于调整游览节奏,尽量避免与其他导游在同一景点同时讲解;如果同时到达一个景点,可安排旅游者先自由观赏或小范围自由活动。二要用精彩的讲解将旅游者团结在导游周围。三要协调好讲解与旅游者摄影、摄像和自由观赏的关系。

二、旅游景点导游服务的作用及讲解的要点

(一)旅游景点导游服务的作用

1.加深旅游者的游览感受

由于旅游活动的异地性和暂时性,旅游者要想在较短的时间内,在一个陌生的旅游环

境中获得较好的游览效果,必然要求景区提供全面的引导游览服务,尤其是当旅游者面对的是很有说头的人文古迹和人文山水的时候。因此,景区导游服务的提供就显得尤为必要。

2.引导旅游者的游览行为

旅游者是景区景点的主角,为旅游者服务好,并期望更多的旅游者前来参观游览,这是景区工作者的追求。但实际上,对很多旅游者而言,他们并不清楚在景区游览时应该注意什么,自己的责任和义务是什么,自己的权利何在,大部分旅游者是盲目的、不成熟的。因此,旅游者需要引导和管理,需要按照景区的有关规定进行游览活动,用符合社会公众道德的各项行为规范来约束自己。这些都要靠景区的旅游指南、警示标识、导游的讲解和示范行为等导游服务来完成。

3.提高景区的综合收益

好的导游服务能让旅游者获得更充分的游览体验,一方面,能有效延长旅游者在景区的停留时间,从而刺激旅游者在娱乐、购物、餐饮、住宿等方面的"二次消费",直接增加景区的收入;另一方面,旅游者对景区的满意度增加,有利于形成良好口碑。因此,良好的导游服务才能切实提高景区的经济效益与社会效益。

(二)旅游景点导游讲解的要点

在讲解主体部分时,导游要注意以下四个要点。

1.要有明确的主题

导游在每讲一个景点时,心中应当有一个思想,或要表达的主旨,用这个主旨去组织材料,展开叙述。换句话说,要用观点去指挥材料。只有观点没有材料,必然成为"光杆司令";反之,只有材料没有观点,则会形成"乌合之众"。只有观点和材料融合、统一,才能条理清晰,旅游者也才听得清楚、明白,不至于茫然无头绪。一个景点主题的提炼需要导游全面把握景点材料,反复思索,认真钻研,悉心体察,然后做出抉择。

2.要有准确的事实和相对完整的情节

导游在讲解景点的时候,要十分注意事实和史实的准确性,否则会直接影响旅游者对导游的信任度。情节的相对完整,是说导游的讲解要中心突出,首尾完整,条理清楚,前后贯通,一脉相承。无前后矛盾、颠三倒四的现象。还要注意一点,现在有的导游讲得很快,什么都想告诉旅游者,结果旅游者反而觉得不得要领,什么也没得到。老子说:"少则得,多则惑。"不要试图在一个地方把什么都告诉旅游者。情节的相对完整并不要求导游面面俱到。导游要善于取舍,取那些能突出显现景点神韵和生气的东西,舍掉一些繁枝赘叶。如马王堆汉墓展厅的讲解内容安排:钟鸣鼎食—漆器之美—丝国之光—简帛之珍—棺椁及女尸,把核心的精华内容向旅游者介绍就可以。

3.要有精彩的细节

"诗有诗眼,文有文眼",导游讲解的"眼"则在细节。好的细节,最能凸显主题,展示典型环境中人物的性格,起到震撼旅游者心灵的效果。俗话说:"不能动己,焉能动人?"要想让细节真正打动旅游者,导游除了要认真选择和使用"细节",还需要"同一情",即导游的心要尽量贴近所讲的对象,并在感情上与之沟通。

4.结尾要简洁明练、耐人寻味

元代散曲家乔吉说过:"作乐府亦有法,曰凤头、猪肚、豹尾六字是也。"导游讲解也是如此,既要起得漂亮,也要结得精彩,不能虎头蛇尾。作为讲解词整体的一个组成部分,结尾应当配合全篇内容,与开篇呼应,再次点明主题。好的结尾,要简洁明练、耐人寻味,留有一定余地,能够让旅游者回味一番。

三、旅游景点导游讲解的常用技巧

(一)在景点游览中的导游服务技巧

1.强调注意事项

清点人数,做好提醒工作,防止旅游者在游览中走散、走失;及时向旅游者预报天气情况,以及介绍景区的地形、线路长短等情况;介绍景区游览的其他注意事项。

2.设计好游览行程

线路设计,包括常规性的线路和非常规性的游览线路;游览节奏设计,包括行进速度、停留时间、介绍详略程度等;讲解方法设计,包括怎样走、到哪里停留、停留多长时间、讲解哪些基本内容、用什么方式表述等。

(二)在景点游览中的导游讲解技巧

景点讲解是导游的重头戏,是导游带团服务的核心内容,也是旅游者较为看好的旅游产品之一。为此,讲解好景点,让旅游者满意是极为重要的。导游要在控制时间的基础上,有效运用各种导游讲解技巧,突出重点,讲出新意。能够根据服务对象的需求,综合运用书面、口头、体态等语言,为旅客提供生动形象的景点讲解服务。

1.要避免填鸭式讲解,应有针对性

旅游者不愿听导游讲解的原因有许多:有的是疲劳太累不愿听,有的是导游讲解水平很一般,提不起旅游者的兴趣,还有的是导游留给旅游者交流的时间太少,以及旅游者忙于其他事情或在考虑问题,等等。

旅游者不愿听讲解时,导游首先要控制自己的情绪,并迅速分析其原因,然后再根据具体情况"对症下药"。比如,旅游者自感疲劳,那么导游要给予旅游者一定的休息时间,有时在旅途中也要提醒旅游者抓紧时间休息,此时导游不要多做讲解。若是旅游者对导游有意见,那么导游要及时调整讲解内容,既突出重点,又不啰唆,努力把导游词讲出新意和特色,以此来诱发旅游者的联想和兴趣。若是旅游者的交流时间太少,那么导游在安排游览项目时要稍微放宽松,给旅游者适当的交流时间。当旅游者在忙于个人事务或考虑问题时,导游不要去打扰他们。

2.景点讲解要精彩,做到因人而异

在景点讲解中,导游要根据不同的对象及其文化层次,因人而异地选择讲解内容。旅游者层次高,导游要讲得深一些;旅游者层次低,导游要讲得浅一点、通俗一点。对一般的旅游者,导游可多一些虚实结合法、问答法、借用故事法、拟人比喻法及活用数字法等。

3.坚持内外有别,做到求同存异

在旅途中,有时会发生导游所宣传讲解的观点和内容与国外旅游者所持的观点发生矛盾及分歧,其中的原因是多方面的,有国情的不同,有文化上的差异,也有意识形态领域里的不同,等等。在上述情况下,导游要改变旅游者在其本国所接受的教育而长期形成的观点是非常困难的,但是导游的观点要鲜明,立场要坚定,要根据我们党和国家的相关政策予以正确解答。在和国外旅游者的交往中要注意话题的选择,要讲究求同存异,注意文化差异带来的障碍。导游在宣传讲解时也应该如此,要尽量回避上述几个不同而造成的隔阂和摩擦,力争互相谅解。

4.讲解时被旅游者打扰要冷静

导游在讲解过程中,有时会有个别旅游者打扰,此种现象的出现无非有几种原因:一是有个别旅游者喜欢在众人面前炫耀自己的学问;二是个别旅游者对导游所讲的内容持有不同意见和观点;三是导游所讲内容和知识确实存在问题;四是个别旅游者知道的内容要比导游讲得更多并且更丰富。

视频

在这种情况下,导游最好冷静想一想或认真分析一下情况。若来不及细想和分析,导游不妨采用"先人后己"的办法,即可以先让那位旅游者暂时作为一名"讲解员"。在他讲解完后,导游适当予以补充。当然,要尽量肯定和赞赏旅游者讲得好、讲得合理和有特色的部分。如果旅游者讲解得确实精彩和有水平,那么,导游就要好好地向人家学习。必须注意的是:导游切忌让旅游者反客为主,自己要牢牢把握住整个旅游团队的主动权,让旅游者临时讲解景点内容的目的在于缓和尴尬的场面,而绝不是被极个别旅游者牵着鼻子走,更不能让其来控制整个团队。

课件

四、信息链接

中国 318 家 5A 景区名单

截至 2022 年底,全国共有 318 家 5A 景区。

北京市(8 家)

故宫博物院、天坛公园、颐和园、北京八达岭—慕田峪长城旅游区、北京市明十三陵景区、恭王府景区、北京市奥林匹克公园、北京市海淀区圆明园景区。

天津市(2 家)

天津古文化街旅游区(津门故里)、天津盘山风景名胜区。

河北省（11家）

承德避暑山庄及周围寺庙景区、保定市安新白洋淀景区、河北保定野三坡景区、河北省石家庄市西柏坡景区、唐山市清东陵景区、邯郸市娲皇宫景区、河北省邯郸市广府古城景区、河北省保定市白石山景区、秦皇岛市山海关景区、河北省保定市清西陵景区、河北省承德市金山岭长城景区。

山西省（10家）

大同市云冈石窟、忻州市五台山风景名胜区、山西晋城皇城相府生态文化旅游区、晋中市介休绵山景区、晋中市平遥古城景区、山西省忻州市雁门关景区、山西省临汾市洪洞大槐树寻根祭祖园景区、山西省长治市壶关太行山大峡谷八泉峡景区、山西省临汾市云丘山景区、黄河壶口瀑布旅游区（陕西省延安市·山西省临汾市）。

内蒙古自治区（6家）

内蒙古鄂尔多斯响沙湾旅游景区、内蒙古鄂尔多斯成吉思汗陵旅游景区、内蒙古自治区满洲里市中俄边境旅游景区、内蒙古自治区阿尔山·柴河旅游景区、内蒙古自治区赤峰市阿斯哈图石阵旅游区、内蒙古自治区阿拉善盟胡杨林旅游区。

辽宁省（6家）

沈阳市植物园、大连老虎滩海洋公园·老虎滩极地馆、辽宁大连金石滩景区、本溪市本溪水洞景区、辽宁省鞍山市千山景区、辽宁省盘锦市红海滩风景廊道景区。

吉林省（7家）

长白山景区、长春市伪满皇宫博物院、吉林长春净月潭景区、长春市长影世纪城旅游区、敦化市六鼎山文化旅游区、吉林省长春市世界雕塑公园旅游景区、吉林省通化市高句丽文物古迹旅游景区。

黑龙江省（6家）

哈尔滨市太阳岛景区、黑龙江黑河五大连池景区、黑龙江牡丹江镜泊湖景区、伊春市汤旺河林海奇石景区、漠河北极村旅游景区、黑龙江虎林市虎头旅游景区。

上海市（4家）

上海东方明珠广播电视塔、上海野生动物园、上海科技馆、上海市中国共产党一大·二大·四大纪念馆景区。

江苏省（25家）

苏州园林（拙政园、虎丘山、留园）、苏州市周庄古镇景区、南京市钟山风景名胜区—中山陵园景区、中央电视台无锡影视基地三国水浒景区、无锡市灵山景区、苏州市同里古镇景区、南京市夫子庙—秦淮风光带景区、常州市环球恐龙城休闲旅游区、扬州市瘦西湖风景区、南通市濠河景区、江苏省姜堰溱湖旅游景区、苏州市金鸡湖景区、镇江市金山·焦山·北固山旅游景区、无锡市鼋头渚景区、苏州市吴中太湖旅游区、苏州市沙家浜·虞山尚湖旅游区、常州市天目湖景区、镇江市句容茅山景区、周恩来故里旅游景区、大丰中华麋鹿园景区、江苏省徐州市云龙湖景区、江苏省连云港花果山景区、江苏省常州市中国春秋淹城旅游区、江苏省无锡市惠山古镇景区、江苏省宿迁市洪泽湖湿地景区。

浙江省（20家）

杭州市西湖风景名胜区、温州市雁荡山风景名胜区、舟山市普陀山风景名胜区、杭州市千岛湖风景名胜区、嘉兴市桐乡乌镇古镇旅游区、宁波市奉化溪口—滕头旅游景区、金华市东阳横店影视城景区、浙江省嘉兴市南湖旅游区、浙江省杭州西溪湿地旅游区、浙江省绍兴市鲁迅故里沈园景区、衢州市开化根宫佛国文化旅游景区、湖州市南浔古镇景区、台州市天台山景区、台州市神仙居景区、浙江省嘉兴市西塘古镇旅游景区、浙江省衢州市江郎山·廿八都景区、浙江省宁波市天一阁·月湖景区、浙江省丽水市缙云仙都景区、浙江省温州市刘伯温故里景区、浙江省台州市台州府城文化旅游区。

安徽省(12 家)

黄山市黄山风景区、池州市九华山风景区、安徽省安庆市天柱山风景区、安徽省黄山市皖南古村落—西递宏村、六安市天堂寨旅游景区、安徽省宣城市绩溪龙川景区、阜阳市颍上八里河景区、黄山市古徽州文化旅游区、合肥市三河古镇景区、安徽省芜湖市方特旅游区、安徽省六安市万佛湖景区、安徽省马鞍山市长江采石矶文化生态旅游区。

福建省(10 家)

厦门市鼓浪屿风景名胜区、南平市武夷山风景名胜区、福建省三明市泰宁风景旅游区、福建省土楼(永定·南靖)旅游、宁德市白水洋—鸳鸯溪旅游区、泉州市清源山景区、宁德市福鼎太姥山旅游区、福州市三坊七巷景区、龙岩市古田旅游区、福建省莆田市湄洲岛妈祖文化旅游区。

江西省(14 家)

江西省庐山风景名胜区、吉安市井冈山风景旅游区、江西省上饶市三清山旅游景区、江西省鹰潭市龙虎山旅游景区、上饶市婺源江湾景区、景德镇古窑民俗博览区、瑞金市共和国摇篮旅游区、宜春市明月山旅游区、江西省抚州市大觉山景区、江西省上饶市龟峰景区、江西省南昌市滕王阁旅游区、江西省萍乡市武功山景区、江西省九江市庐山西海景区、江西省赣州市三百山景区。

山东省(14 家)

泰安市泰山景区、烟台市蓬莱阁旅游区(三仙山—八仙过海)、济宁市曲阜明故城(三孔)旅游区、山东青岛崂山景区、山东威海刘公岛景区、山东烟台龙口南山景区、枣庄市台儿庄古城景区、济南市天下第一泉景区、山东省沂蒙山旅游区、山东省潍坊市青州古城旅游区、山东省威海市华夏城旅游景区、山东省东营市黄河口生态旅游区、山东省临沂市萤火虫水洞·地下大峡谷旅游区、山东省济宁市微山湖旅游区。

河南省(15 家)

登封市嵩山少林景区、洛阳市龙门石窟景区、焦作市云台山—神农山·青天河景区、河南安阳殷墟景区、河南洛阳白云山景区、河南开封清明上河园、河南省平顶山市尧山—中原大佛景区、河南省洛阳栾川老君山·鸡冠洞旅游区、洛阳市龙潭大峡谷景区、南阳市西峡伏牛山老界岭·恐龙遗址园旅游区、驻马店市嵖岈山旅游景区、河南省红旗渠·太行大峡谷、河南省永城市芒砀山旅游景区、河南省新乡市八里沟景区、河南省信阳市鸡公山景区。

湖北省(14 家)

武汉市黄鹤楼公园、宜昌市三峡大坝—屈原故里旅游区、湖北省宜昌市三峡人家风景区、湖北省十堰市武当山风景区、湖北省恩施州神龙溪纤夫文化旅游区、湖北省神农架旅游区、宜昌市长阳清江画廊景区、武汉市东湖景区、武汉市黄陂木兰文化生态旅游区、恩施州恩施大峡谷景区、湖北省咸宁市三国赤壁古战场景区、湖北省襄阳市古隆中景区、湖北省恩施州腾龙洞景区、湖北省宜昌市三峡大瀑布景区。

湖南省(11家)

张家界武陵源—天门山旅游区、衡阳市南岳衡山旅游区、湖南省湘潭市韶山旅游区、湖南省岳阳市岳阳楼—君山岛景区、湖南省长沙市岳麓山·橘子洲旅游区、长沙市花明楼景区、郴州市东江湖旅游区、湖南省邵阳市崀山景区、湖南省株洲市炎帝陵景区、湖南省常德市桃花源旅游区、湖南省湘西土家族苗族自治州矮寨·十八洞·德夯大峡谷景区。

广东省(15家)

广州市长隆旅游度假区、深圳华侨城旅游度假区、广东省广州市白云山风景区、梅州市雁南飞茶田景区、深圳市观澜湖休闲旅游区、广东省清远市连州地下河旅游景区、广东省韶关市丹霞山景区、佛山市西樵山景区、惠州市罗浮山景区、佛山市长鹿旅游休博园、阳江市海陵岛大角湾海上丝路旅游区、广东省中山市孙中山故里旅游区、广东省惠州市惠州西湖旅游景区、广东省肇庆市星湖旅游景区、广东省江门市开平碉楼文化旅游区。

广西壮族自治区(9家)

桂林市漓江景区、桂林市乐满地度假世界、桂林市独秀峰—王城景区、南宁市青秀山旅游区、广西壮族自治区桂林市两江四湖·象山景区、广西壮族自治区崇左市德天跨国瀑布景区、广西壮族自治区百色市百色起义纪念园景区、广西壮族自治区北海市涠洲岛南湾鳄鱼山景区、广西壮族自治区贺州市黄姚古镇景区。

海南省(6家)

三亚市南山文化旅游区、三亚市南山大小洞天旅游区、海南呀诺达雨林文化旅游区、分界洲岛旅游区、海南槟榔谷黎苗文化旅游区、海南省三亚市蜈支洲岛旅游区。

重庆市(11家)

重庆大足石刻景区、重庆巫山小三峡—小小三峡、武隆喀斯特旅游区(天生三桥·仙女山·芙蓉洞)、酉阳桃花源旅游景区、重庆市万盛经开区黑山谷景区、重庆市南川金佛山、江津四面山景区、重庆市云阳龙缸景区、重庆市彭水县阿依河景区、重庆市黔江区濯水景区、重庆市奉节县白帝城·瞿塘峡景区。

四川省(16家)

成都市青城山—都江堰旅游景区、乐山市峨眉山景区、阿坝藏族羌族自治州九寨沟旅游景区、乐山市乐山大佛景区、四川省阿坝州黄龙景区、绵阳市北川羌城旅游区、阿坝州汶川特别旅游区、南充市阆中古城旅游区、广安市邓小平故里旅游区、广元市剑门蜀道剑门关旅游区、四川省南充市仪陇朱德故里景区、四川省甘孜州海螺沟景区、四川省雅安市碧峰峡旅游景区、四川省巴中市光雾山旅游景区、四川省甘孜州稻城亚丁旅游景区、四川省成都市安仁古镇景区。

贵州省(9家)

安顺市黄果树大瀑布景区、安顺市龙宫景区、毕节市百里杜鹃景区、黔南州荔波樟江景区、贵州省贵阳市花溪青岩古镇景区、贵州省铜仁市梵净山旅游区、贵州省黔东南州镇远古城旅游景区、贵州省遵义市赤水丹霞旅游区、贵州省毕节市织金洞景区。

云南省(9家)

昆明市石林风景区、丽江市玉龙雪山景区、丽江市丽江古城区、大理市崇圣寺三塔文化旅游区、中国科学院西双版纳热带植物园、迪庆州香格里拉普达措景区、云南省昆明市昆明世博园景区、云南省保山市腾冲火山热海旅游区、云南省文山州普者黑旅游景区。

西藏自治区(5 家)

拉萨布达拉宫景区、拉萨市大昭寺、林芝巴松措景区、日喀则扎什伦布寺景区、林芝市雅鲁藏布大峡谷旅游景区。

陕西省(12 家)

西安市秦始皇兵马俑博物馆、西安市华清池景区、延安市黄帝陵景区、陕西西安大雁塔·大唐芙蓉园景区、陕西渭南华山景区、宝鸡市法门寺佛文化景区、商洛市金丝峡景区、陕西省宝鸡市太白山旅游景区、陕西省西安市城墙·碑林历史文化景区、陕西省延安市延安革命纪念地景区、陕西省西安市大明宫旅游景区、黄河壶口瀑布旅游区(陕西省延安市·山西省临汾市)。

甘肃省(7 家)

嘉峪关市嘉峪关文物景区、平凉市崆峒山风景名胜区、甘肃天水麦积山景区、敦煌鸣沙山月牙泉景区、甘肃省张掖市七彩丹霞景区、甘肃省临夏州炳灵寺世界文化遗产旅游区、甘肃省陇南市官鹅沟景区。

青海省(4 家)

青海省青海湖景区、西宁市塔尔寺景区、青海省海东市互助土族故土园景区、青海省海北州阿咪东索景区。

宁夏回族自治区(4 家)

石嘴山市沙湖旅游景区、中卫市沙坡头旅游景区、宁夏银川镇北堡西部影视城、银川市灵武水洞沟旅游区。

新疆维吾尔自治区(17 家)

新疆天山天池风景名胜区、吐鲁番市葡萄沟风景区、阿勒泰地区喀纳斯景区、新疆伊犁那拉提旅游风景区、阿勒泰地区富蕴可可托海景区、喀什地区泽普金湖杨景区、乌鲁木齐天山大峡谷景区、巴音郭楞蒙古自治州博斯腾湖景区、喀什地区喀什噶尔老城景区、新疆维吾尔自治区伊犁州喀拉峻景区、新疆维吾尔自治区巴音州和静巴音布鲁克景区、新疆维吾尔自治区喀什地区帕米尔旅游区、新疆维吾尔自治区克拉玛依市世界魔鬼城景区、新疆维吾尔自治区博尔塔拉蒙古自治州赛里木湖景区、新疆生产建设兵团第十师白沙湖景区、新疆生产建设兵团阿拉尔市塔克拉玛干·三五九旅文化旅游区、新疆维吾尔自治区昌吉回族自治州江布拉克景区。

思考与练习

1. 如何根据一日游来设计、组织旅游者进行正常的旅游活动?
2. 如何根据不同景点的自然风光特色进行导游讲解?
3. 如何根据不同景点的特色进行区别性的导游服务?

讲座视频

讲座课件

第十二章　幽默在导游讲解中的运用技巧

学习目标
◎ 熟悉幽默的定义及作用；
◎ 掌握幽默导游语言的技巧；
◎ 掌握幽默导游语言的禁忌；
◎ 提高幽默语言在导游讲解中的运用能力。

　　导游语言的艺术技巧很多，幽默艺术技巧是其中之一。有调查显示，在各种导游讲解风格中，旅游者最喜闻乐见的是幽默风趣的讲解风格。幽默风趣的讲解，可以为旅游者创造轻松、惬意的氛围，缓解游览的疲劳感，也有利于增强讲解的艺术表现力，提高旅游者的游兴。因此，导游应根据自己的特点，努力掌握幽默风趣的讲解语言。

一、幽默的定义及其基本特征

(一)什么是幽默

　　"幽默"一词，古而有之。在《楚辞·九章·怀沙》中有"孔静幽默"，是寂寞无声的意思。现代汉语中的"幽默"是外来语，是英语"humour"的音译，意思是用诙谐的修辞手法编写意味深长的哲理，以求得特殊的艺术效果。现在，幽默越来越受到人们的青睐。借助幽默，作家创作了幽默文学，画家创作了幽默漫画，表演家创作了喜剧。导游也可以创作幽默导游词。

　　幽默是生活和艺术中的一种特殊的喜剧因素，又是表达、再现、领悟生活和艺术中的一种特殊能力，它还是一种高超的艺术，是一个人综合能力的体现。幽默是一种语言艺术，幽默可以使人放松。这就是幽默的魅力，是它的价值之所在。

(二)幽默的基本特征

　　作为具有喜剧因素的一种特殊形式，幽默的特征主要表现在以下几个方面。

1.幽默是一种独特的人生态度

幽默能通过内容与形式、协调与错位、真善美与假恶丑之间的强烈反差,与人的价值感、崇高感及完美理想相结合,突出表现本体对扬美抑丑的自信心和优越感。幽默感,是一种可贵的情趣,是智慧和情感的产物,幽默思维是一种令人愉快的思维。具有幽默感的人,往往是乐观主义者,为人处世比较灵活,比较容易与周围的人建立良好的人际关系。人与人交往,难免发生矛盾、误会和摩擦。但只要我们来点幽默,就等于在摩擦得发烫的齿轮中,注入几滴润滑剂,不至于碰得"火星四溅",撞得"伤痕累累"。

2.幽默是一种对客体的温和、宽容的态度

幽默能反映出人的自信心和优越感,对事物发展趋势所持的豁达超然的态度,能展示人博大宽容的胸怀,并使其对他人保持亲切友善的态度,设身处地为别人着想,嘲人时不忘自嘲。

3.幽默具有特殊的表现方法和欣赏方法

幽默采用"理性的倒错",体现其特殊的信息和态度,并运用暗示、含蓄的手法对客体进行"倒错",使之与欣赏者的"理性"相悖;而欣赏者必须采取意会、联想等方法将"倒错"这一特殊方法,以理性的思维加以领悟,从而产生特殊的审美效果。

4.幽默是一种美德

幽默感已成为许多青年崇尚的美德。幽默者有趣而引人发笑的言谈,可以冰释一切烦恼和愁闷;意味深长的"笑料",给人以深刻的启迪。说到幽默,难免使人想到"笑"。的确,幽默最显著、最流于外表的特征就是笑,无论是鲁迅还是老舍,无论是果戈理还是卓别林,我们都可以从他们的文字或表演中,发掘出被技巧表达出来的种种"可笑"。幽默引起的笑没有滑稽和玩笑那么强烈,却有如"蒙娜丽莎"式的笑那么深远隽永和耐人寻味。

老舍先生在《谈幽默》一文说,"幽默者的心是热的",他必须"和颜悦色、心宽气朗"地去揭示事物的可笑之处,宗旨在于善意地规劝或者纠正。幽默可以讽刺,但它比讽刺的外延更广。因此,富有幽默感的人往往是具有较高素养的人。他们将"笑"潜于事物深处,让人充分感受事物的底蕴,在平静的水波里,荡起几处不易被人明察的涟漪。在幽默产生的笑里,人们可以发现严肃、美好、善意和崇高的印迹。

5.幽默能提高免疫力

幽默能促进人体内有益细胞的运动。随着心理学理论和临床试验的不断深入,越来越多的心理学家认为,幽默是人们给自己进行心理减压的重要方法。

6.幽默是一种巧妙的发散思维能力

就心理学而言,幽默感是一种捕捉生活中乖谬现象的认知能力,也是一种巧妙地揭示人际关系中的矛盾冲突的发散思维能力。心理学家还认为,理智的巧妙否定与情感的逆向发挥会使人产生认知不协调,其效果不但令人发笑,还耐人寻味。幽默的最高形式是机智,它需要有机敏的反应与深厚的文化沉淀。幽默的灵魂就在于,以高度的机敏来捕捉生活中的"不协调性"事件,再以高度的才情对它们进行"艺术性表达"。从这层意义上讲,幽默需要很高的文化品位,而且要具有审美价值的特征。

7.幽默是一种成熟的心理防御机制

从心理学角度来说,幽默是一种成熟的心理防御机制。心理防御机制属于一种心理适应反应,这种反应典型地采用习惯性和潜在意识的方式,以消除一个人的内心焦虑、罪恶感,以及保持其自尊心。这种心理防御机制,大多是在潜意识中进行的,是在不知不觉中使用的。

因此,当一个人处境困难或陷于尴尬境地时,有时可使用幽默来化险为夷,渡过难关;或者用幽默间接表达意图,在无伤大雅的情形中处理问题。我们将这种心理防卫术称为幽默作用。

二、幽默导游语言的作用

幽默导游语言,是指导游在导游活动中所运用的幽默语言,其作用是十分奇妙的,它可以化平淡为有趣、化沉闷为笑声、化干戈为玉帛、化腐朽为神奇。归纳起来,主要有以下四种妙用。

(一)融洽关系

在导游活动中,导游的幽默不在于理智,而在于情绪。真正的幽默是从内心涌出的。导游与旅游者大多是初次接触,互相比较生疏,为了融洽关系,给旅游者以信赖感和亲近感,导游一般会主动与旅游者交谈,有时讲了一大堆客气话,仍消除不了客人"敬而远之"的陌生感,而有时只讲几句幽默风趣的话,却能收到良好的效果。例如:有一泰国导游,上车就痛说革命家史,说自己与车上中国旅游者同宗同根,曾祖父时下南洋,现已四代。虽说自己已加入泰国籍,娶泰国人做老婆,但洋装虽然穿在身,心依然是中国心。这样一下拉近了同旅游者的感情距离。接着讲当地风土人情,教几句泰国话方便出行。

(二)调节情绪

在导游过程中,导游如果能把幽默作为一种兴奋剂,那么,旅游者低落、冷淡、不安的情绪就会得到有效的调节。例如:一旅游者对住宿不满,说昨晚听外面有狗打架。导游说:"这么便宜的房间,你还想看斗牛吗?"客人们一听,都笑了。可见,幽默而机智的宽慰,比生硬、笨拙的劝说更有效,一下就使客人增添了精神力量。导游化解旅游者情绪之后,应及时告知酒店,加强夜间店外巡逻。

(三)摆脱困境

美国心理学家哈维·闵德斯在《笑与解放》一书中说:"幽默的欢乐是解脱的欢乐。"在带团过程中,导游难免会遇到一些使人局促、尴尬的窘境。如果随机应变,恰到好处地说出带幽默意味的话,就能解脱困境,制造轻松、欢乐的氛围。例如,一个旅行团队要回国了,在道别时,他们请陪同的导游讲话,导游说只讲两句,可一下讲了十来分钟。一位客人半开玩笑地说:"先生,你说只讲两句,怎么讲了这么多?"一时,宾主都颇感尴尬。但这时,导游反应很快,他笑着说:"开头一句,结尾一句,中间忽略不计,一共不是两句吗?"一句幽默、机智的"俏皮"话,把自己从困境中解脱出来,客人们也都笑了。

（四）寓教于乐

增长知识，受到教益，这是旅游者较普遍的旅游愿望。导游用幽默的语言进行讲解，能起到寓教于乐的作用。例如，一名导游在带团参观博物馆时说，这个盒子里的化石已有两百万零九年了，有人欣喜地问，你为什么会如此清楚？导游回答：因为我刚来时它已有两百万年了，我今年是第九年来了。如果这位导游板着脸，严肃认真地解释是如何如何的，旅游者也许很难听得进去。幽默则使旅游者乐于听，也易于接受。

在很多场合，运用幽默语言并不仅仅是为了逗乐发笑，还是为了说明一个道理，表述一种意见。因此，哈维·闵德斯在《笑与解放》一书中还说："绝大多数幽默是娱乐性和严肃性的混合。"所谓"内庄外谐"，也正说明了幽默语言所具有的"寓教于乐"的作用。幽默语言往往能使人在笑中产生联想，意会说话人的真正目的，从而愉快地接受说话人的意见。带团游览时，难免有时会有客人做一些违反规定的事，如果导游撇开严肃的态度，以幽默的方式来暗示劝告，委婉达意，那么即使是调侃、半宽容的幽默语言也能准确无误地表达出责备，而又不至于伤人。例如，几位年轻旅游者在游览时，纷纷骑上一尊大石狮身上照相，这样既危险又易损坏文物，导游见了，连忙上前劝阻："请各位不要欺负这老实忠厚的狮子吧！"如果这位导游一本正经地教训旅游者一顿，或是严肃地劝说道："请不要损坏文物，不然要罚款的！"那么效果也许完全不一样，旅游者要么十分难堪，要么会与其争执。幽默的语言与生硬的语言给人的感觉是不一样的。

总之，幽默语言在某种程度上讲是一种力量，当幽默语言运用得当时，它就能给人以知识、信心和启发，使人乐观向上。

三、导游如何培养自己的幽默感

导游如何培养幽默感？幽默感并不是与生俱来的，只有通过后天的有意识的学习和训练，才能获得良好的效果。

（一）领会幽默的内在含义

导游应机智而又敏捷地指出旅游者的缺点或优点，在微笑中加以肯定或否定。幽默不是油腔滑调，也非嘲笑或者讽刺。正如有位名人所言：从容才能幽默，平等待人才能幽默，超脱才能幽默，游刃有余才能幽默，聪明透彻才能幽默。浮躁难以幽默，装腔作势难以幽默，钻牛角尖难以幽默，捉襟见肘难以幽默，迟钝笨拙难以幽默。

（二）扩大知识面

知识面是幽默的基础，也是幽默的来源。一个优秀的导游只有具有审时度势的能力、广博的知识，才能做到谈资丰富，妙言成趣，从而做出恰当的比喻。因此，要培养幽默感必须先广泛涉猎，充实自我，不断从浩如烟海的书籍中收集幽默的浪花，从名人趣事的精华中撷取幽默的宝石。

（三）陶冶情操，洒脱面对人生

幽默是一种宽容精神的体现，导游要善于体谅旅游者，要学会宽容大度，克服斤斤计较。同时还要乐观对待现实。乐观与幽默是亲密的朋友，导游在讲幽默笑话时如果多一点趣味和轻松，多一点笑容和游戏，多一点乐观与幽默，那么在带团过程中就没有克服不了的困难，也就不会整天愁眉苦脸、忧心忡忡了。

（四）培养洞察力和提高观察事物的能力

培养机智、敏捷的能力，是提高幽默素养的一个重要方面。只有迅速地捕捉事物的本质，以恰当的比喻、诙谐的语言进行描述，才能使旅游者产生轻松的感觉。当然，导游幽默的方式是多种多样的，诚如孙绍振教授在其《幽默答辩五十法》一书中总结的："方法变化多端，全在曲尽其妙，大体则有，定体则无，动用之妙存乎一心。若无临变制机之巧，则百法而无一用，有法而成累赘，不如无法。若有七窍玲珑之智，则无法也能生法，一法能化万法也。即所谓无法之法是为至法。"

四、导游如何巧妙运用幽默语言

导游语言的幽默艺术技巧，在很大程度上是语言修辞手法的综合运用，它不等同于一般意义上的修辞，以造成幽默意境为目的。幽默意境主要由语言的反常组合来体现，即语言组合与其有关知识相违，完全超出人们可以预料的范围。这里介绍几种幽默导游语言的艺术技巧。

（一）语义交叉

语义交叉就是用巧妙的比喻、比拟等手法使表面意义和其所暗示的带有一定双关性的内在意义构成交叉，使人在领悟真正含义后发出会心的微笑。例如，"……明天你们就要回家了，在离别之前，我将带各位去上海外滩拍个纪念照，和上海亲吻一下，不知各位意下如何？"导游用"亲吻"一词将上海人格化了，把这种人与人之间的亲密行为用在这里，也就有了几分幽默。又如，"我们海南岛对客人历来就十分'热'情，即使现在是冬季，也可以热得大家汗流浃背，穿不住西装外套……"用人的"热"情和天气的炎"热"形成交叉，形成幽默意境。

（二）移花接木

移花接木，就是把某种场合中显得十分自然的词语移至另一种迥然不同的场合中，使之与新环境构成超过人正常设想和合理预想的种种矛盾，从而产生幽默效果。例如，一位导游在带旅游者参观四川丰都"鬼城"时解说道："亡魂进入鬼国幽都必须持有'护照'，国籍、身份不明的亡魂是不准入境的。不过，这'护照'是阳间的叫法，在阴间则叫'路引'，以保证在黄泉路上畅通无阻……"这位导游将"护照""入境"这些现代名词移植进来，从而增添讲解的幽默情趣。同样,语言用到不同时代的环境或人物身上,也会取得幽默的效果。例如,河南武侯祠的一位导游在讲解时说:"刘备大小也是个处级干部,还有个侄子在中央工作,诸葛亮草头百姓一个,就是有知识的农民,两次来见你都躲着不见,太过分了。张飞大怒,要烧草堂。你也太猛了,不怕诸葛亮给你小鞋穿。"

(三)正题歪解

幽默不是科学,不是逻辑,而是一种雍容豁达的生活态度,是用巧妙的手段来宣泄情感而又不至于造成伤害的一种方式。歪解的幽默方法最常用于自嘲。有人问一个作家:"你为什么能写那么长的大部头小说?"作家答道:"因为我有失眠症,晚上只好做点文字游戏来解闷。"这是歪解正题,以谐对正。但这种自嘲中透着一种自信,而不是真如作家自己所说得那样一文不值。

歪解作为一种幽默方法,并不神秘,也不深奥,关键是不要死心眼地有一说一、有二说二,谁都可以用它来幽上一默。例如,"你怎么迟到了?""因为时间跑到我前面去了。"这样的幽默,我们不是一样可以制造出来吗?请记住:说咸鸭蛋是盐水煮的,不是幽默;说咸鸭蛋是咸鸭子生的,才是幽默。前者是常理,后者是歪理。俗话说:"理儿不歪,笑话不来。"正题歪解,就是以一种轻松、调侃的态度,对一个问题故意进行主观臆断或歪曲的解释。例如,一批旅游者在游览云南香格里拉碧塔海时,见到沿途参天大树的树枝上挂有许多绿色的植物,就问那是什么。导游幽默地说:"树老了,那些是树的胡须。"过一会儿说:"其实那些是寄生植物——山上特有的草,也是制云南白药的原料之一。"再如,"在日文中有许多中国字和词,但发音方法和说法不一样。中国说千年仙鹤万年龟,日本说万年仙鹤千年龟;中国说贤妻良母,日本说良妻贤母;中国说和平,日本说平和;中国说政法大学,日本说法政大学。为什么呢?大概是日本留学生当年在中国学了词句之后,在乘船回国途中,由于船的颠簸,头脑产生混乱,记颠倒了。"

值得注意的是,导游在讲解时,面对旅游者的提问,用"歪解"调剂一下气氛是可以的,但不能用它作为正式回答客人提问的方法,不然就易陷入油滑而显得敷衍塞责,使旅游者感到不悦。

(四)一语双关

一语双关,就是在特定的语言环境里,利用词语的多义、同音和同形的条件,有意使话语构成双重意义。双关又分谐音双关和语义双关。谐音双关是利用词语的同音或近音条件构成双重意义,使字面意义和实际意义产生分离。语义双关是利用词语的多义性(本义和转义),使语句所表达的内容出现两种不同的解释,彼此之间产生双关。例如,"乾隆微服私访,刘墉、和珅同行。从北京出发,途中路过清河、沙河,晚上住沙河行宫。吃晚饭时边吃边聊天,刘墉问乾隆:'皇上,我们今天过两条河,一条清河,一条沙河,你说哪条河深?'乾隆不假思索地回答:'当然沙河深了。'刘墉马上说:'传皇帝御旨,杀和珅。'吓得和珅尿了裤子,当场跪了下来,乾隆和刘墉大笑。"例中,"沙河深"与"杀和珅"的谐音双关,以语言为纽带,将两个不同的词义连在一起,使人通过联想产生幽默感。

再如,一位导游在陪同一批台湾客人去工艺品商店购物途中,风趣地对客人们说:"那里有许多古代美人的画。如果哪位先生看中了'西施'、'杨贵妃'或'林黛玉',就大胆地说,不要不好意思,她们都会毫不犹豫地'嫁'给你。不过,已经有夫人的可要谨慎一点呀!"例中,"嫁"是语义双关。表面意思是"嫁",其实质意义是"卖"。导游故意将双重意义混为一谈,使人忍俊不禁。

(五)借题发挥

借题发挥,就是指为了活跃气氛,增加情趣,故意把正经话说成俏皮话。例如,一位导游在提醒即将离境的日本旅游者勿忘物品时说:"请大家不要忘记所携带的行李物品,如果忘了的话,我得拎着送到日本去,不需感谢,只向你报销交通费就行了。交通费是够贵啊!"客人大笑之余,会格外注意。著名演讲家海因·雷麦也说过:"用幽默的方式说出严肃的真理,比直截了当地提出更能为人所接受。"马来西亚柔佛市的交通安全标语用亲切幽默的语言向人们宣传安全行车的道理:"阁下,驾驶汽车,时速不超过30千米,可以饱览本市的美丽景色;超过60千米,请到法庭做客;超过80千米,欢迎光临本市设备最好的急救医院;上了100千米,请君安息吧!"

(六)自我解嘲

自我解嘲,是指在遇到无可奈何的情况时,以乐观的态度进行自我解嘲,使人获得精神上的满足,其实也就是"阿Q精神"。一般来说,遇到挑衅性的问话时,用幽默的语言自我解嘲,比直接驳斥会取得更好的效果。例如,旅行车在一段坑坑洼洼的道路上行驶,旅游者中有人抱怨。这时,导游说:"请大家稍微放松一下,我们的汽车正在给大家做身体按摩运动,按摩时间大约为10分钟,不另收费。"引得旅游者哄然大笑起来。这位导游以"苦"中求乐的口吻把一件本来不轻松愉快的事说得痛快淋漓,带来了一种将抱怨情绪邈然化解的笑。再如,车晚点了,旅游者抱怨,导游说:"我给大家讲一笑话,有一天,一位老乘客发现总晚点的列车正点到站,非常高兴,对列车员说今天终于不晚点了,值得祝贺。列车员说,你拉倒吧,这是昨天的车。"

(七)仿拟套用

仿拟套用,是指将现成的词语改动个别词或字,制造一种新的词语,以造成不谐调的矛盾。例如泰国导游的导游词:"各位先生、女士,大家好!我代表泰国政府欢迎大家。"大家发愣时,他半认真、半开玩笑地说:"我现在做的是泰国总理的工作,只不过他在官方我在民间,我们大家都是为了促进泰国与国际大家庭的交往与亲善。导游有民间大使之称,旅游有如此伟大的社会意义,导游有如此伟大的政治意义。"

(八)颠倒语句

颠倒语句,是针对旅游者熟悉的某句格言、口号、定理或概念,用词序颠倒的反常手法,创造出耐人寻味的幽默意味。例如,一个旅行团要去参观长城,但因大雪封山,公路不通,为了使旅游者能如愿以偿地游览长城,导游决定乘火车到八达岭,征得旅游者同意后,他说:"有句名言说,'不到长城非好汉,好汉非得到长城'。今天,我一定要让大家当'好汉'!"导游的话语不仅幽默风趣,而且还透着诚心为旅游者服务的热情。

(九)故意夸饰

故意夸饰,也是常用的幽默语言技巧,是指以事实为基础,为了畅发情意,故意言过其实,使人得到鲜明的印象,而又感到真切。例如,一个旅行团即将结束在青岛的旅游时,导游说:"你们即将离开青岛,青岛留给你们一样难忘的东西,它不在你的拎包里和口袋中,而在你们身上。请想一想,它是什么?"导游停顿了一下,接着说,"它就是你们被晒黑了的皮肤,你们留下了友情,而把青岛的夏天带走了!"话音刚落,他就赢得了热烈的笑声和掌声。"夏天"是不可能带走的,但夏天的阳光把旅游者的皮肤晒黑了,所以这位导游故意强调事物的特征,夸张地说旅游者"把夏天带走了",在富有诗意的想象中制造了幽默感。

(十)讲笑话的技巧

在旅途中,为了活跃气氛,导游常常要给旅游者讲讲笑话。讲笑话既需要一定的天赋,也需要一定的训练和指导,这里介绍几个讲笑话的技巧。

1.抓住时机

把握恰到好处的节奏,引导听众产生强烈的心理期待,特别要注意"抖包袱"的时刻,在故事引人入胜时,掌握速度和节奏,特别是天花乱坠或制造悬念时的停顿时间。速度的掌握,可以从和风细雨到疾风骤雨。要注意引导旅游者强烈的心理期待,然后使他们感到大出所料。

2.夸张模仿

对角色进行夸张模仿,刻画其生动有趣的形象,以引起强烈的共鸣。夸张模仿主要通过声音和动作来进行。通过夸大事物的某些成分,夸张某人的某些特点,再反映出来以掩盖人的常态,突出其荒诞可笑之处。

3.优雅敏捷

把握时机和节奏,注意夸张和模仿,再加上优雅敏捷,讲笑话的人就算具备了基本技巧。讲笑话的简练程度,更能体现一个人的幽默能力。如果他磕磕巴巴、语无伦次、哼哼哈哈,或使用陈腐、粗俗、浮躁、油滑、尖刻的语言进行讲述,只能使人苦笑,才思敏捷、妙语连珠、滔滔不绝,才有笑的魅力。

五、幽默导游语言运用禁忌

幽默风趣是一种难度较大的导游技巧,若运用得好,自然妙趣横生,效果良好;如运用得不妥,则会降低幽默艺术的功效,甚至产生副作用。因此,在运用幽默导游语言时,必须注意以下禁忌。

(一)忌取笑他人

人性中有一种弱点,即大多数人都不愿被当作取笑的对象,尤其是有心理或生理缺陷的人在这方面特别敏感。如果导游能主动把自己作为取笑的对象，那么就能避免踩到他人的"雷区"。幽默来源于对世间事物的洞察，含笑面对人生中的矛盾或冲突，是乐观自信的人实现自我解脱的一种方法。换言之，只有乐观自信的人才会不紧不忙地调侃自己，而且逻辑缜密，自然地流露出自己的内心情感，并能轻松自如地表现出这种内心情感。一位导游给旅游者讲"八仙过海"的故事，为了活跃气氛，当讲到铁拐李长得比较难看时，他说："据说铁拐李是青岛人氏，我与铁拐李是老乡，大家看一看，也许会发现我与铁拐李长得有点像呢。"客人都大笑起来，但这笑并没有降低导游的人格，反而增添了导游讲解的幽默情趣。

(二)忌不合时宜

有道是"出门观天色，进门看脸色"，幽默也要特别注意适合时宜。比如在旅游者心情不佳、极度悲伤或肝火正旺时，不带任何同情心的幽默话或笑话，只能给人以强颜欢笑和幸灾乐祸的感觉。另外，幽默得有一种气氛，或者叫语境，没有气氛，哪怕再有趣的话人们也笑不起来。气氛就是双方情感渠道通畅的结果，心有灵犀，一点就通；一旦不通，幽默可能变成别扭，甚至造成伤害。因此，如果对象比较陌生，还没有到"心有灵犀一点通"的程度时，就要努力营造融洽的气氛。

(三)忌不看对象

幽默要求根据什么对象，说什么品位、类型的幽默话。这就要求导游根据具体对象来运用幽默语，太高级的幽默，程度低的旅游者听了会不知所云；而低级的幽默又会引起高水准旅游者的反感。而且，对某些对象讲的同一幽默话或者笑话效果好，但对另一些对象讲，效果不一定会好。例如，一位导游在介绍杭州是金鱼故乡时，经常附带讲一个《金鱼为什么没有牙齿》的故事：一条小金鱼嘴馋，吃糖太多，而得了牙病，后来请牙科医生虾公公用大钳把牙齿一颗颗拔掉了，因此现在的金鱼都没有牙齿。这故事平时讲给一些旅游者听，效果极佳，但有一次讲给一批旅游者听时，引来的不是笑声而是嘘声，原因是这些旅游者都是牙科医生。

(四)忌自己先笑

清朝有一部专门研究笑的史料笔记《半庵笑政》，其中特别指出，不可"先笑不已"。讲笑话时，不能一边讲一边笑，而是要适当摆出一副庄重的样子，形成一种反差。可以说，幽默的秘诀之一就是与笑声、与谜底的揭示拉开距离，幽默的大敌不仅是"先笑不已"，还包括"后笑不已"。

例如，一位导游在带团时，发现自己带的这个团是由几对夫妻组成的，他首先向旅游者声明自己就要和女朋友结婚了，然后用一种很严肃的态度询问家庭团结的秘诀。旅游者还以为导游是真心讨教，纷纷谈起了自己的体会。最后，这位导游却说："我女朋友教我的方法怎么和大家说的不一样！"旅游者马上问他女朋友如何教的。导游这才"抖包袱"，他故意用背诵语录的口气答旅游者的问题："女朋友要我婚后做到'三从四得'——太太命令要服从，太太外出要跟从，太太说错了要盲从，太太花钱要舍得，太太生日要记得，太太发威要忍得，太太出门要等得。"这个"包袱"抖得既在情理之中，又在意料之外，一段话听得大家开怀大笑。导游却始终保持一副正儿八经的表情，这就更让旅游者觉得好笑了。

（五）忌"黄""黑"幽默

恩格斯说过,幽默是具有智慧、教育和道德上优越感的表现。正常的幽默应该是格调高雅、言行文明、态度乐观、精神健康的。那些以低级趣味为满足的"黄色幽默"和以玩世不恭的态度嘲笑时事、挖苦他人的"黑色幽默",都是幽默的副产品,在幽默导游语言中是不可取的。这就要求导游加强思想修养和道德修养,杜绝"黄色幽默"和"黑色幽默",以崭新的精神风貌面对人生、面对生活、面对旅游者,用健康的幽默语言塑造良好的导游形象。

导游词不管幽默与否,都必须注意提高品位,导游讲解是向国内外旅游者介绍壮丽的中国大地、勤劳的中国人民及其伟大创造;宣传历史悠久的中华文明和各地民族风情;还要宣传我国改革开放以来的伟大成就,以帮助国外旅游者更多地了解中国,也帮助国内旅游者更好地认识祖国和人民。如果为了幽默而不惜诋毁自己的祖国和人民,就会丧失旅游者对你的认同。如果导游在旅游者心中不能树立起良好的形象,就无法将旅游者团结在自己的周围;反之,如果旅游者信任导游,他们就会主动配合导游解决困难,正确对待旅游活动中出现的问题和矛盾,协助导游顺利完成整个导游过程。所以,为旅游者服务,既要有幽默感,又不能流于低级趣味。关键是要把握好"度",切忌"过犹不及"。

（六）忌违反民俗禁忌

优秀的导游在讲解时必须有丰富的内容,能融进各种幽默知识并旁征博引、融会贯通。这样的导游词能吸引旅游者的注意力,满足他们的求知欲,导游也会受到旅游者更多的尊重。如今,很多旅游者对陌生的民族地区充满了好奇和向往,但他们往往对少数民族的礼俗禁忌知之甚少。一个民族的礼俗禁忌代表着这个民族的宗教文化和文明习惯。如果在民族地区的讲解过程中,能巧妙地加上一点民俗幽默,则更易受到旅游者的欢迎,同时,也能够使旅游者在民族地区尽量避免麻烦,减少误会,让旅途更加顺利。但是,在幽默导游语言的运用过程中,千万注意民俗禁忌,尤其是导游词的内容必须准确无误,令人信服,切忌张冠李戴,把不同民族的民俗禁忌相混淆,导致严重的后果。

视频

课件

六、信息链接

常用技巧以外的幽默元素

幽默导游语言除了常用的一些技巧,还可以添加日常生活中的其他传统幽默元素,比如小品、相声和歇后语等等。

1. 小品技巧

讲解可以运用很多小品的技巧,比如学宋丹丹的口吻说:有人花钱吃喝,有人花钱买车,有人花钱按摩,你们花钱陪导游唠嗑。

2. 相声技巧

比如，用对口相声的报菜名方式介绍温州的小吃：鸭舌、薄饼、南瓜饼、炒螺蛳、烤鲫鱼、文成拉面、白蛇烧饼、白象香糕、五味香糕、矮人松糕、灯盏糕、猪油糕、山楂糕、李大同的双炊糕，还有棋子馄饨、寺前馄饨、五彩馄饨、长人馄饨、温州鱼丸、大麦饼……（要一口气很顺溜地说出来才行）

3. 巧用数字规律

按数字的一定规律讲地名、讲菜名、讲祝福语，比如：温州有第一桥、双井巷、三牌坊、四面营、五马街、榴（六）园、七枫巷、八角井、九山湖、虞师（十）里；新昌有江南第一大佛、十里潜溪、百丈岩、千丈幽谷、万马渡；祝大家一路平安、双喜临门、三阳开泰、四季平安、五谷丰登、六六大顺、七星高照、八方来财、九九归一，旅途生活十分美好！

4. 妙用歇后语

歇后语用得好也是很有幽默感的，比如人们常说，"这个人真是和尚打伞——无法（发）无天"，"下雨天出太阳——假情（晴）假义"，等等。歇后语一般只需要讲出前半截，将后半截的解释隐去，让对方自己去体会。

5. 巧用方言

方言指非汉语普通话。对异语进行解释既可弄清原意，也能反映地方特色或异域情调。比如，湖州人讲的"巴泰"（再见）就很有地方特色。再如，一个乡里开会，由于普通话不标准，村主任说："兔子们，虾米们，不要浆瓜，咸菜太贵了。"（同志们，乡民们，不要讲话，现在开会了）主持人说："咸菜请香肠浆瓜。"（现在请乡长讲话）乡长说："兔子们，虾米们，今天的饭狗吃了，大家都吃大王八。"（同志们，乡民们，今天的饭够吃了，大家都吃大碗吧）

6. 巧用歇后语

能用作幽默的歇后语：空中布袋——装疯（装风）。宋江的军师——无用（吴用）。老太婆上鸡窝——笨蛋（奔蛋）。卖草帽的丢扁担——留神（留绳）。哥哥不在家——少来（嫂来）。外甥打灯笼——照旧（照舅）。半两棉花——免谈（免弹）。秃子打伞——无法无天（无发无天）。马店买猪——没那事（没那市）。腊月天气——动手动脚（冻手冻脚）。唐僧的书——一本正经（一本真经）。小碗儿吃饭——靠天（靠添）。肉锅丢进河——昏昏沉沉（荤荤沉沉）。王八肚里插鸡毛——归心似箭（龟心似箭）。寺后有个洞——妙透了（庙透了）。十八个钱放两下——久闻久闻（九文九文）。染房的姑娘不穿白鞋——自然（自染）。屁股后边扎小辫——违法乱纪（尾发乱系）。

7. 巧用笑话和奇闻逸事

（1）不愿起床

早上，妈妈到儿子卧室去催儿子起床。妈妈："快起床，要不然到学校去就要迟到了！"儿子："我不想起床，我不想去学校！"妈妈："为什么不起床？为什么不去学校？你给我说出两个理由！"儿子："那里的孩子不喜欢我，这是其一；那里的老师也不喜欢我，这是其二。为什么要起床？为什么要去学校？你也给我说出两个理由！"妈妈："第一，你今年52岁了！第二，你是校长！"

（2）聪明的商人

有一位聪明的商人，带着两袋大蒜，骑着骆驼，一路跋涉到了遥远的阿拉伯地区。那里的人们从来没有见过大蒜，更想不到世界上还有味道这么好的东西，因此，他们用当地最热情的方式款待了这位聪明的商人,临别时送给他两袋金子作为酬谢。另一位聪明的商人听说了这件事后,不禁为之心动,他想:大葱的味道不是也很好吗? 于是,他带着两袋大葱来到了那地方。那里的人们同样没有见过大葱,甚至觉得大葱的味道比大蒜的味道还要好!他们更加盛情款待了这位商人,并且一致认为,用金子远不能表达他们对这位远道而来的客人的感激之情。经过再三的商讨,他们决定送给这位朋友两袋大蒜!

思考与练习

1.幽默导游语言有哪些作用?

2.幽默导游语言的技巧有哪些?

3.拿到行程单后如何根据行程事先设计幽默的导游词?

第四篇　旅游资源类导游讲解技巧

第十三章　人文景观旅游资源的导游讲解技巧

学习目标

◎ 掌握对中国古代宫殿和宗教类建筑常用的导游讲解方法与技巧；

◎ 能对中国古代建筑旅游景点进行导游讲解；

◎ 能针对中国古典园林不同类型进行导游讲解并且回答旅游者的提问。

人文景观作为人类社会创造的产物，发生在一定的历史时期，与当时的社会有密切的联系，所以旅游者不能脱离历史背景孤立地去欣赏它们。人文景观中包含大量的知识，导游词应该提供一定的知识信息，并且要求准确、严谨。人文景观讲解中，首先要将历史背景、人物生活年代、发生事件等交代清楚，在旅游者对相关问题有了一定了解之后，再进行深入的发挥。在旅游过程中让旅游者感觉到中国文化的博大精深，以及中国传统文化在生活中的具体表现形式，对于国外旅游者有宣传中国文化的功效，对于国内旅游者，则能使其对祖国有更深切的热爱。

一、人文景观旅游资源导游讲解的基本知识

（一）人文景观的定义

凡是由人创造的，与社会实践和文化相联系的景观，都可称为人文景观。我们一般将人文景观分为历史人文景观（以宫殿建筑、古城建筑、陵墓建筑、桥梁建筑、寺庙建筑、古塔建筑、石窟建筑、民居、书院和各类出土文物等为代表）、现代人文景观（以建筑景观、街道景观、商业景观、交通景观、文化景观和主题公园等为代表）和风情人文景观三大类。

（二）人文景观导游词的要求

人文景观主要包括建筑、文物、宗教寺庙类景观及地方概况、风土人情、风物特产、文化艺术等。人文景观导游词一般以传递适量相关的知识为主，绝不能绕过这些知识信息，导游要研究怎样更有效地传递这些知识。但旅游不是学习，导游词的信息量一定要适度，大致以旅游者

不感到有负担和枯燥厌烦为度。导游讲解人文景观时,对讲解内容要进行全面的把握:①要熟悉人文景观所处时代的历史背景和相关知识;②要从对象的具体特征中解读人文景观;③要透过人文景观激活历史文化;④要从与周围环境的相互关系中帮助旅游者领略人文景观;⑤要从体验生活风情中帮助旅游者感受人文景观。

(三)人文景观导游词的内容

1.导游词内容

(1)历史背景:何年何时所建,当时历史条件、社会状况。

(2)景点用途:为何而建。

(3)景点特色:独到之处、建筑结构、布局特点。

(4)景点地位:在国际国内的地位,是否为世界遗产、重点文物保护单位等。

(5)景点价值:历史价值、文物价值、旅游价值、欣赏价值。

(6)名人评论:名流评论如何,从这些评论中得到的启迪等,以此加深对景点的理解。

2.讲解方式

讲解中要遵循引发、融入的基本思路,引导旅游者去感受、欣赏以至消化,要做到重点突出、个性鲜明。表达方式主要有以下三种。

(1)本体阐释,即对景观所蕴含的知识进行必要的、得体的解释。这是导游词中出现频率最高的知识类型。在这种情况下,游览客体本身就是知识源点,要讲解这个客体,就必须涉及相关知识。如寺庙涉及宗教及建筑,文物古迹涉及历史、地理、文学、建筑、风土人情等。

(2)相关引证,即适当援引与游览客体相关的史料、典故、诗文及各种材料,增强说服力。

(3)衍释发挥,即对蕴含在人文景观中的神话传说、民间故事、历史故事、风土人情进行巧妙发挥,增加趣味性。

(四)导游应如何讲解人文景观

1.要交代好景观所处时代的历史人文背景

这样有助于旅游者认识其出现的缘由,理解景观本身,也有助于探寻景观所蕴含的历史文化底蕴。如进入湖南省博物馆参观马王堆汉墓出土文物前,导游可从震惊世界的考古新发现讲起,带领旅游者一起回到2000多年前的那个时代。要读懂人文景观,导游还需向旅游者介绍与景观有关的其他背景知识。如在韶山,导游需熟知毛氏家族、毛泽东家庭背景、毛泽东青少年时代的生活和早期的革命活动等。

2.要交代好人文景观周围的自然背景

从与周围环境的相互关系中帮助旅游者领略人文景观。人文景观并不是孤立的,它总是存在于一定的环境中,尤其是自然环境,因此对于人文景观的欣赏必定离不开它所处的环境。中国的古代建筑常常建在风景优美之处,借助于自然风景来突出建筑的美。中国的许多庙宇建在环境幽静的山林之处,给人以独特的美感和意趣。

3.要解读人文景观的特征

人文景观具有很明显的共性特征:典型的人为性,强烈的历史性,鲜明的地方性和民族性,高度的科学性与知识性。对人文景观的讲解离不开对实物本身及其具体特征的把握,导游要从布局(结构)、功能(作用、用途)、造型(形状)、质地、文饰、色彩,以及与之有关的匾额楹联等方面进行解读。不同类型的景观解读的侧重点也会有差异。出土文物类主要从文物功能、造型、质地、文饰和色彩等方面去把握。书院、楼阁类主要从建筑布局、匾额楹联碑刻、陈列实物等方面进行讲解。城墙类(长城、苗疆边墙等)主要介绍其御敌功能、特殊结构和建筑材料等。名人故居类侧重于整体结构、室内陈列实物、照片等的讲解。

4.要挖掘人文景观的历史文化内涵

人文景观蕴含着丰富的历史文化内涵。导游在讲解中,应通过具体可感的实物,去解读景观背后的历史文化意蕴,去讲述景观背后的故事,还原特定的社会生活方式。人文景观总是在一定的社会历史环境下产生的,它和某种社会生活有密切的联系。比如北京开发的胡同游,用黄包车载着旅游者逛胡同,安排旅游者到四合院做客,受到了国外旅游者的欢迎。这说明老北京人的生活对国外旅游者有很大的吸引力。历史上无论是影响历史进程的重大事件,还是显赫一时的风云人物,都已经随时间的流逝灰飞烟灭,不复存在。但是与之相关的人文景观却作为历史事件的见证得以保留下来。通过这些人文景观可回溯历史,凭吊怀古,获得历史给予的启迪。又如位于湖南凤凰县境内的南方长城,由于年代久远,那些残缺不堪的边墙、残存的碉堡遗址,记载的是曾经的乾嘉苗民起义的烽火和边关岁月。

5.要探寻承载的人类思想与文化

作为文化形态的人文景观表现了人类的各种文化内容,成为文化的凝聚、积累和表征。正是靠着人文景观,各时代、各地区的相当一部分文化才得以保留和显现。人文景观既记录了人类物质文明的成就,也是思想文化的负载,透过它,我们可以探寻那个时代的思想和情感。如岳麓书院承载了"教学相长,惟教学半""经世致用"等古代教育思想;岳阳楼体现了"先天下之忧而忧,后天下之乐而乐"的博大胸怀。通过参观名人故居和纪念馆,如毛泽东故居、沈从文故居等,旅游者可以更好地追忆他们的人生轨迹,触摸他们丰富的内心世界,了解他们不同的家庭生活。

6.要激活人文景观背后的观念与信仰

人文景观总是或隐或现地体现一定社会的价值观念和信仰观念。如马王堆出土的"T"形帛画、黑地彩绘棺上众多的神灵怪兽形象等。这些实物,从不同侧面反映了汉初时神仙思想的丰富内涵。在汉人的神仙思想里,求仙与驱鬼是并行不悖的两个方面。一方面,为祈愿墓主人灵魂升仙,画师们用神来之笔将主宰天宇的烛龙、嫦娥、应龙、蜚廉等天神尽可能地堆砌在有限的画幅之内;另一方面,为驱除厉鬼,保护墓主人的肉体和灵魂,保佑墓主人免遭地狱之火的磨难,超度墓主人的灵魂早升天国,画师们巧妙地将主宰大地的太一神、土伯和专司驱逐鬼疫的"方相氏"等地神描绘在黑地漆棺和帛画上。很显然,通过这些画面,旅游者能感受到西汉初期人们虔诚的神仙信仰。

7.要有鲜明的讲解主题

导游在讲解人文景观时,要掌握与景点有关的故事,追求故事化,善于讲故事,编织故事情节,以求产生艺术感染力,努力避免平淡、枯燥无味、就事论事的讲解方法。

8.要善于挖掘人文景观中的细节

好的细节,能凸显主题,起到震撼旅游者心灵的效果。比如北京故宫,是明清两朝皇帝的宫廷,占地面积72万平方米,建筑面积15万平方米,有房屋9000多间。北京故宫最著名的建筑三大殿,即太和殿、中和殿和保和殿。北京故宫可分为前后两个部分:前部分称"外朝",是皇帝举行隆重典礼和发布命令的地方;后部分是"内廷",主要建筑有乾清宫、交泰殿、坤宁宫和御花园。沈阳故宫是全国保存至今的清代最早的宫殿建筑群。

9.要巧用多种讲解方法

为使讲解更富感染力,导游要还须讲究导游讲解的方法。优秀的导游能针对讲解内容,并结合不同旅游者的需求特点,灵活运用各种导游讲解方法,或解惑释疑,创造悬念,引人入胜;或编织故事情节,虚实结合,启发想象,情景交融;或采用问答,注重双向交流与沟通,尽可能调动旅游者参与到讲解当中来,让不同旅游者的合理需求得到满足。讲解人文景观时经常运用的讲解方法主要有分段讲解法、突出重点法、虚实结合法、问答法、制造悬念法、类比法、知识渗透法、引用法等。

二、中国古代建筑旅游资源导游讲解的基本知识

(一)中国古代建筑的基本特征

中国古代建筑中用来衬托主体建筑的各种附属建筑物,如宫殿、坛庙等建筑群门前的"阙",桥两端的华表,各种牌楼、影壁、石狮等,都为建筑物增添了丰富的艺术感染力。"高基座、木构架、大屋顶",是对中国古代建筑单体外形特点的概括。中国古代对称木构架建筑有三种不同的结构方式:抬梁式、穿斗式和井干式。其中抬梁式使用范围较广,多为皇家建筑群选用,因此在三者中居于首位,成为中国木构架建筑的代表。

中国的木构架建筑远在原始社会末期已经开始萌芽,经过奴隶社会,到封建社会基本形成了一个独立的建筑体系。在漫长的封建社会里,由于各朝各代劳动人民的不断努力,建筑单体、建筑组群和建筑艺术等方面日臻成熟,最终形成了一个完美的、无可替代的建筑体系,并作为整个东方古代建筑体系的代表傲立于世界各民族面前。

(二)中国古代建筑的分类

纵观中国传统建筑发展史,中国古代建筑从建筑功能上大体可分为以下十种类型。

(1)宫廷府第建筑,如皇宫、衙署、殿堂等。

(2)防御守卫建筑,如城墙、城楼、堞楼、村堡、关隘等。

(3)纪念性和点缀性建筑,如钟楼、鼓楼、牌坊等。

(4)陵墓建筑,如石阙、石坊、崖墓、祭台等。

(5)园囿建筑,如御园、宫苑、花园、别墅等。

（6）祭祀性建筑，如文庙、武庙等。

（7）桥梁及水利建筑，如石桥、木桥、堤坝等。

（8）民居建筑，如窑洞、茅屋、庭堂、院落等。

（9）宗教建筑，如寺、庙、观、堂等。

（10）娱乐性建筑，如乐楼、舞楼、戏台、露台等。

（三）导游应如何讲解中国古代建筑景观

中国古代建筑的主流是木结构，在平面布局方面具有鲜明的特点，以"间"为单位构成单体建筑，再以单体建筑组成庭院，进而以庭院为单元，组成各种形式的组群。导游讲解中国古代建筑景观要注意以下几点。

1.要分清主次，讲究中轴对称

中国古代建筑的布局形式有严格的方向性，常为南北向，有少数建筑受地形限制，或是受阴阳五行风水思想影响而改变方向。中国古代建筑多采用中轴对称形式修建，纵轴为主，横轴为辅。一般沿中轴线游览，主要的建筑内容就都能看到了；对建筑物的游览，在它的功能上要分清主次。

2.要抓住建筑的风格特色

中国古代风水术，是围绕阴阳和合而做文章的。为了保证阴阳和合，建筑的规模就不能太大，建筑的高度也不需要太高。从北京故宫的建筑名称中就可以看出来，如前三殿太和、中和、保和，如后三宫乾清、交泰、坤宁，如颐和园，其名称意义都象征着阴阳和合。

3.从地域性、时代性和民族性讲解其特点

中国古代建筑是各地区、各民族传统文化在不同时代的真实载体，具有很强的地域性、民族性和时代性，是人们了解各地区、各民族文化及其发展的一个重要侧面。不同时代、不同地区、不同民族的建筑呈现不同的特色。例如，不同的地方彩画虽多出现于梁枋、斗拱、天花、藻井等构件上，构图与构件形状紧密结合，但其图案、色彩、绘制手法等也会呈现不同的地方或时代特色。

4.从实用性和艺术性讲解其功能

中国古代的主流建筑是为现世的人建造的，如帝王的宫殿、苑囿，政府衙署与各种不同等级的住宅。讲解时应主要从实用性、功能性和艺术性来表现不同内容。不同类型古建筑、同一类型不同时代古建筑，其特征的表现方式不尽相同，在进行导游讲解时须准确表达。

5.从虚拟性和实体性讲解其风格

中国古代建筑灵活便利的木框架结构，更易于创造灵活多变的空间；所用的可再生且不会造成污染的木材等主要建筑材料，具有环保性；建筑物的两山与北面是厚重的墙，而对着庭院的正面是轻盈的门窗格栅，房屋的进深十分适中，这样的格局，既阻挡了西北风的侵袭，也接纳了充足的阳光与空气，还用坡屋顶防止了夏日的暴晒，都充分体现了古人的理性与智慧。

三、中国古代宫殿及宗教建筑类旅游资源的导游讲解技巧

(一)中国古代宫殿建筑

在各国的文化旅游中,宫殿建筑群、礼制建筑群和宗教建筑群都是重要的文化旅游景观,是旅游者的必到之处。其中,宫殿建筑群尤其受到旅游者的青睐。这是因为历代帝王的宫殿都是代表一个时代最高等级的建筑,是集国家的财力与国内能工巧匠的智慧的产物,最能体现一定历史时期的科学、技术及文化艺术的最高水平。宫殿建筑的规模与布局自古有着严格的规制,这些规制充分体现了特定历史时期占统治地位的社会思想。宫殿是稀世珍宝的收藏地,所藏珍宝大多是非常有价值和吸引力的文物。宫殿还是重大历史事件的策源地或发生地,因此,宫殿建筑群也是人们了解历史、研究历史的最佳载体之一。我国宫殿建筑特点主要表现在如下几个方面。

1.宫殿陈设

宫殿内部陈设的特征是硕大的斗拱,金黄色的琉璃瓦铺顶,绚丽的彩画,高大的盘龙金柱,雕镂细腻的天花藻井,汉白玉台基,栏板,梁柱,以及周围的各种建筑小品等,用以显示宫殿的豪华富贵。宫殿外部陈设包括华表、石狮、日晷、铜鹤等。

2.中轴对称

严格的中轴对称是中国正规建筑组群的传统,皇家建筑尤其如此,就连本应自然、随意的园林,在宫殿区依然可以看到这种布局形式。在庞大的宫殿建筑群中,可能会出现几条平行并列的纵向轴线,但宫殿的主体建筑必须布局在中央轴线上,构成九进深的庭院结构。

3.左祖右社

这本是古代都城的布局规制,即祭祀祖先的庙宇建在皇城外的东边,祭祀土神、谷神的祭坛建在皇城外的西边。明朝永乐皇帝朱棣在营建皇宫时,把祖庙与社稷建在皇城内,位于宫城前方的中轴线两侧。

4.三朝五门

根据内容的不同,帝王朝事活动分别在不同规模的殿堂内举行,因而自古就确立了三种朝事活动的殿堂,名为三朝制。所谓五门制,就是在举行大型朝事活动的宫殿庭院前,沿中轴线以五道门及辅助建筑构成四座庭院,作为大朝宫殿前的前导空间。这五道门由内向外依次称为朝门、宫门、宫城前导门、皇城门和皇城前导门。

5.前朝后寝

中国古代宫殿是帝王处理国家大事与日常生活的地方。这两种不同行为的活动空间,在宫殿建筑组群布局中有着严格的规定。前朝后寝就是这种布局的规制。用于各种朝会的建筑位于整座建筑群的前部,称为前朝;帝、后及其子女们生活起居的建筑位于后部,称为后寝。

(二)中国古代宗教建筑

1. 佛教建筑

寺庙、佛塔、石窟被称为佛教三大建筑。

(1)寺庙。汉传佛教佛寺的建筑特征是以木构架结构为主,梁柱交错,斗拱支撑,人字形两面坡屋顶,上铺青瓦、琉璃瓦或鎏金铜瓦,特征是有出头的柱头斗拱。藏传佛教佛寺,佛殿高,经堂大,建筑物因山势而筑。南传佛教佛寺的特点是以佛殿为主体,佛殿以外有经堂和佛塔,布局不一定中轴对称,僧舍一般在佛殿的后面。实例介绍:汉传佛教佛寺有河南白马寺、少林寺,福建福州华林寺,山西五台山南禅寺、五台山佛光寺、平遥双林寺,江苏苏州寒山寺、扬州大明寺,浙江杭州灵隐寺,山东济南灵岩寺,上海龙华寺等;藏传佛寺有西藏拉萨大昭寺,北京雍和宫等;南传佛教佛寺有云南西双版纳的曼阁佛寺、潞西的菩提寺等。

(2)佛塔。佛塔起源于印度,公元1世纪前后随佛教传入中国。中国佛塔在类型上大致可分为汉传佛教的楼阁式塔、密檐塔、单层塔和金刚宝座塔,藏传佛教的喇嘛塔,以及南传佛教的佛塔等。楼阁式塔,如山西应县木塔,建于辽清宁二年(1056),是国内现存最古老、最完整的木塔,西安大雁塔始建于唐永徽三年(652);密檐塔、单层塔,多为墓塔,有时在其中供奉佛像,济南神通寺四门塔位于济南市历城区;金刚宝座塔,如北京大正觉寺塔位于北京西直门外五塔寺;喇嘛塔,主要分布在西藏、内蒙古地区;南传佛教佛塔主要分布于云南傣族地区。

(3)石窟。石窟实际上是僧房,是教徒们集会、诵经、修行的地方。中国的石窟主要用来供奉佛和菩萨,主要有甘肃敦煌的莫高窟、天水的麦积山石窟,山西大同的云冈石窟,河南洛阳的龙门石窟等。

2. 道教建筑

主要有山西芮城县永乐宫,四川成都青城山古常道观,山东青岛市崂山太清宫,湖北武当山紫霄宫,江西龙虎山正一观,北京白云观,湖南衡山南岳庙等。

3. 伊斯兰教建筑

一般由山大门、礼拜殿、唤醒楼、浴室、教长室、古兰经学校等建筑组成。礼拜殿一定要坐西朝东。实例有新疆喀什艾提尕尔清真寺、阿巴和加陵墓,北京牛街清真寺,福建泉州清真寺等。

4. 基督教建筑

建于明万历八年(1580)的澳门圣保罗教堂,俗称"大三巴的残壁",是中国现存最早的西洋建筑遗迹;哈尔滨圣·索菲亚教堂是远东地区最大的东正教堂。

(三)中国古代陵墓建筑

中国古代陵墓是一种礼仪性纪念建筑。明清陵墓艺术形象最突出,手法最成熟。主要表现在:集中修建,注重环境效果;每个陵正对一座山峰,将自然的山陵组织到人造的陵墓建筑中,增加了建筑艺术形象的内涵;特别注重前导部分的序列处理;陵墓建筑整齐对称,造型严谨,特别是明楼宝城,形如城堡,坚实有力,富有纪念意义。

帝王陵墓建筑包括埋葬帝王、后妃的坟墓和祭祀建筑群。比如:昭陵,是唐太宗李世民的陵墓;乾陵,乃唐高宗李治和女皇帝武则天的合葬墓陵;明十三陵,规模最大、最宏伟的是长陵和定陵;清东陵,共 15 座陵墓,是我国现存陵墓建筑中规模最宏大、建筑体系最完整的皇家陵寝,埋葬着顺治、康熙、乾隆、咸丰、同治 5 位皇帝,15 位皇后,136 位嫔妃,3 位阿哥,2 位公主,其中以定东陵(慈禧)和裕陵(乾隆)最为考究。

(四)中国古代宫殿及宗教建筑景观的导游讲解技巧

一要掌握相关宫殿及宗教建筑的知识,如建筑布局、建筑功能、宗教起源、宗教人物、节日仪式等。

二要适当了解相关的艺术形式,如建筑艺术、雕塑艺术、音乐艺术、绘画艺术、文学艺术等。

三要熟悉重要宗教政策,尊重其教义。中国的宗教政策有严格的规定,并有专门的法律法规,导游要在尊重宗教教义的前提下进行讲解。

四要掌握并灵活运用宫殿及宗教类建筑景观的导游讲解方法和技巧。要强化知识基础性;注重讲解的通俗性;做好充分的准备,有针对性地进行讲解;突出景物的思想特征等。

四、中国古典园林类旅游资源的导游讲解技巧

园林是人类创造的融自然与人文于一体的艺术环境。它是在一定空间内,由山、水、动植物和建筑物等共同组成的一个有机综合的自然整体,因此园林是一种空间艺术,是自然美与古典美的高度统一,园林的形成、演化和发展,无论国内外哪种类型,都有从功能型逐渐向艺术型的转化过程。现代园林由于它的公用特点,一般只具有供人们休憩、游乐和娱乐的功能。然而,古代园林都具有私有性,除上述功能,往往还具有供人居住、学习,以及进行社交活动的功能。

(一)中国古典园林的基本构成要素

中国古典园林的基本构成要素有筑山、理水、植物、动物、建筑、匾额、楹联、刻石、书画。园林建筑体系包括厅、堂、馆、亭、台、楼、阁、轩、榭、舫、廊、桥等等。

(二)中国古典园林的分类方法及皇家园林、江南园林的特征

1. 中国古典园林的分类

春秋战国时期,中国式的自然山水园林已经萌芽,园林的组成要素初步具备。中国园林的类型,按地理位置划分为北方园林、江南园林和岭南园林等;按所属性质分为皇家园林、私家园林、寺观园林、公共园林。

皇家园林有避暑山庄、颐和园、西苑、圆明园。私家园林有拙政园、留园、网师园、寄畅园、个园、余荫山房。寺观园林有潭柘寺、白云观等。它一般有三种形式:一是城市中寺观本身按园林布置;二是在城市寺观旁附设园林;三是在风光优美的自然山水中建寺观。公共园林有杭州西湖、扬州瘦西湖和武汉东湖等。

2.皇家园林的特征

皇家园林一般都选在有真山真水、风景优美的郊区,其建筑单体规模要保持皇家宫殿的规制,因此无论是园林整体的规模还是建筑单体的规模都是最大的。皇家园林台基、墙体、屋顶都很厚实。同时,在色彩上保持着皇家建筑特有的风格。尽管有些园中园是整体仿造的江南园林,但在建筑景观外貌和色彩上,还是保留着皇家园林的特色。

皇家园林多在山地高处建阁,以利于登高望远,所以大空间显得比较开阔宽敞。然而,政务区和生活区,又分成若干小而封闭的庭院,全园厅堂、楼阁、轩、榭、舫等门窗齐备,小空间依然保持封闭的特色。

3.江南园林的特征

个性鲜明是江南园林的第一大特征。虽然都是住宅的延续与扩展,然而构园因地制宜,风格因人而异,或以水面取胜,如身置江湖之上;或以山石取胜,如入幽谷之中;或以林木取胜,如漫步在森林之中;或以花卉取胜,如置花海之中。

小巧别致是江南园林的第二大特征。江南园林的小巧别致首先体现在全园布局上,多以水面居中,将各种景物环水而布,以弯曲的小路将景物彼此衔接,以曲折的小桥沟通面积不大的水池两岸,或以景致各异的层层院落相串,在方寸之地创造景随步异、观之不尽的景致;其次体现在造园要素上,山、石、建筑体量均小,而且造型别致。飞檐翘角给人以轻盈欲升的感觉,消除了空间狭窄给人带来的心理压抑感。建筑与器物上的精致雕刻与曲线形的围墙脊又创造了几分活泼欢快的气氛。

色彩朴素、高洁、淡雅是江南园林的第三大特征。为了满足人们在炎热气候中寻找清凉环境的心理需求,江南园林多用白色的墙、黑灰色的瓦和门窗框、栗色的梁柱。

(三)中国古典园林的基本艺术特征

1.崇尚自然

中国古典园林在山水景观的设计与营造上以自然的本原为依据。山景要有峰、谷、洞、石,而这四种地貌形态在组合、结构上要逼真。水景要有溪、瀑、湖,溪、湖形状要自然,沿岸要曲折而不平直,开暗河以通活水,保持水面的洁净与清新,种荷花以追求荷塘月色之自然美,等等。

2.写意手法

写意园林这个概念可以追溯到东晋、唐宋年间。当时的文艺思潮是崇尚自然,出现了山水诗、山水画和山水游记。园林创作也发生了转折,从以建筑为主体转向以自然山水为主体。

3.讲求意境

中国古典园林是一门经营空间的艺术,即以有限的空间来表达无限的意境美。园林意境的表现手法:一是运用延伸空间和虚复空间的特殊手法,组织空间、扩大空间,强化园林景深,丰富美的感受;二是常用写意、比拟和联想等手法,使意境更为深邃;三是常运用匾额、楹联、诗文、碑刻等形式来点景、立意。在全园的景致营造与物种选择、搭配上,追求顺应自然界的客观规律,不求整齐,但求意境。比如,松柏寓意长寿;兰竹象征人品、气节的清逸和高洁；莲花寓意出淤泥而不染的高尚品质；牡丹、玉兰、桂花隐喻荣华富贵等。

4. 巧于借景

借景是中国园林艺术的传统手法，即有意识地把园外的景物"借"到园内视线范围中来。其方法通常有开辟赏景透视线，去除障碍物；提升视景点的高度，突破园林的界限；借虚景等。一座园林的面积和空间有限，为了扩展景物的深度和广度，丰富游赏的内容，除了运用多样统一、迂回曲折等造园手法，造园者还常常运用借景的手法，收无限于有限之中。可借作景物的有山水、动植物、建筑、人、天文气象等等。如北京颐和园的"湖山真意"，远借西山为背景，近借玉泉山，在夕阳西下、落霞满天时赏景，景象曼妙。

（四）中国古典园林的主要造景手法

中国古典园林的主要选景手法有借景、对景、抑景、添景、夹景、框景、漏景、透景等。其中，借景，有近借、远借、邻借、互借、仰借、俯借、应时而借之分；对景，是指在园林中景点与景点之间相互观赏与烘托的构景手法，有正对、互对之分；抑景，又叫障景，是指在园林造景中将最好的景色藏在后面，先藏后露、欲扬先抑的构景手法，追求"山重水复疑无路，柳暗花明又一村"的效果；添景，是指在无际的远景当中增添中景与近景的构景手法；夹景，是指左右两侧前景起隐蔽作用的构景手法；框景，是指利用门框、窗框、树框、山洞等，有选择地摄取优美景色的构景手法；漏景，是指在园林的围墙上，或走廊一侧或两侧的墙上设漏窗以赏景的构景手法；透景，是指园林中视线透过稀疏的遮挡，朦胧觉察风景的构景手法。

（五）中西古典园林的差异

在中国古典园林里，不规则的平面中自然的山水是景观构图的主体，而形式各异的各类建筑则为观赏和营造文化品位而设，植物配合着山水自由布置，道路回环曲折，达到一种自然环境、审美情趣与美的理想水乳交融的境界，既"可望可行"，又"可游可居"。中国古典园林是富有自然山水情调的园林艺术空间。

西方古典园林以法国的规整式园林为代表，崇尚开放，流行整齐、对称的几何图形格局，通过人工美以表现人对自然的控制和改造，显示人为的力量。它一般呈具有中轴线的几何格局：地毯式的花圃草地、笔直的林荫路、整齐的水池、华丽的喷泉和雕像、排成行的树木（或修剪成一定造型的绿篱）、壮丽的建筑物等等。这些布局反映了当时西方的封建统治意识，满足了西方统治阶级追求排场或举行盛大宴会、舞会的需要。其最有代表性的是巴黎的凡尔赛宫。

中西古典园林主要有以下几方面的差异。

1. 人工美与自然美

西方古典园林所体现的是人工美，不仅布局对称、规则、严谨，就连花草都修整得方方正正，从而呈现出一种几何图案美。从现象上看，西方造园主要是立足于用人工方法改变自然状态。中国园林则完全不同，山环水抱，曲折蜿蜒，不仅花草树木任自然之原貌，即便是人工建筑也尽量顺应自然而参差错落，力求与自然融合，"虽由人作，宛自天开"。

2.艺术形态

中国古典园林的象征手法,无论是山石,或是水池,或是花木的选择培植,总是有意识地构筑艺术形态。西方古典园林比较讲究规则、对称,如人工操纵水源组成的喷泉,或是草坪,都具有明显的几何图形的艺术形态。

3.发展路线

纵观发展轨迹,西方造园艺术虽然风格多变,但总体上一直是规则几何型,崇尚理性主义,以形式的先验的和谐为美的本质;西方古典园林的主流表现了以人为中心、以人力胜自然的思想理念。

与西方不同的是,中国古典园林自生成以来,沿着"崇尚自然"的道路不断发展、完善,形成了自然写意山水园的独特风格,体现了人与自然的和谐、协调。

4.明晰与含混

西方古典园林主从分明,重点突出,各部分关系明确,边界和空间范围一目了然,空间序列段落分明,给人以秩序井然和清晰明确的印象。

中国造园讲究的是含蓄、虚幻,追求言外之意、弦外之音,使人置身其内有扑朔迷离和不可穷尽的幻觉,这是中国人的审美习惯和观念使然。中国古典园林的造景借鉴诗词、绘画,以求得大中见小、小中见大,虚中有实、实中有虚,或藏或露、或浅或深,从而把许多全然对立的因素交织融会,浑然一体。

(六)中国古典园林景观的导游讲解技巧

1.从园林法则讲解构景特点

中国古典园林风格没有固定的模式,主要是追求三境统一的个性风格,三境即生境、画境、意境。根据中国古典园林的特征,人们称之为再现自然山水式园林。诗画在园林艺术中的主要作用是促使景象升华到精神的高度。

2.从文化内涵讲解特色

选择重点讲解诗、文、书画、音乐等学问;讲解园林的美学特征;适当让旅游者自己感悟,引而不发;从动静结合中讲解审美情趣;抓住园林的文化主题。

3.讲解古典园林的艺术特征

中国古典园林是一种由文人、画家、造园匠师创造出来的自然山水式园林,追求天然之趣是中国造园艺术的基本特征。中国古典园林的特征是本于自然、高于自然,是建筑美与自然美的融合,是诗画的情趣、意境的蕴含等,导游讲解要突出中国古典园林的艺术特征。

4.从中西古典园林的区别讲差异

导游讲解要突出在漫长的文化发展过程中,中西古典园林因不同的历史背景和文化传统而形成的迥异的风格。

5.突出园林中的生态理念

中国古典园林的思想是讲究天人合一,讲究叠山理水,讲究顺应自然,导游讲解要突出园林中的生态理念。

五、中国古代工程建筑类旅游资源的导游讲解技巧

(一)中国古代桥梁工程构筑

中国古代桥梁按特征分类,可分为拱桥、梁桥、浮桥、索桥、悬臂桥等。

(1)拱桥,在我国桥梁史上出现较晚,但一经采用,便快速发展,成为古桥中最富有生命力的一种桥型。拱桥分为联拱式与单拱式,单拱式桥亦可分为敞肩式与实肩式等。

(2)梁桥,又称平桥、跨空梁桥,是应用得最为普遍的一种桥,在历史上也较其他桥形出现得早。在福建泉州建造的万安桥,也称洛阳桥,是世界上保存着的最长、工程最艰巨的石梁桥,花费6年的时间才建成,全长1188米,宽5米,有31个桥墩,共47孔。

(3)浮桥,又称舟桥,因其架设便易,常用于军事目的,故也称"战桥"。浮桥两岸多设柱桩或铁牛、铁山、石囷、石狮等以系缆。

(4)索桥,也称吊桥、悬索桥等,是用竹索或藤索、铁索等为骨干相拼悬吊起的大桥。多建于水流急、不易做桥墩的陡岸险谷,主要见于西南地区。建于清代1705年大渡河上的泸定桥跨长达100米,是世界上最为古老的铁索桥之一。

(5)悬臂桥,是梁桥的一种变格。这种桥的梁不仅支持在桥墩上,还挑出两墩之外,因此梁的长度超出桥的跨度。因挑出部分的梁,像是两只臂膀悬在墩外,故名悬臂桥。我国古代很早便有这种桥。

(二)中国古代水利工程构筑

中国古代水利工程一般可分为三种类型:灌溉及生活用水工程、运河工程、堤塘工程。

灌溉及生活用水工程有四川都江堰、陕西郑白渠、宁夏古灌渠等。其中,都江堰是现存世界历史最长的无坝引水工程,始建于秦昭王末年,由秦蜀守李冰主持兴建。运河工程主要有京杭大运河。京杭大运河从公元前486年始凿,1293年全线通航。京杭大运河经历了三次较大的兴修过程,第一次是在公元前5世纪的春秋末期,长169千米,把长江水引入淮河,成为大运河最早修建的一段;第二次是在608年,从洛阳经山东临清至河北涿郡(今北京西南),长约1000千米的永济渠,洛阳与杭州之间全长1700多千米的河道可以直通船舶;第三次是在13世纪末元朝定都北京后。京杭大运河全长1747千米,从北京至杭州,流经河北、山东、江苏、浙江四省及北京、天津两市,沟通海河、黄河、淮河、长江、钱塘江五大河流。堤塘工程有安丰塘、钱塘江古海塘等。其中,安丰塘在古时候被誉为"天下第一塘"。

(三)中国古代军事构筑

军事构筑是指在军事上使用的军事工程建筑物和军事工程构筑物,军事工程建筑物,指供军队进行作战、训练、执勤、生活或者其他活动的建筑物,如训练场、试验场等。军事工程构筑物,指为军事需要而构筑的,一般不直接供军队进行作战、训练、执勤和生活等活动的建筑物,如地下通道、输水管道等。在中国古代县城的建设中,还有军事城、军粮城、战城

等,都是防御工程。此外,每建设一座城市,都建有城墙、城楼、堞楼、敌台、硬楼、软楼、马面、瓮城、望火楼、鼓楼等。以下介绍城墙、要塞、长城、烽火台等军事构筑。

1. 城墙

中国古代军事防御设施,由墙体和其他辅助军事设施构成军事防线。城墙的含义,根据其功能有广义和狭义之分。广义的城墙分为两类,一类为构成长城的主体,另一类属于城市(城)防御建筑,由墙体和附属设施构成封闭区域。狭义的城墙指由墙体和附属设施构成的城市封闭型区域。封闭区域内为城内,封闭区域外为城外。城墙包括一切城市(京师、王城、郡、州、府、县)的内、外城垣。中国原始长度、现存长度及规模最大的城墙为南京明城墙(京师),保存较为完整的城墙有西安城墙、平遥城墙、荆州城墙、兴城城墙、开封城墙等。

2. 要塞

要塞是指险要的关隘,亦作要隘,常出现在边城的要害,是一种特别加固且固定的军事设施,这种设施不但提供防御,而且还给防御者提供射击要塞周围地区的条件。要塞主要是一种混合了城堡、宫殿和要塞的建筑结构,此后这三种建筑便开始分化,而最初的要塞往往是特别加固的城市。中国著名的要塞有阳关、玉门关、潼关、函谷关、襄阳、山海关、嘉峪关等。

3. 长城

长城,又称"万里长城",是中国古代的军事防御工程,主要分布在河北、北京、天津、山西、陕西、甘肃、内蒙古、黑龙江、吉林、辽宁、山东、河南、青海、宁夏、新疆等15个省区市。长城源于春秋战国时期列国争霸,互相防守,著名典故有"烽火戏诸侯"。秦国灭六国统一天下后,秦始皇为防匈奴,连接和修缮长城,始有"万里长城"之称。著名的有八达岭长城、嘉峪关长城等。

4. 烽火台

烽火台又称烽燧,俗称烽堠、烟墩、墩台,是古时用于点燃烟火传递重要消息的高台,是中国古代重要的军事防御设施,是为防止敌人入侵而建的,遇有敌情发生,则白天施烟,夜间点火,台台相连,传递消息,是最古老但行之有效的消息传递方式。比如,八达岭长城总共有1316座烽火台。

(四)中国古代工程建筑景观的导游讲解技巧

1. 要突出中国古代工程建筑类的特殊功能

例如,导游在讲解水利工程时要强调中国是一个农业大国,水利是农业生产的命脉,历代统治者也都非常重视水利工程的建设,在大大小小的水利工程中,最为著名的有它山堰、郑国渠、灵渠和都江堰,它们被合称为中国古代四大水利工程。再如,中国大部分建筑、大多数城池是从军事防御的角度出发修建的。如望楼、门楼望孔、炮台、角楼等,还有长城、关门、烽火台、狼烟台、便门、马道、垛口等,都是军事防御性的设施。

2. 要介绍中国古代工程建筑类的艺术特征

比如,导游在讲解桥梁时要介绍其结构及外观形式划分。例如,赵州桥,是中国现存年代最早的单孔石拱桥,桥体饰纹雕刻精细;北京卢沟桥,望柱石狮加上桥头戗狮和四根华表上的石狮,共计 501 只;泉州安平桥是梁桥的代表,桥的两旁置有形式古朴的石塔和石雕佛像,其栏杆柱头还雕刻着惟妙惟肖的雌雄石狮与护桥将军石像,手法夸张,雕刻别致。讲解时要突出著名桥梁的艺术特征。

3.要讲解中国古代工程建筑类的历史价值

例如,西安古城墙,是西安最经典的建筑地标之一,至今已有 640 多年的历史,有着深厚文化底蕴,深深吸引着各地游人。再如,南京明城墙,"回听六百沧桑史,多少枭雄瓦砾中"。不上城墙不知道城墙的雄伟,站在明城墙脚下往上看时便可感受到这项工程的巨大,不得不感叹于古代建造者的伟大,人们从中可以尽情感受南京深厚的历史气息和文化底蕴。

4.要突出中国古代工程建筑类的旅游价值

例如,葫芦岛是山海关外第一市,素有"北京后花园"之称。她不但有迷人的滨海风景、原生态的细腻沙滩,让人流连忘返;更有几百年历史的宁远古城风貌,讲述着边疆旧事。小小葫芦岛,不仅是航天英雄杨利伟的故乡,也带给诸多游人安宁、清闲的美好回忆。

六、中国古代居住建筑类旅游资源的导游讲解技巧

(一)中国古代居住建筑结构的类型

中国古代居住建筑结构分为抬梁式、穿斗式、干栏式、砖墙承重式、土楼、碉楼等类型。

(1)木构抬梁、穿斗与混合式,抬梁式以北京四合院正房为代表,南方多用穿斗式,皖南、江浙、江西一带多采用抬梁和穿斗的混合式。

(2)竹木构干栏式,也称吊脚楼,主要分布在广西、海南、贵州、四川等少数民族居住地。

(3)砖墙承重式,主要分布在山西、河北、河南、陕西等地。

(4)土楼,主要分布在福建、广东和江西南部等山区。

(5)碉楼,主要分布在青藏高原一带。

(6)其他类型,有窑洞、毡包、帽形屋、船形屋。

(二)中国古代居住建筑的类型

从古至今,居住建筑是分布最广、数量最多的一种建筑类型。中国古代许多建筑结构和装饰艺术都是从居住建筑中产生和演变而来的,当部分建筑制式和装饰形式被官式建筑采用后,民间建筑将被限制使用,于是就有了官式建筑和民间建筑的区分。中国地域广阔,民族众多,中国人民在不同环境、气候、地域和风土之下,凭借自己的聪明才智因地制宜、因材致用地创造出了风格各异、独具特色、结构合理的住宅建筑。

乡土民居主要有晋陕民居;徽州民居,以安徽、江西、浙江交界地区的封火山墙或马头山墙为特色;江浙民居,以白墙灰瓦和栗色的门窗装修为特色;湘赣民居;湘西民居;福建民居;白族民居等。

官僚府第、地主庄园,主要有三类居住建筑:一为官居;二为富商豪宅;三为地主的庄

园。实例有孔府、乔家大院等。

(三)中国古代居住建筑屋顶的类型

在中国古代,建筑屋顶不仅有功能性,还是等级的象征,按等级划分如下:第一位,重檐庑殿顶,用于重要的佛殿、皇宫的主殿,象征尊贵。第二位,重檐歇山顶,常见于宫殿、园林、坛庙式建筑。第三位,单檐庑殿顶。第四位,单檐歇山顶。第五位,悬山顶,用于民居、神橱、神库。第六位,硬山顶,用于民居。第七位,用于卷棚顶。除上述几种屋顶,还有扇面顶、万字顶、盝顶、勾连搭顶、十字顶、穹隆顶、圆券顶、平顶、单坡顶、灰背顶等特殊的形式。此外,还有一些民间建筑无等级,如攒尖顶的亭台楼阁。

中国古代居住建筑屋顶的类型主要有硬山、悬山、攒尖、歇山、庑殿等五种,根据建筑等级要求分别选用。每种屋顶又有单檐与重檐、起脊与卷棚的区别。个别建筑也有采用叠顶、盝顶、十字脊歇山顶及拱顶;南方民居的硬山屋顶多采用高于屋面的封火山墙。其中庑殿顶、歇山顶、攒尖顶又分为单檐(一个屋檐)和重檐(两个或两个以上屋檐)两种,歇山顶、悬山顶、硬山顶可衍生出卷棚顶。

(四)中国古代居住建筑的结构框架

中国古代居住建筑的承重部分为框架结构,主要包括梁、柱、檩、椽、枋等。关于中国古代建筑各承重部分的名称,有不同的说法。一般来说,如果以横向的屋脊为 x 轴,以房屋进深方向为 y 轴,以垂直的立柱方向为 z 轴的话: z 轴方向的圆木为柱; y 轴方向的圆木或方木为梁,梁由下至上层层重叠,逐渐缩短,最下方的长梁落在柱头上或通过斗拱落在柱头上,上下每层梁之间由短柱支撑形成梁架; x 轴方向的圆木为檩,最上方为脊檩。沿屋顶向下,在相邻两个梁架之间的每根梁端架檩;在檩架形成的斜面上,在檩上排列椽,形成屋顶的两个坡面的骨架。在骨架上加置望板,覆以瓦,就形成了屋顶。

(五)中国古代居住建筑的墙、柱与开间

墙与柱构成中国古代房屋建筑立面的组成部分,房屋建筑一般三面围墙,正面为木质楹柱与门窗,左右墙面称为山墙。四根木头圆柱围成的空间称为"间"。建筑的迎面间数称为"开间",或称"面阔"。建筑的纵深间数称"进深"。中国古代以奇数为吉祥数字,所以平面组合中绝大多数的开间为单数,每两根立柱之间为一间;而且开间越多,等级越高。北京故宫太和殿、北京太庙大殿,迎面为 12 根立柱,开间为 11 间;曲阜孔庙大成殿,迎面为 10 根石质龙柱,为九开间。

(六)中国古代居住建筑景观的导游讲解技巧

1.要突出中国古代居住建筑的实用性

"宫室之制,本以便生人",意思是说,宫室建筑主要是为生活在现世的人所建造的。中国古代居住建筑更多地是追求空间的适宜与阴阳的和合,正如老子所说的"万物负阴而抱阳,冲气以为和"。古代中国人的基本空间理想,就是居处于一个负阴抱阳、阴阳和合的空间之中。也就是说,房子不是为了看的,而是为了栖息其中。

2.要讲清楚中国古代居住建筑的主要类型与特点

中国古代居住建筑体现了中国古代建筑体系的特色,特别是属于下位文化的民间建筑的一系列贵因顺势的特色。如因地制宜的环境意识,因材致用的构筑方法,因势利导的设计意图,因物施巧的设计手法等。例如,四合院是流传下来的古代民居住宅中一种最为常见的院落住宅形式,也是北方地区院落式住宅的代表,以北京四合院最为典型。通常以倒坐房、正房和东西厢房等建筑,四面围合成平面为正方形或长方形的院落,大户人家往往会在左右再建跨院。整体布局中轴对称,等级分明,井然有序。

3.要突出中国古代居住建筑的和谐理念

中国古人讲究"心中有山水",而天井便是建筑的"心",有了"心",建筑便有了生气和格调。不论是雨水如珠帘般地滴滴落入天井,还是晴日里的阳光穿过隔扇窗而影影绰绰,主人都能将这方寸天地精心构建出奇妙境界,如在天井里摆放盆景、小山石等雅物供人赏玩,或莳花弄草,或逗鸟喂鱼,在生活和山水中找到一些平衡。例如,园林式住宅是将住宅建筑与园林完美结合的一种住宅类型,以江南地区多见。园林式住宅多因水就势而造,运用种种造园艺术技巧和手法,将亭台楼阁与泉石花木组合在一起,模拟自然山水,园中有屋,屋内见园,创造"居闹市而近自然"的理想空间。

4.可趣味融入古代人的居住情况

导游要让旅游者知道纵使古代有如此多样的住宅形式,但并不是人人都"买"得起房。比如,著名诗人白居易年轻时也是"无房一族",相传他16岁时只身赴京拜会时负盛名的诗人顾况,顾况对其赞叹有加,白居易一时诗名大振。然而即便如此,"京漂"长达20多年的白居易才在母亲的催促下买了第一套房,却因资金不足买在了城乡接合部,因为离单位太远,每天上下班要3个小时,于是便作诗《晚归早出》,用"退衙归逼夜,拜表出侵晨"抱怨这种生活,不禁令人唏嘘。

七、城市风光类旅游资源的导游讲解技巧

(一)城市的定义与发展城市旅游的优势

城市是人类文明发展到一定阶段的产物。当人类的生产力水平发展到手工业独立于农业而分离出来,并有足够的产品作为商品进行大规模的交换时,一种新型的人类聚落就诞生了,这就是城市。

城市是商品加工、集散与流通的基地。经济的发展推动了文化的发展,必然带来政治的变化,城市成为统治阶级及富豪、商贾的集中地。由此,城市成为社会的中心,成为不同等级、不同规模的政治、经济和文化的中心,是各个历史时期物质财富与精神财富的集中地,是最大的历史载体,以至成为一定时期社会状况的代表。

（二）城市的主要功能

城市的功能与内在优势决定其在旅游中的作用体现在两个方面：首先，城市是所在地文旅产业发展的依托。城市是物资流与资金流的集散地，是旅游者停留之地和主要的购物地。其次，城市是开展风光游的重要旅游地，是旅旅游者流、旅游消费的重要场所。

（三）城市旅游的优势

城市因为其丰厚的文化底蕴，或在某些方面独特的风格特征，而具有较强的旅游吸引力，某些历史文化名城长期以来一直都是旅游热点城市。

首先，一座城市在兴建时，必然要尽可能选择自然环境较理想的地点；其次，城市各种人文资源众多；再次，很多城市具有自身的特色；最后，城市各项旅游条件设施较为完备。

（四）中国城市风光的主要类型与特色

结合历史的沿革和现代城市的发展，中国的城市风光可以分为古代都城、历史文化名城、东方大都会和现代生态城市四种类型。

其中，中国古代都城风光的特色，一是以皇家建筑群为核心的帝王文化景观，包括由都城、皇城和宫城层层相套的回字形城墙建筑；庞大的宫殿建筑群；以坛庙为主的礼制建筑群；皇家寺庙群；皇家陵墓群和皇家园林。二是与帝王生活有关的传统习俗，包括服饰、饮食、娱乐及传统节庆等。

中国历史上曾有200多座城市做过都城，其中沿用朝代比较多，历史上影响比较大的有七座，有中国七大古都之称：安阳、西安、洛阳、开封、杭州、南京、北京。其中城市规模最壮观，城市布局最典型，世界影响最大的是西安和北京，而都城景观相对完整，对世人吸引力最大的还数北京。

中国古代城市具有如下特点。

（1）方形的城市。城池平面呈方形，周长多少、城门多少要根据城市的等级而定。

（2）纵横交织的道路。城市道路为东西走向与南北走向，经纬交织，把城市分成方形网格。

（3）一般有城墙和护城河。中国古代城市十分重视城防建筑。城市又称城郭，在旧时其实指的就是都邑四周用作防御的城垣，一般有两重，里面的一重称为"城"，外面的一重称为"郭"。

（4）主要建筑材料多为木材。

（5）中轴对称的平面布局。中国古代城市俯瞰好像一个巨大的棋盘，这种结构便于将城市分片管理。

（五）中国城市风光的导游讲解技巧

1.向旅游者讲解中国七大古都

古代都城是历代帝王居住的地方，是各个历史时期地位最高的城市，因此历史古迹丰富，旅游价值高。

2.向旅游者介绍中国的文化名城特色

中国历史文化名城是指具有悠久的历史,在政治、经济、文化、科技等某一方面具有独特地位,有丰富历史文化遗存或兼有风景名胜的城市。一般是人杰地灵、环境优雅、具有特色文化景观的历史名城。如以"三孔"著称的曲阜,以鲁迅故居著称的绍兴等;文化景观和山水景观相得益彰的苏州、杭州、济南、桂林、岳阳、昆明等;以古城风貌或特色民居著称的平遥、祁县、丽江等。

3.向旅游者介绍中国革命纪念地情况

中国革命纪念地包括自鸦片战争以后具有突出革命历史意义的历史名城,如遵义、延安、上海、武汉、南昌及广州等。要通过讲解让旅游者感悟革命精神,更加热爱祖国和人民,敬重历史,树立社会主义核心价值观。

4.注意讲解少数民族文化名城的民风、民俗

中国城市旅游资源数量众多,历史上或现代的少数民族聚居地,以独具特色的少数民族文化著称,导游可以重点加以介绍,如乌鲁木齐、拉萨、日喀则、呼和浩特、大理等。

八、乡村类旅游资源的导游讲解技巧

(一)乡村旅游的定义

乡村旅游是以农村自然风光、人文遗迹、民俗风情、农业生产、农民生活及农村环境为旅游吸引物,以城市居民为目标市场,满足旅游者的休闲、度假、体验、观光、娱乐等需求的旅游活动。乡村旅游以农业景观带和乡村文化为主要审美特征,构成乡村旅游吸引物的基础与核心。其核心产品包括乡村接待和度假服务、乡村景观和乡村文化,基本上归属于农业旅游或农庄旅游的范畴,是旅游者获取旅游体验的主要对象,主要内容是在乡村氛围中与当地村民共享乡村文化和乡村生活。

在18—19世纪工业革命之后的欧洲,乡村旅游因为现代人逃避工业城市的污染和快节奏生活方式而发展起来。在中国,随着近年来人们生活节奏的加快和工作压力的增大,回归大自然已经成为人们的向往。特别是对于久居喧嚣都市的人们来说,利用周末闲暇,到城郊或乡村野外体验农事、休闲度假,已经成为日常生活的重要组成部分。乡村旅游作为现代乡村和旅游业相结合的一种新型旅游模式,越来越受到人们的欢迎。发展乡村旅游可以让一部分农民不离土、不离乡,就地就业,缓解"空巢化"对中国村落的巨大威胁。同时,从旅游经济中获益的农民,也能意识到村落文化及其保护的重要性。

乡村旅游与纯粹以娱乐为主的旅游是存在一定差异的,旅游者内心对乡村旅游有着更深层次的需求,他们更加渴望通过乡村旅游以寻求情感和心灵上的补偿。在美丽乡村,居住着许许多多承载着乡村记忆的村民,他们对世代生活的热土有着说不尽的故事。美丽乡村游的兴起,让他们有机会接触到各地来客。凭借对美丽乡村的热爱和自豪感,他们主动担当起推介使命,让各地来客得到激情饱满和接地气的导览服务,使美丽乡村声名远扬。

因此,乡村旅游线路的导游,只有透彻地了解旅游者的心理需求,努力提高自身的综合素质,才能在此类旅游活动的服务中,施展导游艺术,满足旅游者更高层次的需求,使之获得更为优化的审美体验。

(二)世界乡村旅游发展情况

世界乡村旅游历史悠久,最早可以追溯到工业革命之后的欧洲。一方面,工业革命把工人从繁重的劳动中解放出来;另一方面,工业化与城市化进程的加快带来的负面影响,导致城市居民更加向往宁静的田园生活和美好的乡间环境。

19世纪中叶,英国、西班牙和意大利等国先后出现了各种形式的乡村旅游。20世纪70年代,乡村旅游在美国和加拿大等北美地区迅速发展。在欧美一些发达国家,乡村旅游已具相当规模,并走上了规范发展的轨道。如在爱尔兰、法国、西班牙、德国、美国等国家,政府把乡村旅游作为经济增长、扩大就业、避免农村人口向城市过度流动的重要手段,在资金、政策上给予大力支持。

法国于1953年成立了法国农会(APCA)。1974年《质量宪章》中规定了乡居规模、硬件设施、服务和经营方式的标准。1998年专门设立了"农业及旅游接待服务处",并联合其他有关社会团体,建立了名为"欢迎莅临农场"的组织网络,有3000多户农民加盟,法国农村地区接待了全国28.2%的旅游者。法国乡村旅游每年旅游者可达3700万人次,乡村旅游影响巨大,效果良好。

美国有着悠久的乡村旅游传统。第二次世界大战以后,乡村旅游成为美国中产阶级生活的一部分。他们的假期经常在城边不贵的乡村食宿接待设施和私人农场中度过。旅游食宿设施的形式一般是乡村旅馆和农场上的私人闲置房间。随着经济的持续发展、人均收入的不断提高,美国乡村旅游开始了产业化进程,逐渐形成了四种各具特色的业态类型:乡村俱乐部、乡村文化旅游、农业旅游和门户社区旅游。为了吸引更多的旅游者,许多农场和牧场不仅提供舒适的度假设施,而且开展丰富多彩的活动,如骑马、做农活、钓鱼、游泳、打猎、露营、徒步旅行、划船、滑雪、玩雪地摩托、摄影、放牧、野餐等。时至今日,乡村旅游已成为美国农村重要的经济支柱之一。

日本的乡村旅游始于20世纪70年代,近些年得到了大规模发展。日本借鉴法国、丹麦、德国等欧洲国家的先进经验,制定了《市民农园整备促进法》,大型农园的规模较大、设施较齐全。

西班牙是欧洲乡村旅游的发源地和世界上著名的旅游大国,最早将废弃的城堡改造后开展旅游活动。西班牙从20世纪60年代开始大力推出乡村旅游,政府出资修建乡村旅游社区,为度假旅游者提供服务,目前乡村旅游已经是西班牙的主要旅游形式之一。西班牙拥有丰富的旅游资源,常以其充足的阳光、美丽的沙滩和当地特色的节日为卖点,靠着地中海,四季常青,气候宜人,在发展乡村旅游业方面有很好的自然和人文条件。西班牙发展乡村旅游的理念一直是:"乡村旅游主要对象是城市居民,希望城市居民更加关注农村,去农村停留更长时间,甚至定居下来。"西班牙人非常重视乡村旅游,有36%的西班牙人的休假是在乡村旅游点度过的。

意大利在1865年就成立了"农业与旅游协会",专门介绍城市居民到农村去体味乡村野趣,参与农业活动,开展骑马、钓鱼、采摘、品尝新鲜食物、欣赏田园风光等乡村旅游活动。意大利的农业旅游深受国外旅游者欢迎,大概占农业旅游总需求的30%,强调"以人为本"和"绿色环保"。如今,意大利有万余家专门从事"绿色农业旅游"的经营单位。

(三)中国乡村旅游发展情况

中国乡村旅游起源早、发展晚,最早的表现形式是农村居民传统的走亲戚和文人墨客的乡村探幽。明代《徐霞客游记》堪称著名的乡村游记代表作。中国现代意义上的乡村旅游始于20世纪80年代,伴随着城市经济体制改革的成功和农村改革的开始而出现。随着中国经济不断取得新成就,乡村旅游在全国遍地开花,规模不断扩大。尤其是"五一"、清明、端午等小长假出现以后,乡村旅游以其经济性和便利性等优点越来越受到广大城市消费者的青睐。近年来,乡村旅游作为乡村振兴的重要发展途径之一,得到各级政府的高度重视和大力支持。

中国加入WTO后,中国的乡村旅游业融入世界的旅游市场竞争当中,形成国内市场国际化的局面。旅游需求的扩大、客观环境的改善,使我国的乡村旅游业既充满机遇又面临挑战。中国的乡村旅游业要在激烈的竞争中打开出路,就必须用科学、先进的旅游市场营销来武装自己,引入先进的旅游市场营销理念,沿健康有序的轨道发展。中国乡村旅游产品的发展经历了四个阶段。

1. 初创阶段(1980年代中后期至1994年)——"农家乐"兴起

1986年,成都"徐家大院"的诞生标志着"农家乐"旅游模式拉开了乡村旅游的序幕。1989年4月,"中国农民旅游协会"正式更名为"中国乡村旅游协会"。1994年,"1+2"休假制度颁布并实施。

2. 全面发展阶段(1995—2001年)——乡村假日经济

1995年5月1日起实行双休日。1999年春节、"五一"、"十一"被调整为7天长假。2000年,国家旅游局等部门发布《关于进一步发展假日旅游若干意见的通知》,明确了"黄金周"的概念。1995年,以"中国民俗风情游"旅游主题与"中国:56个民族的家"宣传口号带领旅游者深入民族风情区;1998年,"中国华夏城乡游"旅游主题与"现代城乡,多彩生活"宣传口号吸引大批旅游者涌入乡村。

3. 纵深发展阶段(2002—2006年)——助力"三农"问题解决

2002年,《全国工农业旅游示范点检查标准(试行)》的颁布,标志着我国乡村旅游开始走向规范化、高质化。2006年是国家旅游局确定的"中国乡村旅游年",将乡村旅游的角色提到了更突出的位置,"新农村、新旅游、新体验、新时尚"全面推动乡村旅游提升发展。2006年8月,国家旅游局发布了《关于促进农村旅游发展的指导意见》,提出乡村旅游是"以工促农,以城带乡"的重要途径。

4. 提升转型与可持续发展阶段(2007年至今)——产品转型,产业升级

2007年,国家规范土地承包经营权流转;2008年,健全承包经营权流转市场,克服了乡村旅游发展受土地制度制约。2007年,"中国和谐城乡游"和"魅力乡村、活力城市、和谐中国"的提出,带动了农村风貌大变样。2007年,国家旅游局和农业部联合发布了《关于大力

推进全国乡村旅游发展的通知》，进一步推动乡村旅游发展。2008 年，三次长假调整为"两长五短"模式及带薪休假制度法制化。2008 年，中共中央《关于推进农村改革发展若干重大问题的决定》使乡村旅游的经营模式更加科学化、合理化和多样化。2009 年，《关于加快发展旅游业的意见》提出乡村旅游富民工程。2016 年，国务院中央一号文件《大力发展休闲农业和乡村旅游》主要强调大力发展休闲农业和乡村旅游。强化规划引导，采取以奖代补、先建后补、财政贴息、设立产业投资基金等方式扶持休闲农业与乡村旅游业发展。2020 年，农业农村部印发《全国乡村产业发展规划(2020—2025 年)》，提出"乡村休闲旅游业优化升级""年接待游客人数超过 40 亿人次，经营收入超过 1.2 万亿元"的到 2025 年的目标。乡村旅游将为实现乡村振兴提供巨大抓手和动力。

(四)中国乡村旅游产品的类型

中国乡村旅游自 20 世纪 80 年代正式兴起以来，目前已进入全面发展时期，无论是在发展规模，还是在景点数量、产品开发、功能拓展上都呈现出蓬勃发展的态势。旅游者对乡村旅游产品的需求与选择也趋向多元化，乡村旅游产品的发展呈现出田园观光、运动休闲、养生度假、农事体验等不同趋向，周末和"黄金周"有 70% 的旅游者选择乡村为旅游目的地。2018 年 12 月，国家发改委等 13 个部门联合发布《促进乡村旅游发展提质升级行动方案(2018—2020 年)》，提出鼓励社会资本参与乡村旅游发展，加大配套政策支持。更大程度的政策支持将推动乡村旅游发展成为乡村可持续发展的强劲动力，乡村旅游的向好发展将成为我国解决"三农"问题的重大战略举措，成为我国"绿色扶贫"的重要途径。乡村旅游可充分发挥"旅游＋乡村""旅游＋农业"的优势，实现乡村旅游资源的保护与发展。发展乡村旅游是旅游业实现转型升级的必然选择，也是旅游市场需求变化选择的必然结果。乡村旅游的兴起和发展对乡村振兴战略和旅游经济转型具有重大的理论和现实意义。

中国乡村旅游的产品分 13 种类型，即乡村农家、乡村民宿、乡村农庄、乡村客栈、乡村酒店、乡村庄园、乡村景区、景区村庄、乡镇景区、县域景区、乡村度假村、乡村聚集区、乡村产业基地等。

中国乡村旅游业态丰富，按照不同的划分标准，有多种模式：一是按照地理位置划分，可以分为城郊型、边远型、景区型；二是按照依托资源划分，可以分为传统观光体验型、都市科技农业型、乡村休闲度假型；三是按照乡村形态划分，可以分为水乡型、山地型、荒漠型、滨海型等；四是按照业态类型划分，可以分为农家乐(渔家乐)型、休闲农庄型、度假庄园型、特色民宿型、乡村景区型等。

(五)中国乡村景观的导游讲解技巧

导游是乡村旅游的灵魂，良好的导游讲解可以增进旅游者对乡村旅游景区(点)的认知和感受，有利于乡村旅游产品的宣传，从而为乡村旅游增加客源，增加当地居民收入，提高经济效益、社会效益和生态效益。

1.要向旅游者讲解乡村生活

国内旅游呈现出短时间、近距离、高频次等新特征，"轻旅游""微度假""宅酒店"等成为新亮点，滨水休闲、生态康养、乡村田园、都市休闲、避暑旅居等旅游产品受到旅游者喜爱。

一个大众化的休闲时代正在走来,休闲旅游逐渐成为现代人生活的一部分。在喧嚣的都市,人多拥挤、空气污染、环境质量差,加上生活和工作压力大,人们渴望回归自然,舒展身心。而乡村自然风景好,绿色景观多,空气新鲜,很适合城里人去休闲旅游。在这个背景下,长期生活在城市的人,在假日里就渴望走出闹市,走进乡村,回归大自然,感受乡村文化,体验乡村旅游的快乐。导游要讲好乡村故事,要坚持以挖掘美丽乡村的优势、特色资源为基础,以客观表达、合理展示乡土文化为核心,通过精准研判旅游者的消费需要,深度挖掘乡村旅游项目的特色内涵,积极打造有文化内涵、有故事精神的导游讲解服务话语体系,将旅游项目的建设内涵和规划初衷、创意思维等内容,全面、精准地表达给广大旅游者,传递旅游项目的文化内涵和地域特色。

2. 要向旅游者介绍乡村振兴战略对于乡村的意义

乡村振兴战略是党的十九大报告中提出的国家发展战略。党的二十大报告进一步指出要"全面推进乡村振兴"。大力发展乡村旅游是全面推进乡村振兴战略的重要抓手。在乡村振兴战略的背景下,导游不仅要具备优秀的解说与互动能力,更要能够肩负起对外传达乡村特色文化的使命,为更多旅游者提供优质的文化旅游休闲服务。将丰富的导游知识与乡村振兴紧密结合,带领旅游者领略别具特色的乡村风光。

3. 要向旅游者介绍当地良好的生态和产品

中国是地域广阔、物产丰富的国家。"绿水青山就是金山银山",中国大部分乡村自然环境优越,山水绮丽,农耕文化久远,舒适的环境、良好的生态可以使人得到放松与回归。导游讲解必须贴近农民生活和农村环境,做到语言朴实、清新,讲解词必须有浓浓的"乡味"。乡村导游本身就是环境保护的宣传员,在导游服务尤其是讲解服务的整个过程中要始终

课件

贯穿环保理念,同时激发旅游者的环保意识,共同做好环境保护事宜,促进乡村旅游的可持续发展。一些具有良好品质的蔬果、粮油、花卉、中药材、牲畜、水珍等特色农产品,是当地发展乡村旅游的重要资源,导游可以介绍给旅游者挑选。

九、信息链接

信息 1

鲁迅故里景区导游讲解

现在,我们前往的是鲁迅故里景区。在进入景区之前,大家是否都感受到了一种别样的味道?对,就是霉干菜的味道。这种味道体现了绍兴人家的独有韵味。大家是否感觉有一幅清末民初时的画卷展现在你们面前:石板路、旧木窗、石库门……向大家述说着当年的历史?有些人搞不清楚究竟是先有了绍兴、绍兴老酒,才使鲁迅大名远扬,还是因为鲁迅,绍兴、绍兴老酒才更为世人所知。他与它们之间肯定有着无法割裂的关联。我想,只有这

样表述才恰当：绍兴是鲁迅笔下的一坛陈年老酒，洋溢着浓浓的醇香。那您的看法又如何呢？在游览过程中，您不仅将了解到鲁迅故里悠久的历史文化和人文精神，亲身体会这里的真诚和热情，同时您也可以思索一下刚才那个问题，自己去寻找答案。

鲁迅故里景区包括五大功能区块：以鲁迅祖居、鲁迅故居、三味书屋等为核心的鲁迅青少年时代生活环境展示区，清末民初绍兴市井生活风情和鲁迅作品人物场景展示区，鲁迅文化研究展示区，绍兴传统商业区，旅游服务区等。经过多年来的保护建设和修缮，鲁迅故里已初具规模，不仅保持着鲁迅当年生活过的故居、祖居、三味书屋、百草园，还恢复了周家新台门、寿家台门、土谷祠、鲁迅笔下风情园等一批与鲁迅有关的古宅古迹，曾出现在鲁迅笔下的咸亨酒店、东昌坊口、塔子桥、长庆寺、恒济当铺等，都原汁原味地呈现在世人面前，街区内还保存了10余座典型的清末民初绍兴台门建筑，周围则是蜿蜒的传统居民区。特别值得一提的是咸亨酒店，虽然今天的咸亨酒店和鲁迅时代已经大有不同，但在这间小小的、保留了最原汁原味的咸亨酒店四周，呼啦冒出了许多以咸亨、孔乙己、鲁迅、树人命名的酒店、商务中心等，霉干菜、茴香豆、绍兴酒、乌毡帽应有尽有。来这里做生意的三轮车夫不少都穿着布衫、戴着乌毡帽，真是时光倒流，商机无限。大家可以坐下来细细品味绍兴黄酒与茴香豆。

信息 2

江西滕王阁景区导游讲解

各位团友，大家好！今天我们要参观的地方是素有"西江第一楼"之称的滕王阁，它与黄鹤楼、岳阳楼并称为江南三大名楼。江南有那么多的楼阁，为什么是这三大楼，它们有什么独特的魅力呢？在此要声明的是，它们既不是因为建筑本身非常精致而得名，也不是因为它们建造的目的而得名，它们都是同一个原因——各因为一篇文章而得以名贯古今。比如说，黄鹤楼是因为有了连诗仙李白看了都自叹不如的崔颢的《黄鹤楼》；岳阳楼是因为有了"先天下之忧而忧，后天下之乐而乐"的范仲淹所作的《岳阳楼记》；滕王阁当然也不例外，它是因为王勃所作的《滕王阁序》。各位朋友有没有去过江南三大名楼中的另两座楼呢？（与旅游者互动：啊，这位朋友你到过啊，那你有没有觉得这滕王阁与它们有什么不同之处呢？哦，这滕王阁比其他两座楼要高大雄伟。）是啊，朋友们是不是已经发现了？这黄鹤楼、岳阳楼说的都是楼，那独独滕王阁说的是阁。说到这里，就不得不向各位说说这"楼"与"阁"的区别了，我们就拿这三大名楼为例吧。这"楼"与"阁"典型的不同就是楼是平地而起的，而阁是有基座的，因此阁看起来非常雄伟；而且这阁可不是像楼那样——你有钱想建就能建的，建阁者的身份也非常重要，必须是王子王孙。那建造滕王阁的王子王孙又是谁呢？想必大家都很想知道吧？不用着急，听我慢慢道来。滕王阁是唐高祖李渊之子李元婴任洪州都督时所建的，这洪州指的就是现在的南昌了。李元婴出身帝王之家，因为受到宫廷艺术的熏陶，非常喜欢绘画、歌舞、蝴蝶，所以当他从苏州调任洪州时，就从苏州带来了一批歌舞乐伎，整日在都督府里寻欢作乐，他的手下看了就建议说："都督，你既然这么喜欢听歌赏舞，何不在江边筑一高阁，这样既可以一览江山之秀，又可以享歌舞之乐，何乐而不为呢？"李元婴听了之后，觉得这个建议非常好，于是就采纳了。这也就是为什么李元婴会在这里建一高阁了。在贞观年间，李元婴曾经被封为滕王，他所建造的楼阁当然以他的封号命名，所以就叫滕王阁。从滕王阁的始建到现在已经有1300多年的历史了,千百年来,它兴废交替多达29次。

······

现在我们来到了主阁的第一层。首先映入我们眼帘的就是左右两边的楹联:"落霞与孤鹜齐飞,秋水共长天一色。"这是毛泽东同志送给他儿媳邵华的生日礼物,在1989年主阁建成的时候邵华把它捐赠了出来,现在它已成了镇阁之宝。

信息3

留园景区导游讲解

留园位于苏州城西部的阊门外留园路,始建于明代万历二十一年(1593),初建时为明朝太仆寺卿徐泰时的私家花园,称为"东园"。后经易主,更名为"寒碧山庄"。光绪年间湖北布政使盛康买下寒碧山庄废园,改名为"留园"。那么,"留园"为什么叫这个名字呢?一个原因是"刘家花园"的"刘"与"留园"的"留"谐音,这是花园易主常用的一种改名方法;再有,盛康在修整花园时曾发现一块"长留天地间"的石碑,据说是刘伯温写的,他想这个花园历经战火仍然保留下来,似乎在冥冥之中有老天爷的保佑,也希望留园能永远留在盛家手中。日军侵占苏州后,留园一度遭受严重的劫难。抗战胜利后,国民党军队驻扎留园,留园沦为养马场。直到新中国成立后,留园又得到了重新整修,1954年元旦正式对外开放。

大家可以看到留园的门很小,高不过2米,宽不过1.5米,很不起眼,当年园主经常从内宅入园,为接待宾客游园,不得不沿街设置大门。从外观看,我们都无法想象这普通的石库门里,隐藏着一方"世外桃源"。但是小中见大,正是私家园林的典型特征之一。留园建于民居住宅之后,四周以粉墙封闭。通过这幅图我们可以看到:全园三分之一的面积为建筑,布局十分紧凑,并以建筑将全园分割成景色各异的四个景区——中部是精华所在,以山水见长;东部以庭院建筑取胜;北部具有农村田园风光;西部林木高耸,尽得山林野趣。这些都充分体现了古代造园名家的匠心独运和高超的造园艺术。

······

留园有三宝:一是刚刚我们已经见过的大理石座屏;二是鱼化石;三是我们现在看到的这座假山——冠云峰。冠云峰是江南四大奇石之一,据说是宋代"花石纲"的遗物。当时宋徽宗在京城内大兴土木,建造"万寿山",且下令在全国范围内征集奇花异石,还特地在苏州设立了苏杭应奉局。冠云峰就是未来得及运走的"花石纲"的遗物,是太湖石中的珍品。它重5吨,高6.5米,是我国现存最高的独峰观赏假山。太湖石具有皱、瘦、漏、透的特点。在宋、元、明、清时,太湖石比黄金还要珍贵,而且人们用太湖石的皮质来衡量园主的身价。冠云峰冠绝群峰,充分体现了太湖石的特点,被称为江南三大名峰之一。冠云峰西边的石头叫岫云峰,东边的石头叫瑞云峰,是当时盛氏寻到冠云峰后,为了应景才这样布置的。后来盛康的儿子盛宣怀还将他的三个孙女分别取名叫冠云、瑞云、岫云,为留园平添了一段佳话。冠云峰前面的池子叫浣云池,冠云峰的倒影投落在清澈的池水中,似乎主人要用这池水来清洗冠云峰。实际上也就是说,做人也要像冠云峰一样,时时洗涤身上的"尘埃"。现在,我们要看留园中的第三块宝石了。这块"古鳕鱼化石"嵌于冠云峰后面的冠云楼底楼"仙苑亭云"正壁上,石中小鱼数尾,身形清晰可见。据考察,这是一种生存于2亿年前深海中的古鳕鱼化石,极其珍贵。各位,在我们的游览结束之前,大家不妨回过头来想想,留园是不是到处都给我们一种古朴凝重的文化感呢? 风风雨雨400多年,留园历经沧桑,几度兴废,当时园主所期望的"名园长留天地间",如今变成了现实。

思考与练习

1. 部分国外旅游者认为在中国旅游是"白天看庙,晚上睡觉",导游应如何理解这句话?
2. 导游在讲解中应如何凸显中国建筑中的中国文化元素?

讲座视频　　　　　　　　讲座课件

第十四章　自然景观旅游资源的导游讲解技巧

学习目标

◎ 掌握山地及地文景观的导游讲解技巧；

◎ 掌握水体景观变化带来的自然之美及相应的导游讲解技巧；

◎ 掌握生物旅游资源的导游讲解技巧。

自然景观是大自然赋予的景观，在旅游过程中主要表现为旅游者所见到的山水风景、气候天象奇观、动植物等直观景象。相比于人文旅游资源，自然风光旅游资源的导游讲解就轻松多了，自由发挥的余地更大，操作性更灵活一些。好的讲解能让旅游者更好地见识到中国的大好河山，欣赏生物多样、地貌奇特的广袤大地。

一、自然景观旅游资源导游讲解的基本知识

(一)自然景观的定义

自然景观是指由具有一定美学、科学价值并具有旅游吸引功能和游览观赏价值的自然旅游资源所构成的自然风光景象，也就是指大自然自身形成的风景，如银光闪闪的河川、千姿百态的地貌、晶莹澈滟的湖泉、波涛万顷的海洋、光怪陆离的洞穴、幽雅静谧的森林、珍奇逗人的动物等等。

自然景观是天然景观和人为景观的自然方面的总称。天然景观是指受到人类间接、轻微或偶尔影响而原有自然面貌未发生明显变化的景观，如极地、高山、荒漠、沼泽、热带雨林、田野及某些自然保护区等。人为景观是指受到人类直接影响和长期作用而使自然面貌发生明显变化的景观，如乡村、工矿、城镇等。人为景观又称文化景观，它虽然是人类作用和影响的产物，但其发展服从于自然规律，必须按自然规律去建设和管理。人为景观的自然方面不包括其在经济、社会等方面的特征。

（二）自然景观的审美感知

1. 自然景观美的形态类型

山、水、气、光、动物、植物等自然要素的巧妙结合，构成了千变万化的景象和环境。人们对自然景观的观赏，主要通过视觉、听觉、嗅觉、味觉、触觉等途径直接感受，进而产生联想。所谓"游山玩水"，也说明了山水在旅游者心目中的地位。

自然景观能成为人们审美的对象，是社会发展和人们综合素质提升的产物，主要表现为六种美的形态。

（1）形态美。主要表现为客观存在物的总体形态和空间形式的综合美，包括雄伟美、奇特美、险峻美、秀丽美、幽静美、敞旷美等美感类型。

（2）色彩美。"光线是一切色彩的摇篮。"随着季节变换、昼夜更替，自然风物交相呼应，呈现出丰富奇幻的色彩，构成视觉上的审美形式。

（3）听觉美。自然景观中的鸟语、风声、钟声、水声，在特定的环境中，与景观形成对比、反衬或烘托，给人以听觉上的美感享受。

（4）嗅觉美。这是以生理快感为主要特征的审美享受，包括新鲜空气、海洋气息、木香、草香、花香、果香等。

（5）动态美。主要包括水流、云雾、时间、季节、光照、植被等自然因素的动态作用（如描述山景：春山淡冶而如笑，夏山苍翠而如滴，秋山明净而如妆，冬山惨淡而如睡）和风物传说的动态作用。

（6）象征美。在美学范围内，人们常常凭借一些具体可感的形象或符号，以比喻的方式来传达或体现某些概括性的思想观念、情感意趣、志向抱负或抽象哲理，使之对象化，这样便会体现出一种审美属性，称为象征性或象征美。

2. 自然景观的导游讲解方式

自然景观的导游讲解方式分为描述、相关引证、衍释发挥三种。描述就是描绘、叙述。通过有效的描述，旅游者既能清楚地把握景物的要点，又能展开无限的联想，加深对特定景物的了解。讲解要点是三分形象、七分想象，不想不像、越想越像。相关引证、衍释发挥的要求与人文景观相同。对于人文景观和自然景观融为一体的景观，导游可灵活掌握其特点，开展针对性的讲解。

（三）自然景观的特点

自然景观与人文景观相比，具有以下几个特点。

1. 天然性与时间性

从发生学的角度看，一切自然景观都是大自然长期发展变化的产物，是大自然的鬼斧神工雕造而成，具有天然赋存的特点，即天赋性，因而它是旅游的第一环境。时间性是指生物随季节变化发生形态和空间位置变化，进而形成季节性旅游景观的特点。以植物为例，不同季节有不同的植物开花，比如春季的茶花、樱花、牡丹花，夏季的荷花，秋季的菊花、桂花，冬季的梅花等；不少植物的叶色也随季节变化而变化。再以动物为例，不少动物随季节有规律地迁徙，出现了生物空间位置的季节变化等胜景。

2.地域性与奇特性

自然景观是由各种自然要素相互作用而形成的自然环境，它具有明显的地域性特征，如中国风景"北雄南秀"的特征反映了南北自然景观的总的差异。不同地方有不同生物景观的特点。可以说，地球上不存在环境完全相同的地区，地区之间多少存有差异。环境的地区差异，大尺度的遵循纬度地带性、干湿差异性；中尺度的遵循垂直地带性；小尺度的遵循地方性等地域分异规律。生物是环境的产物，有什么样的环境就有什么样的生物。热带的植物多叶大、常绿，秋冬不落叶，寒带的植物多为针状叶，秋冬落叶；热带的动物皮毛不如寒带的厚。人们一提到热带，就会联想到陆地上茂密的热带雨林、独树成林的大榕树，大象和孔雀，海洋中的热带观赏鱼；提到两极就会联想到北极的北极熊、南极的企鹅；提到澳大利亚就会联想到袋鼠。这一系列的联想都来自各地特色生物在人们头脑中留下的深刻印象，反映了自然景观的奇特性特征。

3.科学性与指示性

自然景观各个要素之间所具有的复杂多样的因果关系和相互联系的特点，反映在自然景观的各个方面。因而自然景观的具体成因、特点和分布，都有一定的科学道理。由于自然地理各要素都处于紧密的相互联系、相互依赖之中，每个要素的发展都不是独立的，而是共轭进行的。根据各要素之间的这种关系，可用自然环境中的其中一个环节来确定其余环节。自然地理各成分中，生物特别是植物受其他要素的影响反应最灵敏，且具有最大的表现力。例如，椰子的开花结果是热带气候的标志；温带草原景观是温带大陆性气候的标志。再如，在未受污染的水体里，藻类以硅藻和甲藻为主，每毫升水中细菌数在 1000 个以下；当水体受污染时，藻类以蓝藻、绿藻为主，每毫升水中细菌数达 100 万个以上。

4.综合美与多样性

从审美的角度看，一切自然景观都具有自然属性特征的美。在自然景观美中，单一的自然景物，由于构景因素单调，一般来说，它的美也较为单调；大多数自然景观都是由多种构景因素组成的，它们相互配合，融为一体，并与周围环境相协调，所以呈现出综合美的特点。在地球上的任何地方，山地、高原、海洋或湖泊，甚至是沙漠、戈壁，都有生物的存在。

地球上自然生态系统的类型和生物的形态、色彩、声韵、种类等都丰富多样，这些都具有很高的旅游价值。我国的生物资源极为丰富，其中包括不少特有、独存和主要分布于我国的珍稀物种。据统计，目前我国有高等植物 3 万多种；维管束植物 2.7 万多种；独有的树木 50 多种，其中银杏、水松、水杉、银杉被称为"植物的活化石"。我国的动物资源也很丰富，有陆栖脊椎动物 2000 多种，其中鸟类 1189 种，兽类近 500 种，爬行类 320 多种，两栖类 210 多种。世界上有不少陆栖脊椎动物为我国特有或主要产于我国，如丹顶鹤、马鸡、金丝猴、羚羊等。还有一些属于第四纪冰川后残留的孑遗种类，如大熊猫、扬子鳄、大鲵、白鳍豚等，都是极为珍贵的物种资源。

5. 差异性与可再生性

自然景观虽是大自然本身的产物,然而"千座山脉难以尽奇,万条江河难以尽秀"。因此往往出现两个人同游一处美景,一个人能看到它的美,另一个人却看不到它的美的情况。这就是自然景观的差异性特点。

可再生性是由生物的繁殖功能、可驯化性和空间位置的可移植性所决定的,是由人与自然共同创造形成的生物旅游景观。生物与无机物不同,它具有繁殖能力,生物世代相传的这一特点决定了其经济利用上的可持续性。生物的可驯化性和空间位置的可移植性,决定了人们可以在局部改变环境条件的基础上,将野生动植物或驯化、饲养,或移植、栽培,形成动、植物园和农村田野风光等人造生物景观,同时还能将其作为园林造景、美化城市的衬景。

6. 脆弱性与生命有机性

脆弱性是指生物及自然生态系统抗干扰能力弱的特点。动植物都是有生命的物质,灾害性环境变迁会使不少生物死亡,甚至整个物种灭绝,如白垩纪时期的灾变环境,使称霸一时的恐龙灭绝。人类过度的干扰破坏活动也会导致生态系统的破坏、物种的灭绝。例如,原始的刀耕火种,烧毁了茂密的森林,使动物失去栖息地而影响其生存,土地失去植物根系的固着而导致水土流失,这种遭破坏的生态系统必然失去其旅游美学价值。由此可见,生物旅游景观是极为脆弱的,在开发利用上宜提倡保护与利用并重的生态旅游。

自然旅游资源中的地质、地貌、水文等要素都属于无机物,由它们构成的风景景观,也有动、静的变化,但这种动态变化主要是在内外营力作用下的自然运动过程,是无生命的。而动植物是具有生命的有机体,它们的存在给自然界增加了生命的活力。在一些以沙漠、草原、山水等景观为主的风景区,生物景观的存在,不仅使原本单调的景区充满生机,而且增加了景区的旅游功能,提升了旅游效果。例如,青海湖鸟岛上的成千上万只禽鸟,使原本孤寂的荒漠景观变得热闹非凡、生机盎然。可见,生物景观不仅丰富了自然旅游资源的内容,而且创造了自然景观的生机与活力。

(四)自然景观的类型

自然景观根据构景要素及景观特征划分,可分为以下四种类型。

1. 地文景观

地文景观主要是在自然环境的影响下,由地球内力和外力共同作用形成的。地表各种地文景观的形成和演变,直接受地层和岩石、地质构造、地质动力等因素的影响与控制。地文景观包括一些特殊的地貌类型和地质类型。地文景观有较高的游览价值,深受旅游者的欢迎。

2. 水体景观

水体景观是大自然风景的重要组成部分,是"灵气"之所在。江河湖海、飞瀑流泉、冰山雪峰不仅能独自成景,更能点缀周围景观,使得山依水而活,天得水而秀。水体景观主要包括地球表面的各种液态及固态水体景观。液态水体景观包括海洋、江河、湖泊、瀑布等;固态水体景观主要指各类冰川。

3.生物景观

生物景观一般是指珍稀树种、奇花异草、珍禽异兽、古树名木、古生物化石、成片的森林等。而体现在具体环境上的野生动植物自然保护区、森林公园、植物园、动物园、观光果园、花圃、狩猎场、水族馆等，都是生物旅游资源集中的旅游区（点）。生物景观是自然旅游资源中具有生命力的、最富有特色的资源。

4.气候和气象景观

千变万化的气象、天气，以及不同地区的气候资源与岩石圈、水圈、生物圈旅游资源景观相结合，再加上人文景观旅游资源的点缀，构成了丰富多彩的气候和气象景观。有长时间保持的大气物理状况，如宜人的气候资源，还有美丽的高山冰雪景观，短时间的气象景观一般分为经常发生的雨景、云雾景、冰雪景、明月、日出、云霞和偶然发生的"佛光"、海市蜃楼、雾凇、雨凇等。气候往往作为区域景观的背景景观而存在，而气象景观则直接作为旅游者观赏的对象。同时，短暂的天气变化对游人的出行有较大影响。

（五）导游讲解自然景观的基本要求

1.熟悉路线

以自然景观为主体的旅游风景区一般面积都较大，为了不破坏自然景物，游览线路往往较为隐秘，因此导游在带领旅游者游览以自然景观为主体的景区时必须熟悉并掌握最佳游览线路。一是要避免走回头路；二是线路安排应方便旅游者游玩；三是到达景区后，应在导游示意图前讲清楚行走的路线，以及集合时间、停车场位置等注意事项。

2.掌握必要的自然科学知识

由于自然景观的类型比较丰富，导游应掌握与自然景观关系较为密切的科学知识，主要包括地质地貌学、水文学、植物学、动物学、气象学、气候学、生态学等方面。

3.掌握相关的文学知识

中国古代大量的文学作品都与山水有关。要提升自然景观区游览的品位，导游必须提高自己的文学修养，适时地引入著名的山水诗、词、文，让旅游者真正体验到中国山水文化的精髓。

4.熟悉相关的延伸文化常识

山水旅游资源在中国往往作为不同旅游线路、景观的重要组成部分，在此基础上产生了不同的文化类型。中国俗话有言，"一方水土养育一方人""一方人创造一方文化"。在中国，自然山水和文化是密不可分的。

5.掌握自然景观的观景方法

导游要根据不同的景观特点，将静态观赏与动态观赏有机结合，积极引导旅游者游览。同时，由于自然景观外在美的共性特征，在游览过程中导游要注意"导"与"游"的有机结合。在观赏过程中，还应注意观赏的距离、角度、时间。

6.灵活运用导游方法

对于不同的景物、不同的旅游者,导游要使用不同的导游方法。导游方法多种多样,应因时、因地、因人而异,贵在灵活。

二、地文类旅游资源的导游讲解技巧

(一)地文类旅游资源的基本知识

地文类旅游资源主要有五类,包括山地景观、喀斯特地貌景观、风沙地貌景观、海岸地貌景观和特异地貌景观。

1.山地景观

山地景观主要指风景名山、历史文化名山和冰雪山峰。山是风景的骨架,中国是多山的国家,广阔的山地面积和绚烂多姿的山地景观,是中国发展旅游业的自然基础。山地旅游资源是地貌旅游资源中的重要组成部分,对旅游者来说有着较强吸引力。山地一般空气清新、森林翁郁、花草丛生,较多地保留着大自然的风貌,有助于人们健身、健心,康复精神元气。目前世界上兴起的"森林旅游""森林浴",其旅游对象就是环境优美的山地旅游资源。登山是锻炼体魄、磨砺意志的最佳健身旅游活动之一,山地可为人们提供登山探险的基地。人们在登山的同时还可领略山地所独具的旅游项目,如观奇峰异石、流泉飞瀑;观云赏雾、观日升落;登山滑雪、避热纳凉、科学考察、狩猎观鸟、冰川观光等。我国的山地景观主要有如下几种。

(1)五岳,包括东岳山东泰山、南岳湖南衡山、西岳陕西华山、北岳山西恒山、中岳河南嵩山。

(2)中国佛教四大名山,包括山西五台山(文殊菩萨道场,称"清凉佛国")、四川峨眉山(普贤菩萨道场,有日出、云海、佛光三大奇观,有"峨眉天下秀""雄秀西南"之称)、安徽九华山(地藏菩萨道场,称"莲花佛国")、浙江普陀山(观音菩萨道场,称"海天佛国")。

(3)中国道教四大名山,包括湖北武当山("道教第一名山")、四川青城山("青城天下幽")、安徽齐云山(乾隆誉之为"江南第一名山")、江西龙虎山(道教正一派发源地)。

(4)其他闻名于天下的名山,包括山东崂山(道教名山);安徽黄山(有奇松、怪石、温泉、云海之"四绝")和天柱山;浙江雁荡山(东南第一山、有"寰中绝胜"之称)、天台山(佛教天台宗发源地)和天目山;江苏镇江三山(金山、焦山、北固山);福建武夷山("三三秀水清为玉,六六奇峰翠插天");江西避暑胜地庐山(有瀑布、奇峰、云海、植被四大奇观)、鄱阳口插湖锁江的石钟山、革命根据地井冈山(朱德题名"天下第一山")。

(5)特色山体,包括湖北"神农架";湖南武陵源风景名胜区(有张家界、索西峪、天子山等)、岳麓山(有知名的岳麓书院,为中国宋代四大书院之一)和韶山(毛泽东故乡);四川乐山(有知名的乐山大佛);重庆缙云山;贵州梵净山;广西桂林山水;广东四大名山——丹霞山(中国红石公园)、西樵山、鼎湖山(有"北回归线绿宝石"之称)和罗浮山;海南五指山;台湾阿里山;吉林长白山;辽宁千山和医巫闾山;天津盘山(史称"京东第一山");珠穆朗玛峰(世界最高峰);等等。

山地旅游景区是以山地自然环境为主要的旅游环境载体,以复杂多变的山体景观、各种山地水体、丰富的动植物景观、山地立体气候等自然资源和山地居民适应山地环境所形成的社会文化生活习俗等人文资源为主要吸引物,集山地观光、休闲度假、健身、娱乐、教育、运动于一体的,具备相应旅游服务设施并提供相应旅游服务的区域。

2.喀斯特地貌景观

我国喀斯特地貌景观主要分布在如下地区。

(1)广东,肇庆七星岩有七座石灰岩山峰,形如北斗七星,山多洞穴,洞中多有暗河及各种奇特的溶洞堆积地貌。

(2)广西,桂林山水和阳朔风光主要以石芽、石林、峰林、天生桥等地表喀斯特景观著称于世。

(3)云南,石林风景区地表峰林奇布,主要为高大巨型石芽群景观,大部分灰岩山峰分布在河谷两侧,各种形态的石峰似人似物,形态逼真、栩栩如生,全国35片石林中该省有20片;溶洞景观有建水燕子洞、九乡溶洞等。

(4)贵州,黄果树瀑布岩壁为瀑布华地貌;本地溶洞地貌较多,主要有安顺神龙洞、织金洞、黔灵山麒麟洞、黎平天生桥。

(5)四川,九寨沟钙华滩流属于水下地表堆积地貌,如珍珠滩瀑布;黄龙风景区钙华池、钙华坡、钙华穴等组成世界上最大而且最美的岩溶景观。

(6)湖南,武陵源黄龙洞、冷水江波月洞,都是奇特溶洞景观,各种堆积地貌罗列其中,如神仙府洞,奥妙无穷。

(7)江西,鄱阳湖口石钟山景区绝壁临江洞穴遍布;彭泽龙宫洞长2000米,洞内可泛舟观景,堪称"地下艺术宫殿"。

此外还有浙江桐庐的瑶琳仙境、江苏宜兴的石灰岩溶洞和吉林通化的鸭园溶洞。瑶琳仙境是浙江省气势恢宏、景观壮丽的岩溶洞穴旅游胜地,也是浙江迄今发现的最大洞穴;洞长1000米,共有六个洞天,以"雄、奇、丽、深"闻名于世。宜兴石灰岩溶洞有"洞天世界"的美称,善卷洞、张公洞、灵谷洞又称"三奇",洞壑深邃,多奇石异柱,泛舟其中如入海底龙宫。通化鸭园溶洞有四个大厅,洞内满布石柱、石笋、石钟乳、石瀑、石帘、石莲花、石幔等堆积景观,并且深处有熔岩潭,深不可测,无法前往。

3.风沙地貌景观

风沙地貌景观包括风蚀地貌和风沙地貌。前者包括风蚀柱、风蚀蘑菇、风蚀垄槽、风蚀城堡等,如新疆乌尔禾风蚀"魔鬼城",罗布泊"雅丹"地貌;后者指风沙堆积作用形成的沙丘和戈壁,如敦煌月牙泉的鸣沙山、宁夏中卫的沙坡头都有鸣沙现象。还有一些"新月型"沙丘、"金字塔型"沙丘等景色也很壮观,如新疆塔克拉玛干沙漠和内蒙古巴丹吉林沙漠均有大量"新月型"沙丘、"金字塔型"沙丘分布。世界上著名的风沙地貌景观有非洲撒哈拉沙漠、美国亚利桑那州"彩色沙漠"等。

4. 海岸地貌景观

海岸地貌景观包括海蚀地貌、海积地貌、岩石海岸、沙质海岸、红树林海岸、珊瑚礁海岸等多种形态。蓝天碧水、金沙细浪、日出夕照、海上蜃景，相映成趣。中国的海岸旅游资源十分丰富。如大连金石滩，这里有令人神往的礁石奇观，并且海蚀崖、海蚀溶沟等海岸地貌发育齐全，还是著名的海水浴场。河北昌黎黄金海岸、山东青岛海岸、江苏连云港、浙江舟山、福建平潭岛和厦门鼓浪屿、海南三亚天涯海角、台湾清水断崖、广西红树林海岸等都是中国较为著名的海岸景观。

5. 特异地貌景观

特异地貌景观是指世界上较为罕见的地貌景观，如贵州以地缝、天坑、峰林之"三绝"著称的马岭河地缝裂谷景观、黑龙江以石龙石海和火山口为特色的五大连池火山熔岩景观、福建鸳鸯溪白水洋水下石板广场、云南元谋土林等。

(二)导游如何讲解地文景观

1. 从专业的角度进行讲解，行程安排科学

导游要视旅游者的类型和需求讲解不同的内容，详略得当；游览安排张弛有度，讲解与引导有机结合，提前做好安全提示，严防安全事故或意外事故发生；对旅游者中的特殊群体给予合理关照，沿途设置休息点，让旅游者能自主决定是跟随导览还是停留休息；注意随时清点人数，以防旅游者走失；尽量避开景区中存在安全隐患的路段和区域，如无法避开，要在游览初始时明确告知旅游者，包括位置、距离、长度、地形、隐患因素等；如有旅游者放弃游览，讲解人员应妥善安排其休息等候；讲解中应开门见山地强调景区生态状况和生态脆弱性，请旅游者配合保护生态环境，文明游览；如发生意外情况，应及时联络景区有关部门，以期尽快得到妥善处理或解决。

2. 从地质的角度进行讲解，丰富旅游者知识

导游要了解所游览景区的相关地质地貌学基础知识，根据不同景观资源的旅游功能，突出重点，灵活运用导游方法。导游要根据景观特征辨别和判断不同的地貌景观；掌握不同地貌景观的成因机理，能用简明扼要的语言向不同的旅游者讲解介绍；整体讲解与典型景物讲解相结合，注意点、线、面的结合；因时、因地、因人而异，灵活组织导游语言。例如，山地由于其地势高、体量大、范围广，山景垂直变化大，气候多样，在不同时间，山会给人以不同的感受：春见山容，夏见山气，秋见山情，冬见山骨；晓山高，夜山低，晴山近，雨山远。

3. 从文化的角度进行讲解，不随意编造讲解内容

我国的山川有着丰富的文化旅游内容。很多山地区域内分布有大量闻名遐迩的寺庙、宫观、古城垣，有寨堡、古战场遗址、摩崖题刻及造像等，可进行历史、文化、宗教、科学考察等多方面的旅游活动。对一些特殊的风景名山，特别是宗教名山等，导游在讲解过程中应该突出其文化特色；讲解民族文化、风俗、习惯等内容时，不得随意编造；讲解宜通俗易懂，避免歧义；引用古文、古诗词时，宜以平实生动的方式适当解释；对历史人物或事

件,应尊重历史的原貌,引用可考的文献资料,必要时提供出处;如遇尚存争议的科学原理或人物、事件,则宜选用中性客观的方式进行陈述。

4. 从美学的角度进行讲解,宣传真、善、美

以地文景观为主的景区一般具有雄、高、重、幽、秀、险、奇、峻等特点,可使人获得多种美感,是人们领略美学艺术的集结点,也是赏美、育美的理想之地,是人类"共享空间"的乐园,应该从美学特征的角度进行讲解;讲解内容的选取应与景区特色一致,根据不同的景观做出针对性的讲解;对于普通的景观,或以游览休闲为主体功能的景观,导游讲解应凸显其美学价值。例如,黄山的颜色和形态随四季的更替而不断变化。春天,盛开的鲜花色彩缤纷,点缀着四处的山坡;夏天,青绿的山峰一座连一座,泉水欢乐地汩汩流淌;秋天,是枫树火红的季节,把整个黄山装扮成红紫相间的世界;冬天,到处银枝银石,把群山变成一个冰与雾的世界。

三、水体类旅游资源的导游讲解技巧

(一)水体类旅游资源的基本知识

水体景观一般分为滨海景观、江河景观、湖泊景观、泉水景观、瀑布景观、冰川景观等类型。水域风光往往动中有静、静中有动。

1. 滨海景观

滨海景观主要是与海岸和海岛合为一体的复合景观,包括海潮、海啸、海风、海市蜃景等。例如,"壮观天下无"的钱塘江大潮,三亚亚龙湾珊瑚景观和新月形沙滩,以及被称为"东方夏威夷"的北戴河迷人风光。

2. 江河景观

江河景观主要包括大江大河及其冲积而成的著名峡谷。如著名的长江三峡(瞿塘峡、巫峡、西陵峡)、虎跳峡(长江第一湾)、雅鲁藏布江大峡谷(世界最深最长的大峡谷)等。双溪水库属于水域景观类湖沼亚类的湖泊、水库景观。还包括一些河川清流,如广西的漓江风光("山清、水秀、洞奇、石美"),浙江建德新安江等,以及山涧溪流风景,如福建武夷山九曲溪、湖南张家界金鞭溪(张家界山水的灵魂)、重庆巫山小三峡、福建鸳鸯溪、湖北神农溪等等。

3. 湖泊景观

著名的天然湖泊有"水天一色,风月无边"的湖南洞庭湖、"水光潋滟"的浙江杭州西湖、云南昆明滇池和大理洱海(构造湖)、中国最大的火山堰塞湖——黑龙江镜泊湖(火山湖)、王母瑶池仙境——新疆天山天池(冰成湖)、旷秀太湖(潟湖)、吉林长白山天池(火山湖)、中国第一大湖——青海湖(构造湖)、中国第一大淡水湖——江西鄱阳湖(构造湖)、甘肃敦煌

月牙泉(风蚀湖)。

4.泉水景观

地下水露出地表的天然露头称为泉。中国名泉主要有七大泡茶泉,即江苏镇江中冷泉、无锡惠山泉(天下第二泉)、扬州瘦西湖泉、浙江杭州虎跑泉,江西上饶陆羽泉、庐山招隐泉,以及安徽怀远白乳泉;具有医疗保健价值的有湖南安宁"天下第一汤"、安徽黄山汤泉、广东从化温泉、陕西临潼华清池、重庆南北温泉、黑龙江五大连池药泉;具有酿造功能的青岛崂山神水泉(青岛啤酒)、四川宜宾安乐泉(五粮液)、贵州赤水河畔清泉(茅台酒);具有观赏价值的山东济南趵突泉(乾隆御封"天下第一泉",济南故被称为泉城)、四川广元缩水洞的含羞泉、云南大理的蝴蝶泉、湖南嘉禾珍珠泉、河北野三坡鱼谷洞泉等。

5.瀑布景观

从陡坎和悬崖倾泻下来的水流称为瀑布。中国著名的瀑布景观有中国三大著名瀑布,即贵州黄果树瀑布(岩溶型瀑布)、黄河壶口瀑布(差别侵蚀型瀑布)、黑龙江吊水楼瀑布(火山熔岩瀑布)。此外著名的还有江西庐山"飞流直下三千尺"的香炉瀑布(构造性瀑布)、三叠泉瀑布和开先瀑布,四川九寨沟瀑布群、自贡崖墀沟瀑布,湖南衡山水帘洞,江苏连云港云台山水帘洞(《西游记》水帘洞),湖北神农架水帘洞,河南桐柏山水帘洞,福建武夷山水帘洞等。

6.冰川景观

冰川景观主要是在高山和高纬地区的具有特殊形态特征和地貌景观特征的水域风光资源。如珠穆朗玛峰冰川、天山乌鲁木齐河源一号冰川、海螺沟冰川和雪宝顶、嘉峪关祁连山七一冰川,国外著名的有勃朗峰、乞力马扎罗山、富士山、北极冰川、南极冰川等。冰川景观旅游资源主要以高大山体为依存条件,所以较高大的山脉一般成为冰川景观旅游的首选。

(二)水体的美学特征

1.形态美

海洋、江河、流泉、瀑布一般以动态为主,湖泊则以静态为主。也有的受到地形和季节的影响呈现出动中有静、静中有动的特点。在江河湖海的游览中,形态美的讲解能对旅游者产生很强的吸引力。如"西子三千个,群山已失高。峰峦成岛屿,平地卷波涛",把千岛湖的形态惟妙惟肖地勾勒了出来。同样,"五百里滇池,奔来眼底",道尽了滇池的浩森与辽阔。形态美的讲解,不仅能使旅游者在游览中欣赏到自然景观美,而且还能使其受到历史文化美的熏陶。

2.倒影美

倒影美是讲解江河湖海时应注意的第二个特点。由于水是无色的透明体,因此在光线的作用下,万物倒映皆成影。山石树木,蓝天白云,飞禽走兽,乃至人的活动都会在水中形成倒影,水上水下、岸边桥头实物虚影交相辉映,构成奇趣无穷的画面。例如,九寨沟镜湖具有"鱼在天上游,鸟在水底飞"的倒影景观美等。

3.声音美

水体运动所发出的各种声音,为旅游者造就了特定的情与境,因而声音美是导游讲解江河湖海时应注意的第三大特点。声音能让旅游者在旅游过程中获得重要的乐趣,如泉水的叮咚声、溪流的潺潺声、瀑布的轰鸣声等,清浊徐疾,各有节奏。有些景象虽无声音,人们却似感到声音的存在,有"此时无声胜有声"的效果。

4.色彩美

水本无色,但透入水中的光线,通过水分子的选择吸收和散射,会出现不同的颜色,给人以色彩美的享受。如渤海、黄海呈黄色,东海呈蓝色,南海呈深蓝色,黄河呈黄色,黑龙江呈黑褐色,鸭绿江呈鸭绿色,九寨沟的五彩池、五花海和火花海等则呈现出多种色彩。

5.光泽美

水体通过自身的运动,在光线的作用下,能产生美妙无比的光学现象,令人赏心悦目。著名的"水光潋滟晴方好",就是描写西湖晴空湖水光象美的诗句;又如三潭印月景象,就是月光、烛光、水光的交相辉映,形成"天上月一轮,湖中影成三"的美丽景色;宋代范仲淹称洞庭湖景色是"上下天光,一碧万顷";丽江古城中的万家灯火让本已浪漫的"小桥流水"再添万种风情。可以说,水体在日光、月光和灯光的共同作用下呈现出来的各种光学景象是非常美妙神奇的。

6.水味美

水本是无色、无味、无臭的液体,有些未被污染的水体水质清冽甘甜,还含有丰富的微量元素,如杭州虎跑泉水、青岛崂山矿泉水、济南的趵突泉等均为甘甜醇厚的泉水,成为酿酒、泡茶和饮料加工的理想水源。

7.奇特美

水体的最后一个功能是奇特美,这是自然界的奇特现象。如安徽寿县的"喊泉",其涌泉量与人声音大小成正比;四川广元的"含羞泉",一遇震动,泉水便似害羞的姑娘,悄然隐去,待安静后泉水复出;云南大理有"蝴蝶泉",其他地方还有"笑泉""水火泉""色泉",都是因奇特现象而成趣景。还有的水体,含有丰富的矿物质,具有可饮、可浴、可看、可赏的作用,如庐山温泉、五大连池药泉等,成为中国著名的矿泉理疗康复旅游区。

(三)导游如何讲解水体景观

海洋浩瀚无际,碧波万顷,怒潮澎湃,深邃奥妙。碧蓝无垠的海水、洁白飞溅的浪花、汹涌澎湃的怒潮,能给人以视野开阔、极目天涯之感,使人精神振奋、思潮澎湃、催人奋进。流泉、溪涧、小湖,则多给人以秀丽、幽美之感。江河湖泊常介于两者之间,虽有"孤帆远影碧空尽"的意境,但不及海洋带给人们的意境震撼与强烈。某些海岸虽然也具有秀丽幽美的景色,但不如泉、溪、小湖带给人的恬静与浓厚。所有这些,都是它们各自水体类型不同的缘故,因此,同为水体,其类型不同,美的风格也不同。

1. 从水的美学特征进行讲解

水是构景的基本要素,具有形、影、声、色、光、味、奇等形象生动的特点。导游如能准确掌握这些特点,把自然美和人文美有机地结合起来,将这些美感特征介绍给旅游者,可提高旅游者的兴致,将其带入情景交融的境界。以湖泊为例,湖泊面积大小不同,给人的美感不同。大湖泊能给人以敞旷的美感,所以古人用"帆影点点,烟波浩渺"来描述太湖风光;用"落霞与孤鹜齐飞,秋水共长天一色"来赞美鄱阳湖的绝妙景色。小湖泊多给人以清秀的美感,所以苏轼用"欲把西湖比西子,淡妆浓抹总相宜"来赞美西湖。此外,人们还用"一面明镜""一颗明珠"来形容清澈的小湖。

2. 突出"水文化"

中国山水一直都是文人墨客歌咏的对象,形成了中国特有的寄情山水的文化内涵。导游要向旅游者讲解水文化的内涵。如李白在《峨眉山月歌》中写的"峨眉山月半轮秋,影入平羌江水流",描写的就是诗人看到峨眉山上空的半轮秋月,月影倒映在流动不息的平羌江上,意境非常幽雅宁静。再比如杜甫在《登高》中写的"无边落木萧萧下,不尽长江滚滚来",将长江宏阔的境界、磅礴的气势一语写尽,给人以无限遐想的思绪。

3. 讲解水体风格与差异

同为水景,但因为水的类型不同,如海水、江水、河水、湖水、泉水、溪水等带给人们的景致也不同。比如李白《将进酒》"黄河之水天上来,奔流到海不复回",写出了黄河一泻千里、气势磅礴的壮阔场景。导游要全面了解不同水体的风格差异,进行重点突出的差异化的讲解,还可以适当引用名人名句来增加导游词的文学色彩,丰富表达层次。

4. 从景观类型讲解其特征

大海给人宽广的力量,江河给人动感,湖泊给人宁静,导游要从景观类型来进行讲解,让旅游者获得美的享受。①滨海景观,要突出海滨的伟岸、辽阔;②江河景观,要突出其景色多姿、类型丰富;③湖泊景观,要突出大湖泊的旷畅,小湖泊的清秀,高山之巅湖泊的神秘、奥妙、幽静、清澈;④泉水景观,要突出奇特性、多功能及转换性;⑤瀑布景观,要突出其三态变化:形态、声态、色态。

宋代范成大在《初入巫峡》中写的"束江崖欲合,漱石水多漩。卓午三竿日,中间一罅天",突出了长江的险峻;唐朝诗人王之涣《登鹳雀楼》对黄河的描述——"白日依山尽,黄河入海流。欲穷千里目,更上一层楼",成为黄河壮阔场面的千古绝唱。即使是同一条江河,因地段不同,所造景致也不同,如长江三峡中瞿塘雄、巫峡秀、西陵险,各有各的美。

5. 从时代变迁讲解其作用

从时代变迁讲解江河湖海的作用,可使旅游者全面了解有关人文造景的因素,诸如政治、经济、军事、交通、文化、宗教、民俗等方面的内容。只有将实际情况准确运用到讲解中去,才能丰富讲解的内容和文化底蕴,体现人与自然的和谐统一,从而将导游工作开展得有声有色。

四、生物类旅游资源的导游讲解技巧

(一)生物类旅游资源的基本知识

生命演化至今,丰富多彩的生物使地球生机盎然,生物资源具有构景、成景、造景三个方面的旅游意义。动植物能单独构成旅游景观。松涛滚滚、鱼儿雀跃、鸟语花香是动植物本身形成的旅游景观,如花展、动物展、植物园、动物园,以及各种以动植物为题材的旅游节等。动植物作为环境的重要组成部分,既受其他环境因子的制约,也影响其他环境因子的发生发展。苍山翠岭是地貌景观,但这些地貌景观如果没有植被的衬托,就没有了灵气和生机,没有了对旅游者的吸引力。因此,生物资源也是其他旅游资源不可缺少的重要组成部分。生物景观大致分为以下五类。

1.森林景观

森林景观主要指具有独特的美学价值和功能的野生、原生及人工森林。我国比较有名的森林景观资源有湖南张家界国家森林公园(中国第一个国家森林公园)、云南西双版纳原始森林景观("植物王国"和"动物王国")、吉林长白山原始森林("温带生物自由基因库"、红松之乡)、四川自贡的五条沟自然风景生态旅游区、广东肇庆鼎湖山亚热带季风常绿阔叶林、安徽天堂寨国家森林公园("中华植物王国之最")、广西合浦东南部山口红树林景观、四川长宁和江安之间的"蜀南竹海"、浙江"安吉竹海"、湖南"益阳竹海"等。

2.草原景观

草原景观主要指大面积的草原和牧场形成的植被景观。我国著名的草原景观资源主要有内蒙古锡林郭勒草原、新疆巴音布鲁克草原和甘肃夏河草原。

3.古树名木

古树名木主要是指单体存在的古老名贵的树木。我国名木主要有:银杏、水杉、水松、银杉等世界植物"活化石",安徽黄山迎客松("黄山四绝"之首),陕西黄陵的"轩辕柏"(5000多年历史,堪称"世界柏树之父")、山东孔庙"先师手植桧"(2000多年)、泰山"五大夫松"、四川自贡的"惜源情恩",等等。

4.奇花异草

奇花异草主要是指珍稀花卉和草类。古人给奇花异草起了许多优雅的名字:"岁寒三友"(松、竹、梅),"四君子"(梅、兰、竹、菊),"花草四雅"(兰、菊、水仙、菖蒲),"园中三杰"(玫瑰、蔷薇和月季),"花中四友"(山茶花、梅花、水仙、迎春花);还有中国十大名花——"花王"牡丹、"花相"芍药、"花后"月季、"空谷佳人"兰花、"花中君子"荷花、"花中隐士"菊花、"空中高士"梅花、"花中仙女"海棠花、"花中妃子"山茶花、"凌波仙子"水仙花。中国主要观花之地有苏州(梅花)、洛阳(牡丹)、杭州(玉兰)、云南(奇花异卉大观园,如昆明市花山茶花,还有杜鹃花、百合花、龙胆花等)、贵州("百里杜鹃"林,中国最大杜鹃花观赏胜地)、漳州("百里花市"看水仙),此外还有扬州(琼花)、南阳(月季)、广州(菊花)、桃源(桃花)等等。

5.珍禽异兽及其自然保护区

珍禽异兽及其自然保护区指现存数量较少或者濒于灭绝的珍稀动物和保护珍稀动物栖息地的自然保护区。中国特有的金丝猴及其栖息地四川九寨沟白河自然保护区,"长江里的大熊猫"白鳍豚及其栖息地长江,白唇鹿及其栖息地青藏高原,"东方宝石"朱鹮(红鹤)及其栖息地陕西洋县自然保护区,东北虎及其栖息地吉林长白山自然保护区,丹顶鹤及其栖息地广东鼎湖山自然保护区,青海湖鸟岛自然保护区,藏羚羊、野牦牛等蹄类动物及栖息地新疆阿尔金山自然保护区,还有辽宁老铁山蛇岛、海南猴岛等珍稀动物栖息地。

(二)植物景观的导游讲解技巧

1.突出形态

大自然的花草树木,高低不同,大小不一,千姿百态,风格迥异。银杏、水杉等乔木可以长到几十米,有些草木却只有几厘米高;巨莲的叶子上可以坐一个小孩,而青萍的叶片,直径不足1厘米。各种树木,或挺拔雄健,或婀娜多姿,形状各异。白杨树像直插蓝天的宝剑,荔枝树"树形团团如帷盖";水杉如宝塔,雪杉像巨伞;松柏遒劲刚直,柳树万条丝绦。树叶和花形也是多彩多姿的。叶有单叶、复叶、全叶、裂叶之别,形状有桃形、圆形、梭形、扇形之分;花有大、小、繁、简之分,层次有单层、多层之别。菊花姿态万千,令人眼花缭乱,美不胜收。凌霄花似一口倒挂的金钟,牵牛花像喇叭,更奇妙的是"国宝"级奇花珙桐花,看上去像一只只可爱的白鸽。

2.突出色彩

花草树木以其多样的色彩,给人以愉悦的感觉。所谓姹紫嫣红,就是对植物色彩的描绘。绿色,是植物最基本、最普遍的色彩,因为叶绿素的光合作用是植物赖以生存的重要生理机制。绿色成了生命和青春的象征。但并非所有植物的叶子都是绿色的,如紫苏的叶就是深紫色。同时,叶子在生长的过程中,会绘出一幅绚丽无比的天然图画。

3.突出香味

植物的茎、叶、花、果,不仅装饰了自然景观,有的还散发出沁人心脾的芳香,给人以欢快的嗅觉美,从而调节情绪,益于身心。植物的芳香给人带来了极大的审美享受,无论是香远益清的荷花、浓香扑鼻的桂花,还是幽香缕缕的兰花、清香阵阵的梅花,它们的美跟那诱人的芬芳是分不开的。同是对梅花的描写,"暗香浮动月黄昏"的嗅觉美使得"疏影横斜水清浅"的视觉形象变得更加真实和生动,使得梅花的美感趋于立体化。有些花就是主要依靠香气吸引人们去观赏的。如桂花,它的花形很小,颜色也不是那么鲜艳,但由于它香气浓烈,在秋风中可以飘出数里,才成为受人们喜爱的花。

4.突出功能与性能

植物除了具有审美价值，还具有实用价值。许多植物具有药用价值，成为中草药的主要来源；有的具有经济价值，可用来制作各种生活用品及工艺品；有的还具有食用价值，成为餐桌上的美味佳肴。有的植物的这些功能较为明显，有的却不为常人所知。导游在讲解中，应突出植物的功能，同时还应介绍植物的生长性能，包括其对温度、气候、土壤条件等各方面的要求和分布特点，如白杨树的生长特性、银杏树的雌雄异株等。

5.突出寓意

有些植物富有深刻的寓意，使人获得稳定而丰富的意境和多种美感。中国人民自古有通过植物来寄托自己感情和理想的传统。如以苍松象征高洁、刚强、长寿；以竹象征刚直、清高、虚心；以梅花象征傲骨、孤高；以荷花象征洁身自好等。周敦颐在《爱莲说》中说："予谓菊，花之隐逸者也；牡丹，花之富贵者也；莲，花之君子者也。"这里指的就是花的寓意美。

(三)动物景观的导游讲解技巧

动物是旅游环境中最活跃、最生动的因子。兽、禽、鱼、虫等有不同的形态外貌、生活习性、活动特点、鸣叫声音，可供观赏娱乐，还可以开发狩猎、垂钓等旅游活动。动物作为自然景观的构成要素，与植物常常不可分离，有草才有虫，有树才有鸟。导游讲解动物景观应注意如下几点。

1.突出动物的奇特性

奇特是指动物在形态、习性等方面的奇异性与逗乐性。一些体形奇异、罕见或不易接触的动物，如象、虎、豹、狮、河马、长颈鹿等，已成为某些景区或动物园的观赏对象。又如"娃娃鱼"大鲵、"四不像"麋鹿、金丝猴、丹顶鹤、"弹琴蛙"、"枯叶蝶"等，都具有很强的奇特性。动物能活动、迁徙，进行种种有趣的表演，对游人的吸引力大大超过了植物。

2.突出动物的珍稀性

"物以稀为贵。"特有的、稀少的，甚至濒临灭绝的动物，往往成为人们关注的焦点。如大鲵、扬子鳄、褐马鸡、朱鹮、丹顶鹤、黑颈天鹅、大熊猫、白唇鹿、东北虎等，都是集观赏价值与保护价值于一身的珍稀性动物。

3.突出动物的文化性

一些动物也具有象征性含义，如鸽象征和平，龟与鹤象征延年益寿，虎象征王者威严，狮象征勇猛无比，狐象征阴险狡诈，蛇与蝎象征狠毒，猴子象征机灵，喜鹊象征吉祥，等等。这些审美含义，使得动物具有某种独特的文化意蕴。动植物的这些象征意义，都是导游讲解的很好素材。导游生动形象的比喻，可以拓展旅游者的思维空间，使其获得更深层次的审美感受。

4.突出动物的科普性

给旅游者留下深刻印象，最好的方法就是注意趣味性，尽量调动旅游者的思考，以问答的形式进行导游讲解。例如，园区的马、熊为什么会对着电线跳舞？为什么鸵鸟喜欢将自己的头埋进地里？……将动物的科普知识实实在在地传递给旅游者，使旅游者在游览过程中有所收获。例如,乌贼的身体里有一个墨囊,里面有浓黑的墨汁,能在遇到敌害时迅速喷出,将周围的海水染黑,掩护自己逃生;壁虎的尾巴又细又长,遇到敌人攻击时会自动断落,离开身体的尾巴还能不断地摆动,吸引敌人,自身就能逃之夭夭;刺猬在敌人来临时,便把身体蜷缩成团,头埋在中间,使贪食的对手无从下口;变色龙等动物有保护色,也叫伪装色,也就是它们的颜色和生活的环境很相似,就像穿上了隐身衣,让敌人很难发现;喜鹊是能从镜子里认出自己的非哺乳动物;树袋熊一天要睡 18 个小时;蓝鲸的嘴可以容下 20 吨水,但喉咙只有沙滩排球那么粗。

5.挖掘动物自身的特色元素

挖掘动物自身的特色元素,加强园内故事的搜集与打造,可以获得精彩的讲解素材。例如,园中狮子和老虎能够和谐地生活在同一区域的原因,英雄妈妈长颈鹿的故事,等等。导游在科普知识的同时,还要善于将园区内发生的故事元素结合起来,这样讲解才生动并具有感染力,才能让旅游者真切体会到讲解对象身上的故事与内涵。

课件

五、信息链接

信息 1

中国十大名山

1.山东泰山

泰山,古称岱宗,位于山东东部,主峰玉皇顶海拔 1532.7 米。泰山素以壮美著称,呈现雄、奇、险、秀、幽、奥、旷等诸多美的形象,泰山景区内有著名的黑龙潭、扇子崖、天烛峰、桃花峪等十大自然景观,以及旭日东升、晚霞夕照、黄河金带、云海玉盘等十大自然奇观。

2.安徽黄山

黄山,位于安徽南部,有三大主峰:莲花峰(1864.8 米)、光明顶(1841 米)、天都峰(1810 米)。这里千峰竞秀,气势磅礴,雄姿灵秀。黄山集名山之长,如泰山之雄伟,华山之险峻,衡山之烟云,庐山之瀑,雁荡之巧石,峨眉之秀丽,黄山无不兼而有之。明徐霞客赞曰:"登黄山天下无山,观止矣!"又有"五岳归来不看山,黄山归来不看岳"的名句。

3.陕西华山

西岳华山位于陕西西安以东的华阴市,古称太华山,海拔 2154.9 米。在五岳之中,华山以险著称,登山之路蜿蜒曲折,到处都是悬崖绝壁,所以有"自古华山一条道"之说。华山的名胜古迹也很多,庙宇道观、亭台楼阁、雕像石刻随处可见。

4.江西庐山

庐山在江西北部,北临长江,东濒鄱阳湖,主峰汉阳峰海拔 1473.4 米,一山独峙,雄奇秀拔,云雾缭绕,山中多飞泉瀑布和奇洞怪石,名胜古迹遍布,夏天气候凉爽宜人,是我国著名的旅游风景区和避暑疗养胜地。

5.山西五台山

五台山位于山西五台县境内,海拔1000米以上,主峰北台顶海拔3061.1米,被称为"华北屋脊"。其五峰如五根擎天大柱,拔地而起,巍然矗立,峰顶平坦如台,故名五台。五台山是一个融自然风光、历史文物、古建艺术、佛教文化、民俗风情、避暑休养于一体的旅游区。

6.四川峨眉山

位于四川的峨眉山,主峰万佛顶海拔3079.3米。素称峨眉高出五岳,秀甲天下,是"普贤道场"。作为中国佛教四大名山之一,那里四季晨钟暮鼓,香烟弥漫,佛音缭绕,从山麓至山顶"一日有四季,十里不同天"。

7.西藏珠穆朗玛峰

珠穆朗玛峰是喜马拉雅山主峰,海拔8848.86米。有国家级自然保护区。保护区内生态系统类型多样,基本保持原貌,生物资源丰富,同时具有丰富的水能、光能和风能资源,以及由独特的地理特征、奇特的自然景观和民族文化、历史遗迹构成的重要旅游资源。

8.台湾玉山

巍峨挺拔的玉山山脉,耸立在台湾岛中央偏南、阿里山东侧、中央山脉以西。同名主峰海拔3952米,为台湾第一高峰。因常年积雪,远望如玉,因而得名。登顶俯视,群山如丘,河溪如带,远望太平洋,回顾台湾海峡,只见无穷蔚蓝空碧,仿佛天地相接,直觉浩气充溢于胸。

9.吉林长白山

长白山,坐落在吉林东南部,海拔2500米,以其雄伟的景色闻名中外。一望无际的林海、奇异的垂直景观、变化万千的气象等,美在自然,美在神奇。栖息其间的珍禽异兽等地方特产已成为对外贸易的重要商品。近年来长白山观光旅游者络绎不绝。

10.福建武夷山

武夷山位于福建武夷山脉北段东南麓,主峰黄岗山海拔2160.8米。自古以来,武夷山就以"奇秀甲于东南"的自然风光,令古今游者折服,而武夷山丰厚的底蕴、悠久的历史文化和无数优美动人的故事、典故及传说,又令中外游人陶醉。

信息 2

中国十大瀑布

1.黄果树瀑布

雄浑瑰丽的乐章:黄果树瀑布河水的缓游漫吟和欢跃奔腾奇妙地糅合在一起。从74米高的悬崖之巅跌落的是整整一条河的热忱,它既有水量丰沛、气韵万千的恢宏,又有柔细飘逸、楚楚依人的温柔,81米宽的瀑面上水汽飘然,若逢适当的阳光照射还可形成迷人的彩虹。

2.雁荡大龙湫

我国落差最大的瀑布:整座雁荡山能叫得出名称的瀑布有20余处,最为著名的是190余米高的大龙湫。小龙湫西去20多千米才能与大龙湫谋面,路途虽遥,却有一路风光相随,倒也不显得寂寞。大龙湫的特色在于,一股悬空脱缰而下的急流,因落差太大,在山风吹拂下,分成各具特色的两段,上半段白练飞舞,下半段如烟如雾。

3.马岭河瀑布

中国最大瀑布群:马岭河发源于乌蒙山脉,马岭河的瀑布飞泉有60余处,而壁挂崖一带仅2千米长的峡谷中,就分布着13条瀑布,形成一片壮观的瀑布群。最具特色的是珍珠瀑布,四条洁白而轻软的瀑布从200多米高的崖顶跌落下来,在层层叠叠的岩页上时隐时现,撞击出万千水珠,水珠在阳光照耀下闪闪发光,似有人居高临下筛落满崖的浪花。

4.庐山瀑布

诗意瀑布:庐山瀑布群是最有历史的,历代诸多文人骚客在此赋诗题词,赞颂其壮观雄伟,给庐山瀑布带来了极高的声誉。最有名的自然是唐代诗人李白的《望庐山瀑布》。

5.流沙瀑布

细腻瀑布:位于湘西的流沙瀑布落差达216米。从德夯镇出来,沿村寨小路步行前往流沙瀑布,一路且行且停,在一个拐弯处,便能远远看到瀑布了。大部分时候,瀑布从绝壁之上腾空而下,由于极高的落差,流水到了下面就散落成流沙状。

6.九寨沟瀑布

洁净瀑布群:在九寨沟里,沿着水流步行是一种无比美妙的享受。从箭竹海、熊猫海、五花海、孔雀河到珍珠滩,从皑皑的积雪到淙淙的溪水,从纷乱的瀑布到静守的湖泊,无论多么清纯的溪流走的也是如大江大河一样坎坷的生命之路,水的幸运和悲壮都裸露在大地。

7.吊水楼瀑布

中国最大火山瀑布:长久以来,牡丹江一直是一条很温顺的河流,一万年前的火山爆发,改写了牡丹江的生命流程。第四纪玄武岩流在吊水楼附近形成了天然堰塞堤,拦截了牡丹江出口,提高水位而形成了90多平方千米的镜泊湖。

8.壶口瀑布

世界第一黄色瀑布:在中国,从来没有一条河被赋予这么多的荣誉和责任,黄河在被尊为"母亲"时,也被寄托了太多的历史使命。黄河流经晋陕峡谷到达吉县境内,水面一下子从400多米宽收缩为50余米,《尚书·禹贡》只用八个字形容它:"盖河漩涡,如一壶然。"壶口瀑布的形象跃然纸上。

9.德天瀑布

亚洲最大的跨国瀑布:归春河水在千岩万壑中划出了中越两国的界限,不论春夏秋冬,她都碧绿清澈,淳朴得像崇山峻岭中的女孩。德天是广西大新县边陲乡村的名字,归春河选择了在这里展示她倔强与柔美的万千风情。她从石崖绿树掩映中倾泻而出,飞流曲折,形成宽100多米、落差70多米、三层跌宕而下的瀑布。德天瀑布从被造就的那一天起,就成了归春河最激情的表达。

10.银练坠瀑布

柔美瀑布:银练坠瀑布在天星桥景区内,离黄果树瀑布只有7千米。几块巨岩犹如自然垂下的肩膀,让流水轻盈地漫过,缓缓地汇聚在深潭里。岩石表面就像粗糙的皮肤,流水在上面形成了美丽的银色颗粒,因此整个景观就仿佛银练纷垂,其柔美风韵让人的心一下子软了几分。

泰山导游词

朋友们好！热诚欢迎你们到泰山来,今天我将和大家一起从泰山中路登上山顶。高大、古老的泰山具有丰富的自然与文化的积淀,已被联合国教科文组织列入世界自然与文化遗产名录。现在,我们仍要像古人那样问一句"岱宗夫如何?"然后,我们一起步入大山,去领略泰山的神韵。

这里是岱庙。从岱庙开始,经岱宗坊、一天门、红门、中天门、升仙坊至南天门,是古代皇帝封禅泰山所走过的路,现在被知名人称为"登天景区",也称中路,是如今泰山登山六条路中最古老的一条,我们将从这条路登上极顶。

正阳门内就是岱庙了。岱庙有着如此的魅力,取决于它自身的特征。首先,它的围墙便与一般庙宇不同,围墙周长 1300 米,五层基石,上砌大青砖,呈梯形,下宽 17.6 米,上宽 11 米,高约 10 米,共有八座门:正中为正阳门,是岱庙的正门。由正阳门进得岱庙来,迎面是配天门,取孔子说的"德配天地"之意。配天门两侧,东为三灵侯殿,西为太尉殿,三殿之间以墙相连,构成岱庙中间第一进院落。过了仁安门,便是雄伟高大的宋天贶殿,它又叫峻极殿,是这座庙宇的主体。天贶殿面阔九间,643.67 米,进深五间,17.18 米,通高 23.3 米。大家看,天贶殿坐落在宽敞的白色台基之上,周围石雕栏楯环绕,云形望柱齐列,使天贶殿与四周的环境产生了奇妙的效果。

......

这里就是泰山有名的十八盘了。大约 25 亿年前,在一次被地质学家称作"泰山运动"的造山运动中,古泰山第一次从一片汪洋中崛起,以后几度沧桑,泰山升起又沉没,沉没又升起,终于在 3000 万年前的"喜马拉雅山造山运动"中,形成了今天的模样。古老的造山运动造就了泰山南麓阶梯式上升的三个断裂带,最上一层从云步桥断裂带到极顶,海拔陡然上升 400 多米,使得这一层地带与四周群峰产生强烈对比,犹如宝塔之刹,形成了"东天一柱"的气势。这里是紧十八盘,也是整个登山盘路中最为艰难的地段了。大家看,石壁上古人的题刻:"努力登高""首出万山""共攀青云梯"......

南天门到了,我们现在已置身"天界"了,虽然我们并没有成仙,但我们在这里领略到了"登天山而小天下"的豪迈。进了南天门,与之相对的大殿取名为"未了轩",未了轩两侧各有一门可以北去。出门往西有一山峰叫"月观峰",山上有亭,名月观亭。据说,天高气爽的深秋时节,在这里还可以一览"黄河金带"的奇异景观:在夕阳映照的天幕下,大地变暗了,唯有一曲黄河水,反射出了太阳的光辉,像一条闪光的金带,将天与地连在一起。入夜,在皎洁的月色下,由此北望可见济南的万家灯火,因此月观峰又称"望府山"。

......

天街最东端就是碧霞祠了,我给大家讲讲碧霞元君的故事。碧霞元君的前身是泰山女神,在民间被称作"天仙玉女碧霞元君",是百姓心目中的泰山主神,并被称作"泰山老母"。民众对泰山老母的信仰与喜爱,是一种历史积淀下来的埋藏在人们心灵深层的对母亲的爱。多少年来,碧霞元君赢得了百姓的爱戴,至今仍高踞泰山之巅,接受着善男信女的香火,召唤着离乡的游子。

......

玉皇庙建在极顶上,红墙碧瓦像是给泰山戴上了一项桂冠。由山门进庙,最先看到的是院中央的"极顶石"。极顶石卧在一圈石栏中,高不盈米,表面粗糙,如果在别处,将是一块最普通不过的石头。但是在这里,它的旁边有碑写着"泰山极顶 1545 米"。根据地质学分析,就是它,在 3000 万年前从海槽中率先拱起,它根植于 1 万米的地壳深处;就是它,有着数百平方千米的基座,整座大山托举着它,使它高耸云天,以至玉皇庙中的玉皇大帝简直成了它的守护神。

朋友们,一天的行程已经结束。希望你们能再度到泰山来。谢谢大家!

信息 4

巫峡导游词

巫峡是三峡中最长的峡谷,以幽深秀丽闻名中外。巫峡最享盛名的是巫山十二峰,峰峰奇绝,就像一串翠绿的宝石镶嵌在江畔,其中以神女峰最富魅力。由于巫峡湿气蒸腾不散,容易成云致雾,随时可见云雾或缠绕于山腰,或飘浮于江面,因此,古代文人骚客游历三峡时,感受最深的莫过于三峡的云和三峡的雨。

巫山云雨乃天下云雨之冠。用巫山云比喻爱情的以唐代诗人元稹为甚。他在《离思五首·其四》中这样吟道:"曾经沧海难为水,除却巫山不是云。取次花丛懒回顾,半缘修道半缘君。"据说,这是元稹为悼念亡妻而作,诗中以巫山之云比喻他对爱妻的无限眷念之情——经历过沧海水、看过巫山云的人不再以其他地方的水云为美。诗人之挚爱与真情可谓感人肺腑。

巫山小三峡更是王冠上的明珠,为天下绝境。小三峡雄奇之中带着秀美,龙门峡峭壁高耸入云,巴雾峡云霞缭绕,滴翠峡水嫩苍翠。

思考与练习

1. 如何将"仁者乐山、智者乐水"这句话运用于导游讲解中?
2. 为什么说"游山玩水"可以使人增长见识、拓宽视野?

讲座视频

讲座课件

第五篇

国内外旅游者接待技巧及特殊旅游团的导游应对技巧

第十五章　国内外旅游者接待技巧及注意事项

学习目标

◎ 了解不同国家或地区的旅游者的性格、爱好、禁忌；

◎ 掌握针对不同国家或地区的旅游者进行讲解的常用方法与技巧；

◎ 能针对不同国家或地区的旅游者的特征进行导游讲解。

　　不同国家或地区的旅游者具有不同的性格、爱好与禁忌。可以说,导游是项既需要带团经验又可丰富人生阅历的工作,导游要在实践中慢慢摸索出跟不同国家或地区的旅游者交往的技巧,减少工作中的失误,让旅游者充分感受到导游对他们的关心与帮助。

一、国内外旅游者的基本特征

　　旅游者的性格特征往往因地理环境、文化环境不同而表现出不同。地理环境因素包括地区、城市、乡村、人口密度、气候、地形地貌等。文化环境是指旅游者所在国家或地区的宗教信仰、社会文化和民风民俗等多种因素而形成的一个综合环境。另外,旅游者因年龄、性别、职业、收入、受教育程度、社会阶层、家庭人口、国籍、民族和宗教信仰等不同,也往往会在心理及性格上形成一些相似的特征。

　　东方人的思维方式一般是从抽象到具体、从整体到局部,注重感性认识。在表达某种意愿或言行时,含而不露,却耐人寻味。其神经对环境的微小刺激非常敏感,通过少量的外界刺激就可以获得很大的信息量。例如,中国人喜欢调和折中,个体性格内敛,讲求内心平衡,心态平和,追求"宁静以致远"的境界;韩国人自尊、重礼,生活要求不高,耐性好,能够坚持不懈地开展快节奏的旅游活动;日本人好胜,办事认真,讲究礼貌,注重小节,喜欢集体活动,自律性强,热衷购物,喜欢紧张丰富的游览安排。

　　西方人的思维方式一般是从具体到抽象、从局部到整体,注重理性认识。西方人追求专业,讲求分工与合作,重视人际交往的直率,办事倾向彻底、崇尚变革。例如,美国人讲话随便,个性要求高;做事讲究实际、注重利益,重合同、法律观念强,坚持公平合理,注重时间效率。英国人矜持、冷静,讲究绅士派头,时间观念强,不喜欢多变;办事认真,注重礼仪,重交情,对建设性的意见反映积极。法国人热情、奔放,不拘小节,容易激动,比较活跃,喜欢自由活动;注重修养(服装、文学、艺术),时间观念淡薄、注重假期,注重个体、个人权限大,作风松垮、不专注细节。德国人踏实、勤奋、守纪律,好清洁,热衷古典文化;做事严谨、充分调查、果断、直接、诚实,重标准、重质量,固执、不喜欢让步。俄罗斯人办事果断,喜欢大企业、大买卖。

需要说明的是,国内外旅游者的这些基本特征不是"万能公式",导游不能因为这些基本特征而给旅游者"贴标签",刻板印象的形成反而不利于导游工作的安排。在实际工作中,导游要在这些基本特征的基础上,做到因人而异、因时而异、因地而异,灵活地提供个性化服务。

二、国内旅游者的基本特征及接待注意事项

(一)南方旅游者的基本特征及主要的接待注意事项

1. 以广州为中心的珠江三角洲及邻近地区

珠江三角洲中心区域包括广州、深圳、珠海等9个广东城市。广东是近代民主革命的发源地,也是东西方文明的交汇点,是改革开放的桥头堡和排头兵;广东在中国的南面,靠近海洋。广东人充满朝气与活力,头脑灵活,富于冒险性、开创性,敢为天下先,对空头理论不感兴趣,善于变通,有踏实肯干的习性。广东人看重效益和价值,不注重形式和外表。受历史、地域、政治和文化因素的影响,广东旅游者具有以下明显特点:出游意识强;除了吃、住、行,其他不讲究;很少空谈,注重商机;购买能力较强;讲究语言的意义,数字方面喜欢"6"和"8"。

接待时要注重以下三点:①以吃为主,安排好生活,可组织他们去吃消夜,谈论些生意经和饮食文化;②重视参与,组织好游览;③掌握适度,参谋好购物。

2. 以上海为中心的长江三角洲及邻近地区

长江三角洲(以下称"长三角")地区包括上海、江苏、浙江、安徽等。长江流域历史悠久,是中华文化的发祥地之一,江浙一带自古为繁华之地,上海是全国最大的工商业中心,经济的繁荣促进文化艺术的发展,在优越的自然环境和独特的历史发展过程中,长三角一带逐步形成了以灵毓秀雅、尚文崇慧为特色的吴越文化,因此也凸显出当地的个性特点。

长三角一带的人有明显的特征,他们快活随和,善解人意,遇事少冲动,多权衡,惯于曲里求直,淡中见奇,喜欢新鲜事物。从旅游者的角度来分析,又表现为:旅游意识强,对导游的要求高;保险观念足,维权意识强;身处大都市,了解海外情;商业气氛浓,市场感很强。

该地区人的文化底蕴比较深厚,可多谈历史人文的东西。接待时应注意:①产品资料

价格要清楚,尽量详细些,耐心地解答他们提出的问题;②要尽量安排清淡些的食物,适当地加入一些当地特色的菜肴;③节目安排紧凑;④接待小心仔细,严格按导游规范、旅游合同行事。

(二)中西部地区旅游者的基本特征及主要的接待注意事项

1.西南地区

西南地区包括云南、贵州、四川、重庆等,是多民族聚居地,民俗风情各异,地域文化独特。

西南地区的人们总体上具有如下特征:①淳朴厚道,热情好客,讲究礼貌;②能歌善舞,苗族和侗族还有吹芦笙、跳芦笙舞的习惯;③勤俭节约,吃苦耐劳,吃住一般都不挑剔,鄙视眼高手低、游手好闲、好高骛远的行为,有自强不息、勤劳朴实、脚踏实地的性格;④处事谨慎,不爱冒险。

针对该地区人们的特点,导游要注意:热情友好,充分尊重,若能够多学些他们的歌舞,对他们会更有亲和力。

2.西北地区

西北地区包括内蒙古、宁夏、甘肃、新疆、陕西、青海等,幅员辽阔,地广人稀。古代匈奴、突厥、乌桓、女真等游牧民族都曾建立政权于大漠南北。现在西北地区有近50个民族居住,形成了交相辉映的多元民族文化。

总体上,西北地区系以传统游牧文化和伊斯兰文化为主要特色的多元民族文化。长期的游牧生活,造就了该地区人们强壮的体魄和热情、剽悍的性格。甘肃、宁夏、新疆及青海等西北省区是中国穆斯林最主要的分布区域。穆斯林饮食禁忌比较严格,禁食自死物、血液、猪肉及非诵真主之名宰杀的动物,除此之外,那些性情凶猛的、吃肉的、有爪子的、不反刍的凶禽猛兽、形状怪异的水产类如鹰、鹞、枭、虎、狼、狮、狗、熊、狸、鼠、猴、狐、鲨、鲸、鳖、龟等,均禁食。①

针对该地区人们的特点,导游要注意以下几个方面:①尊重他们的民族习惯和宗教信仰;②在餐饮安排方面严格注意饮食;③接待风格热情豪放。

3.以湖北、湖南、江西等省区为代表的华中地区

湖北人的聪明、不服输精神自古远扬中外。湖北人重友情,肯帮忙。朋友一旦有困难找他们帮忙,多半能得到有力的帮助。湖北高考竞争激烈,高分者甚多。湖北人很善于读书,著名的黄冈中学名噪全国。天门是内地著名的侨乡,仙桃、潜江也很富裕。湖北人既有北方人的率直,又有南方人的精明;冬冷夏热的气候变化,造成了湖北人的火暴性格,而道家文化的潜在影响,又使湖北人不爱显山露水。因此,他们兼具楚人的蛮气和灵气,聪慧而好勇,出了不少文人武将。

湖南人号称"南方的北方人",性格张扬刚烈,像辣椒一样火暴,嗓门也比较大。史书上许多赞誉之辞都给了湖南人:"惟楚有材,于斯为盛""楚虽三户能亡秦""无湘不成军""湘人

---

① 中国宗教协会:《中国宗教百科大辞典》,民族音像出版社2007年版,第157页。

不倒,华夏不倾""天下不可一日无湖南"。湖南人聪明勇敢,刚烈果决,敢任大事,以天下兴亡为己任。新中国的开国元勋也有很多来自湖南。

江西是王勃笔下的"物华天宝,人杰地灵"之省,自古就是富庶的"鱼米之乡"。历史上文化名人灿若星斗,有陶渊明、王安石、欧阳修、黄庭坚、文天祥、汤显祖等。在中国思想史上占主导地位的程朱理学、陆王心学、禅宗佛学、老庄道学,要么发源于江西,要么在江西成型。江西人家族观念极强,江西族祠数量达8994处,为全国第一。江西人朴实厚道,内敛含蓄,不张扬。

针对该地区人们的特点,导游要注意以下几个方面:①充分理解他们说话的习惯,不要误认为是对自己的冒犯;②真诚、热情、友好,做他们的真心朋友。

(三)北方旅游者的基本特征及主要的接待注意事项

1. 以京津为中心的环渤海地区

环渤海地区以北京、天津为中心,还包括河北、山西、山东等周边地区。该地区历史文化悠久,具有独特的燕赵文化韵味,粗犷、豪放、激越、慷慨的雄风侠骨。

北京人大气,有同情心,讲义气,热心肠,尤其是关心国家大事,爱侃政治。北京多出艺人,文化兼容性高,官方体制文化、知识分子文化和民俗文化处于共生状态,现代文化和传统文化和平共处。北京人开朗幽默,能言善侃。大到国家大事,小到鸡毛蒜皮,吃喝玩乐,衣食住行,花鸟虫鱼,奇闻逸事,政经文体,东西南北,无所不包,无所不有。

天津人做人义气,办事果断,很容易交朋友,本性幽默,有马三立的"逗你玩",冯巩的"想死你了"。天津的北洋建筑和小吃独具特色,传统文化气氛比较浓,民间艺人多。

河北人忠厚踏实,多慷慨悲歌之士。

河南是中原人才大省,文人学士众多,以河南为中心的黄河流域是孕育中华民族的摇篮。河南人讲究礼仪,无论日常相见、迎送、借还、庆吊,以及生育、成年、婚嫁、寿诞、丧葬等,都很注重礼节和仪表。

山西人老实本分,忠诚可靠。山西人饮食简单,不离面食,喜吃醋。晋商"汇通天下",讲究"叶落归根",喜把总部设在平遥、太谷、祁县、榆次等地方。

山东作为孔孟之乡、礼仪之省,自古多大将、多忠义之士。山东人责任感很重,忠厚直爽,人情味浓,讲究孝顺,外粗内秀,侠义尚武,深受儒家文化的熏陶,特别讲究人际关系和尊卑等级。

总体而言,环渤海地区的旅游者重政治,关心时事;文化底蕴深厚,容纳性强。导游在接待时注意:①给予礼遇,接待体现文明礼貌;②安排古迹,谈论时事;③虚心听取批评意见;④多谈人文地理历史文化,有机会给旅游者发挥;⑤购物最好是到产品品质较高,或是具有浓郁地方特色的场所。

2. 东北地区

东北地区主要指黑龙江、吉林、辽宁三省。极具变化的气候条件,以冷湿为基调的自然地理环境,显著的自然景观特色,加上丰富多彩的东北民俗风情,影响着东北人的情绪,造就了东北人鲜明的个性特点。

东北人重感情,好交往,并且通常以粗犷的方式表达出来;重义轻利,言语、行动都比较实在;待人坦诚,喜欢直来直去,不喜欢绕弯子;幽默能侃,不拘束。东北方言有着其特殊魅力和表达方式,语言生动形象,极具渗透力。

针对该地区人们的个性特点,导游要注意:①热情大方,充分听取其意见,谈价格时不要斤斤计较;②善于感情投资,做旅游者的哥们、朋友;③坦诚相待,态度诚恳,语言坦率,注重实际行动;④多使用幽默风趣的语言。

(四)港澳台旅游者的基本特征及主要的接待注意事项

港澳台地区人们的生活习惯、民俗风情、民间节庆与闽粤两省的几乎完全相同,文化特征、生活习俗兼具中西文化特征。

香港地狭人多,竞争激烈,也造就了香港人精明强干、坚忍不拔、脚踏实地的性格。香港人好购物,高消费,不计较物品价格高低,更在意型号、款式是否合潮流。香港人喜欢吉祥号码,有如下一些忌讳需要注意:忌讳称丈夫或妻子为"爱人",因为"爱人"在香港是指"情人",俗称"相好的";忌讳称中老年人为"伯父""伯母",因为伯父、伯母与"百无"谐音,就是一无所有的意思;切忌送剑兰、茉莉、梅花等花束,因为"剑兰"与"见难"谐音,"茉莉"和"没利""末利"谐音,"梅"与"霉"谐音;酒家、饭馆的伙计最忌讳说"炒菜""炒饭",因为"炒"字在香港有"解雇"(炒鱿鱼)的意思;香港人过年过节从不说"新年快乐""节日快乐",平时写信也不用"祝您快乐",因为"快乐"与"快落"(失败、破产的意思)谐音,他们一般说"恭喜发财""新年发财""万事如意"等。香港人讲究吃的文化,喜欢新鲜食品。香港人喜欢饭前喝茶、喝汤,喜欢喝粥,好清淡食品,讲究菜肴的色、香、味。

澳门拥挤但不喧闹,繁华而又安静,令人放松、悠闲,到处充满脉脉温情,极少听到争吵声。

台湾人具有深厚的宗亲情结。台湾民俗与大陆大体相同,台湾民间送礼禁忌较为鲜明,禁用甜果(年糕)、粽子送人,禁用鸭子赠"坐月子"的人,禁送人扇子、手巾、雨伞、刀剪、镜子、钟等。

港澳台旅游者热爱祖国,有强烈的民族自豪感和乡土观念,在生活习惯和礼节礼貌方面与内地(大陆)基本相同。在游览方面,他们对内地(大陆)有一种怀旧的情感,喜欢参观文物古迹,喜欢听历史故事,乐于感受过去的文化生活。在礼节礼貌方面,港澳台旅游者除了通行的握手礼,在接受人斟茶倒酒时,还行"扣指礼",与他们谈话时要多说一些客气话。港澳台旅游者对祖国的人文历史,尤其是改革开放以后祖国的巨大发展和变化非常感兴趣,应该向他们多宣讲这方面的情况。

在接待港澳台旅游者时,要根据旅游者不同的爱好和特点,采取不同的策略。接待文化层次较高的旅游者时,应多讲解一些历史和文化的内容,尽量回避政治敏感的问题。对待文化层次较低的旅游者,可多讲一些趣闻逸事。

三、国外旅游者的基本特征及接待注意事项

每个国家的旅游者都有不同的性格特征。中外国情不同,历史文化不同,人们政治见

解不同。作为导游,要站在国家的立场,涉及政治内容时要讲完即收,不参与争论、辩论。对旅游者敌对挑衅、恶意诋毁等行为,要立场坚定,观点鲜明地予以澄清,并要求对方立即停止与旅游无关的话题。不允许导游盲从于外国人,一味附和。下面从中国主要的客源国旅游者不同的特征及接待技巧等角度来进行阐述。

(一)对韩国、日本旅游团的导游接待技巧与注意事项

韩国是中国的近邻,在历史上受汉文化影响较深。近年来,中韩两国在各个领域的交流日益频繁,加之韩国经济较为发达,其出国旅游人数较多。在中国接待的国外旅游者中,韩国旅客的数量逐年上升,韩国成了中国入境旅游市场的主要客源国之一。韩国旅游者以文化交流、探亲访友、观光旅游和休闲度假为主。韩国旅游者偏好于山水风光、文物古迹、民俗风情类旅游资源,另外对饮食烹调、文化艺术、旅游购物、医疗保健、节庆活动等旅游资源也表现出极大的兴趣。

日本也是中国入境旅游市场的主要客源国之一。历史上受中国文化的影响,日本人在生活习惯、日常礼节等方面,至今仍与中国人有着许多共同特点。日本人总的特点是不辞辛苦、守时守信、活动节奏快、重礼貌、集体荣誉感强。在游览方面,日本旅游者对文物古迹、风土人情感兴趣。日本人大多信奉道教和佛教,很愿意参观寺庙建筑。

接待韩国、日本旅游者时,导游需要注意的事项:①与韩国客人交谈时尽量回避国内国际政治问题,尤其是与朝鲜、日本的关系;②日韩客人都极为注重礼节,在接待过程中要特别注意;③日韩客人很讲纪律,时间观念和集体主义精神都很强,导游组织活动要准时;④日韩客人受儒家思想影响较深,对中国文化有很深的敬仰,可以多讲些文化交流方面的话题;⑤日韩客人经济状况较好,可适当多安排些文娱、购物方面的活动;⑥在接待日本客人时,要突出勤快、热情和温顺的特点;⑦应熟悉日韩文化的各种形式,如宗教、茶文化、酒文化、书法等,丰富服务内容。

(二)对俄罗斯旅游团的导游接待技巧与注意事项

俄罗斯有着取之不尽、用之不竭的资源。然而恶劣的气候又磨炼了俄罗斯人的意志,塑造了他们吃苦耐劳的品格。俄罗斯民族性格的形成是多种因素共同作用的结果,除了地理因素、自然因素,在其民族国家历史发展进程中的几个关键时期发生的重大事件,对其文明特征、民族性格的影响巨大。其民族性格中的冒险进取精神,坚忍不拔、勇于牺牲和勇于追求自由的品格,以及"弥赛亚意识"(认为自己的民族是救世主的意识)、扩张性、依赖集体、崇拜权威、好走极端、两面性等特征,都与其历史上外来文化的进入关系密切。俄罗斯人既进取、好客、热情,又保守、专职、封闭。

近年来,俄罗斯人到中国旅游的越来越多。这些旅游者总的特点是豪放、喜谈笑、守时守纪律、爱清洁、尊重妇女等。在游览方面,他们对中国的旅游景点比较感兴趣,也乐于体验中国的文化。俄罗斯人很果断,在市场上买东西不爱讨价还价、挑三拣四。在性格方面,来自俄罗斯的部分旅游者较为敏感、冷漠和忧郁,这给导游的接待工作带来了难度。导游应掌握这些旅游者的总体特点,尽快缩短同旅游者之间的心理差距,激发旅游者兴趣,使其有宾至如归的感觉。

(三)对美国等北美洲旅游团的导游接待技巧与注意事项

北美地区,尤其是美国,一直在中国的海外旅游客源市场中占有重要的地位。北美的现代文化和经济发展水平很高,旅游业也很发达,实用主义的思想比较流行。

北美旅游者大体上是比较开朗、不拘礼节和乐于交际的,导游在接待中应根据他们的这些特点,主动热情地多与之交谈。有时可直呼其名,来代替先生、女士这样的称呼,这样他们就会把你当作朋友来对待。当与客人有矛盾时,可简单说明理由,但不要与之争吵,要努力以友好行动来缓解。北美旅游者一般对旅游产品的质量要求很高,因此导游可为他们多提供一些额外的服务,如陪同客人逛夜市、吃风味小吃、参加民俗活动等。北美旅游者计划性强,喜欢了解接待日程表,包括何时抵达、离开等细节。导游应于每次接待前向旅游者通报相关情况。接待豪华团,导游在穿着打扮方面要注意:不穿无领衫,头发要有型,胡子刮干净,衣服要烫过,皮鞋要锃亮。一些北美旅游者比较自高自大,很喜欢就政治问题进行辩论。导游回应时要注意有理、有据、有节,对原则性问题态度要坚决,不与之纠缠,也不必回避讨论某些提问,但要警惕是否有言外之意。接待加拿大团时最好不要提及魁北克问题。

在游览方面,他们喜欢参观长城、兵马俑这样世界著名的古迹,对中国的风景名胜和风土人情也情有独钟。多数北美旅游者比较喜欢休闲、娱乐性的活动,不愿意把活动搞得过于紧张,因此导游应注意这个特点,为他们创造条件:出发时间晚一些,游览中多一些休息,晚餐前回饭店休息;讲解要生动,有时还可开一些玩笑,把气氛搞得活跃一些;附加项目要体现民族特色,具有娱乐性。

(四)对德国、意大利等欧洲旅游团的导游接待技巧与注意事项

德国人的性格总体而言是做事严谨,待人温和、友好,工作重实际、高效。德国人待人诚恳,注重礼仪,讲究秩序。德国人自我意识强烈,民主、自由、平等的观念深刻,在生活、工作等方面都保持着遵守纪律、时间观念强的特点。

意大利人总体上性格豪放,感情丰富,待人热情,彬彬有礼。在社交场合,一般在姓的前面冠以先生、女士、小姐;关系亲密的朋友见面,可以直呼对方的名。意大利人十分注重公共场合的文明礼貌。意大利人见到外来客人,总是热情打招呼,握手致意,寒暄问候,有时也行举手礼。亲朋好友相见,除握手,还要拥抱并相互贴对方的面颊。异性之间可以握手问好,也可以男性吻女性的手背。意大利人喜欢以头衔相称,并同名字或先生、女士、小姐连称。

接待德国、意大利旅游团时,导游需要注意的事项:①意大利人喜欢无拘无束,有点散漫,团队赶时间时导游要对此有所防范。②意、德都是足球王国,可多谈些足球方面的话题。③德国人崇尚"踏实、诚实、求实"的准则,在旅游过程中,他们要细细领略景物的独到之处。导游需对要讲解的内容做好详尽的准备。④德国人作风严谨,组织纪律性强,导游本人要注意遵守时间。

(五)对东南亚旅游团的导游接待技巧与注意事项

东南亚是世界上人口比较稠密的地区之一。人口多分布在平原和河口三角洲地区。

东南亚各国都是多民族的国家,全区有90多个民族。东南亚也是世界上外籍华人和华侨最集中的地区之一。中国一向把东南亚作为国际旅游市场的一个重点开发地区,马来西亚、新加坡、菲律宾、泰国和印尼每年都有大量的旅游者来中国旅游。东南亚旅游者除了对中国的风景、历史和文化有着强烈的兴趣,能打动他们的还有中国的产品。针对东南亚客源市场,可以开发寻根拜祖游特色产品,以吸引更多东南亚的旅游者来中国旅游观光。

视频

课件

接待东南亚各国旅游团时,导游需要注意的事项:①该地区有多种宗教信仰,教徒有自己的宗教禁忌,因此在接待中一定要弄清客人的宗教信仰,以免失礼。②一些东南亚国家经济不是很发达,但只要组织和宣传得好,该地区的旅游者还是有一定的购物欲望和参加活动的兴趣。

四、信息链接

性格不同的旅游者的具体表现及接待技巧

个性是指个体在先天心理素质的基础上,在一定的社会历史条件下形成和发展起来的一种比较稳定的心理特征的综合。个性具有独特性和稳定性两个主要特点。虽然任何两个旅游者的个性都不可能完全相同,但在许多方面可能存在相近之处。依据这些相近之处,旅游者的个性可以分为活泼型、急躁型、稳重型和忧郁型。

活泼型旅游者爱交际,喜欢交谈,好出点子,乐于助人,喜欢多变且参与性强的游览项目。导游与这种旅游者相处时要尽量帮助其扬长避短,配合自己的工作,但不要为其所左右,更不能让其他旅游者感觉自己有亲疏之分。

急躁型旅游者性子急,争强好胜,容易冲动,好遗忘,情绪不稳定。导游面对这种旅游者时要克制自己的情绪,注意说话的语气和工作方式,多微笑服务,多做提醒工作。

稳重型旅游者一般很少提出个人要求,分析问题比较合情合理,能够理解导游的工作,也希望导游能够理解和尊重他们,注重对旅游风景的独自欣赏。导游要充分认识到这种旅游者在旅游团中的威信和说服力,主动多接近他们,多向他们求教或征询意见,认真对待他们提出的问题或建议。

忧郁型旅游者重感情,比较敏感,心思缜密,不太合群。导游要多关心他们。

思考与练习

1.针对中国不同地区的旅游者,导游应分别采取什么样的讲解技巧?
2.导游接待国外旅游者应注意的事项有哪些?

导游讲解技巧(第二版)

第十六章　特殊旅游团的导游应对技巧

学习目标

◎ 掌握特殊旅游团的基本特征；

◎ 掌握带特殊旅游团的基本技巧；

◎ 能针对特殊旅游团进行导游讲解。

　　旅游团的种类有很多,分类方法也各不相同。但有些旅游团特征十分明显,导游在工作中应特别注意这些特殊旅游团的带团技巧与方法。下面就九种特殊的旅游团进行分析并提出相应的导游应对技巧。

一、"银发"旅游团的基本特征及其应对技巧

　　"银发"旅游团是指以老年人为主体、以休闲观光为主要目的的旅游团体。近年来,中国的老年人旅游有了很大的发展。在入境旅游的基础上,国内旅游市场的老年人旅游已经成为一种品牌出现。

(一)发展"银发"旅游团的意义和优势

1.发展"银发"旅游团的意义

　　发展"银发"旅游团可实现多赢。一是满足老年人的旅游需求,提高老年人的生活质量。二是通过亲情带动性,拉动家庭旅游市场。当老年人决定外出旅游时,家中的其他成员考虑到照顾老年人身体等因素,很多会选择随同出游。三是有效均衡旅游淡旺季。相对于一般旅游者的"假日性",老年旅游呈现出"非假日性"的特点,老年旅游者已经成为消除旅游淡季的重要因素之一。

　　开发老年旅游市场一定要以老年人为本,想老年人之所想,要有为老年人服务的思想和意识,切实了解老年人的需求,设计适合老年人的旅游产品,注重服务质量,才能够使老年人真正老有所乐。旅游企业只有抓住了老年人的心,才能抓住老年旅游市场,才可能在

竞争激烈的旅游市场中立于不败之地。

2.和中青年旅游者比较,老年旅游者具有许多优势

(1)老年人时间充裕,具备旅游的闲暇时间。闲暇时间是人们出游的必备条件之一。对老年人来说,离退休的光阴完全掌握在自己手中,只要身体条件允许,可以来一场"说走就走的旅行"。

(2)老年人经济基础好。如今的老年人收入渠道多样,包括退休金、养老金、社会保障、儿女赞助、多年的积蓄等,因此手头颇为宽裕。2018年全国老龄工作委员会办公室主办的全国中老年网调查显示,中国城市45%的老年人拥有储蓄存款。随着经济发展,老年人的收入将呈不断增长之势。随着社会进步和经济收入的提高,"重积蓄,轻消费""重子女,轻自己"的传统观念被老年人逐步抛弃,"花钱买健康、花钱买潇洒"正成为老年人的时尚追求。这表明老龄化创造了一个规模庞大的市场。

(3)老年人具有旅游的动机。现代老年人大多思想活跃,身体健康,具有消费欲望。这些老年人的主要特点是不甘寂寞,参与意识强烈,辛苦了大半辈子的他们愿意出去走走看看,长长见识。从以上的粗略分析中可以看出,很大一部分老年人都有外出的欲望,老年旅游市场的发展潜力是很大的。如果旅游从业人员从老年群体的特征入手,对他们加以正确的引导,可以使他们将这种欲望变成一种旅游需求,产生旅游动机,做出旅游决定。

(二)"银发"旅游团的特征及其原则

1."银发"旅游团的特征

"银发"旅游团的特征是行程舒缓,老年人希望得到尊重、对讲解要求较高。"银发"旅游团一般是由单位、社区组织的,也有的是自发组织和自愿参加旅游团的。老年人比较怕寂寞,他们在旅游活动过程中,希望导游与他们多沟通、多交流。为此,导游在带领老年人旅游团进行参观游览时,应根据老年人和"银发"旅游团的特点,因人而异地做好讲解工作。

2.老年旅游产品的设计原则

(1)市场需求原则,即所提供的旅游产品应符合老年旅游者的愿望,为老年旅游者所喜闻乐见。

(2)安全第一原则,即所提供的旅游产品应有安全保障,对旅游中可能危及老年旅游者人身安全的情况,应当事先说明或明确警示。

(3)安排合理原则,即所提供的旅游产品应行程合理,组织连接性强,有一定的系列化程度。

(4)确保履约原则,即所提供的旅游产品一般应确保完全履约,对意外情况,应有合理对策。

(三)带"银发"旅游团的具体要求

1.景点导游与讲解要求

在设计旅游线路时,动静结合但不多走路。旅游景点不宜太多,以免老年人疲累,游览节拍以缓为主,并考虑安全因素。每处旅游景点最好能有供人休息的石凳、椅子、小亭等,以方便老年人休憩、歇息。抵达景点后,导游对景点的讲解内容应繁简适度,应包括该景点的历史背景、特色、地位、价值等方面的内容。讲解的语言应生动,富有表达力。在景点导游的过程中,导游应保证在计划的时间与费用范围内,旅游者能充分地游览、观赏,做到讲解与引导游览相结合,集中与分散相结合,劳逸适度,并应特别关照弱病残的老年旅游者。导游还应特别注意老年旅游者的安全,要自始至终与老年旅游者在一起活动,并随时清点人数,以防老年旅游者走失。

2.购物时的服务要求

向老年旅游者介绍本地商品特色;随时提供老年旅游者在购物过程中所需要的服务,如翻译、介绍托运手续等;不得向老年旅游者兜售物品,不得以明示或者暗示的方式向老年旅游者索要小费;不得欺骗、胁迫或者与经营者串通欺骗、胁迫老年旅游者消费。

3.观看文娱节目时的服务要求

简单介绍节目内容及其特点;引导老年旅游者入座;在老年旅游者观看节目过程中,导游应自始至终坚守岗位。

4.在饮食方面的要求

导游每到饭店,都要简单介绍餐馆及其菜肴的特色,讲清几荤几素,请老年旅游者共同监督菜肴质量;引导老年旅游者到餐厅入座,并介绍餐馆的有关设施;向老年旅游者说明酒水类别;解答老年旅游者在用餐过程中的提问,解决出现的问题。

在饮食方面要注意:重视旅游饮食,清淡松软,不油不腻,尽量做到每日的饮食平衡。饮食中要有足够的蔬菜和水果,保证营养平衡,有利消化。尽量做到按正常时间进餐。很多老年人有胃病、胆囊炎等肠胃病,这种病患者一般要按时进餐,否则容易旧病复发。就餐应去旅游定点餐厅,在车船或飞机上要节制饮食。每个人的饮食习惯不一样,对食物喜好不同,还有很多老年人因患有某种病痛而对某些饮食有所禁忌。选择自助餐形式,可以让老年人有很大的选择余地。应适当安排旅游地的特色饮食。除了要注意老年人旅游中的饮食,还要提醒老年旅游者准备一些应急药,一旦出现不良症状,即可服药。应急药既包括老年人各自的常用药,还包括普通的日常用药,如感冒药、消炎药、胃药、腹泻药等。

5.在住宿方面的要求

一般选择老年标准间,并保证老年人每天6至8小时的睡眠。住宿条件以舒适安静为佳。提醒老年旅游者每晚睡前用热水泡脚,睡时将小腿和脚稍垫高,以防下肢水肿。

6.在出行方面的要求

在行程安排上,虽以"宜近不宜远"为原则,但可根据具体情况做调整。在旅途中,保健人员可以带一些常用药品,可以为老年人量量血压,听听心律,老年人也可以随时进行保健医疗咨询。

(四)带"银发"旅游团的技巧

1. 时刻把安全问题放在首位

安全问题是旅游过程中的首要问题。在旅游过程中,导游应该时刻提醒老年人注意安全,做到"走路不观景,观景不走路"。碰到上山下坡、路滑不平时,更要做好提醒工作,尤其是要尽量地帮助那些年纪比较大的老年朋友。天气热的时候要注意提醒他们多喝水,在不影响行程的基础上,途中尽量多给他们时间休息。整个旅游行程安排要宽松,不要赶得太急,要劳逸适中,在参观完一个景点后,适当地给他们一些自由活动的时间(包括上洗手间),条件允许时留给他们午后小憩的时间,给老年人的身体一个缓冲的过程,让他们不至于太过疲劳,确保他们身体上和精神上的安全。

2. 要始终保持"老吾老以及人之老"的良好心态

由于老年人身体素质不比中青年,因此导游带"银发"旅游团时就会比带其他类型的旅游团队更操心、更费心。现代人的社会生活压力大,老年人的儿女们大多忙于工作,为生活奔波,没有太多的时间来陪伴他们。导游要把老年旅游者当作自己的父母一样。

3. 根据老年旅游者的特点,提供特色服务

随团提供保健人员,为"银发"旅游团整个行程提供全面的服务,切实起到护理和保障旅游安全的作用;为全体旅客代办意外伤害保险,帮助旅游者应对突发事件带来的经济风险;针对老年人的睡眠问题,采取措施使旅游者在下榻酒店睡得安稳,提高其睡眠质量,保证旅游舒适性;提供善始善终接送服务,即无论走到哪里,最终回来的终点始终是出发点,这不仅能使参团的老人感到安心,送迎的亲人也能感到放心。

4. 采用多种导游讲解技巧,关心老年人心理需求

导游在讲解技巧上要多运用含蓄幽默的方法(还有借用故事法、虚实结合法等),使老年人"游中有乐,乐中有游"。同时,导游讲解要生动,要有感情,给他们留下"一次旅游,终生难忘"的美好印象。"银发"旅游团的导游必须会两首老歌,比如红色歌曲,或者《女驸马》这种黄梅戏或地方戏曲。准备几个小笑话或者比较简单的有奖问答。也可以做一些游戏。

5. 在整个旅游过程中,把握好一个"稳"字

这里所指的"稳"字,包括导游的服务质量、讲解与沟通方式,以及处理应急事情的能力等方面。首先,导游在带老年人进行游览时,应根据老年人的特点,因人而异地进行导游讲解工作,讲解介绍时速度要慢,声音要洪亮,服务态度要亲切、热情和周到。讲解要生动,要有感情。其次,由于老年人初到异地很容易出现在饮食、气候等方面不适的现象,严重的话还会影响整个行程的正常进行。作为导游,切忌惊慌,一定要沉着冷静,稳妥地处理好这些意外事故。

6. 时时刻刻告诉旅游者,导游在关心他们

在整个游览过程中,导游要很用心地关心老年人。总体来讲,"银发"旅游团是很好照顾的,有时候老年人虽然固执,但是毕竟他们阅历丰富,很容易谅解人,导游只要做好自己

的分内事就好了。

以查房为例,很多老年人,尤其是来自经济发展水平较低的偏远地区的老年人,他们很少出门,有的甚至在此前压根就没有离开过家门,他们有的不会用电梯,不会开宾馆的门,不会把床罩揭开睡觉,等等。对于这部分老年人,他们不会的东西有很多,这就需要导游手把手地去教他们。这些细节比导游在车上、在景点的讲解更重要。比如每天在进餐厅之前,提醒他们小心地滑;进宾馆之前,把注意的事项都说一遍,老年人自然会感觉到导游的关心、体贴。

二、学生旅游团的基本特征及其应对技巧

学生旅游团一般是学校组织的,以春秋两季游为多。在校学生的最大特点是好奇、多动、不注意安全,不像其他旅游团那样乐意听导游的讲解。因此,带领学生旅游团进行参观游览应根据学生的特点,有针对性和选择性地进行讲解。

(一)学生旅游团接待的基本要求

1.注意安全
对学生旅游团的安全要有足够的重视。

2.遵循"四不宜"原则
掌握学生旅游团接待"四不宜"原则:①不宜突出了个别学生,冷落了其他学生;②不宜给学生买食物、玩具;③不宜单独把学生带出去活动;④学生生病,不宜建议给其服什么药,绝不能将自己日常的药品给学生服用。

3.注意接待标准
对于不同的年龄、身高、体重,船、车、住房、用餐等都有不同的标准和规定。

(二)学生旅游团接待的基本任务与讲解技巧

导游带领学生旅游团进行参观游览时,其首要任务有两条:一是要特别关注学生的人身和财物的安全问题;二是讲解景点要突出教育功能。在安全方面,导游要主动配合学校老师做好安全防范工作,不准他们乱跑瞎闯,切实做到有组织、有纪律、听指挥,同时也要告诫他们不要随意买小摊上的食品,不喝生水,注意个人卫生,确保学生旅游团顺利健康地开展。导游在宣传讲解中,语言要生动形象,富有激情而又准确,语速要亲切、缓慢。导游技巧上多使用提问式或启发式的手法,使学生对景区景点产生浓厚的兴趣,同时也要让他们了解一些相关的历史知识和文化内涵,突出爱国主义教育,并适当进行美学教育和社会实践。

(三)带学生旅游团的一般操作技巧

1. 出发前的导游服务

(1)按校方规定停放旅游车,提醒司机勿走远。

(2)导游要高举导游旗,按校方规定方式接人。队伍出发前,反复与带队老师确认学生是否到齐并亲自清点人数。

(3)导游应站在车门前扶学生(若是高年级学生可省去)上车及问好,坐好后清点人数,提醒老师再次清点,人数确认后报告本次负责人或领队。

(4)统一指令,接到通知后方可开车,开车前提醒学生坐好、系安全带。

2. 旅游车上的导游服务

(1)提醒学生注意车上卫生。为了安全,应将座位上的手扶把拉起。不要让学生站立或走动,不允许学生在车内打闹。

(2)为学生旅游团讲解时应用活泼、明快的语调,讲清该团的活动内容及注意事项,交代用餐及集中的时间,行车期间反复提醒安全注意事项。其余时间可带领学生猜谜语、讲故事及玩游戏(不需要走动的游戏)。

(3)如遇到晕车的学生,一定要细心照顾,为其调换座位到前排,及时打扫干净学生的呕吐物,帮助学生擦干净弄脏的脸、嘴、衣物,并给予适当的心理照顾。

3. 到达景点时的导游服务

(1)提醒学生携带必用品并按顺序下车,下车前再次强调用餐和集中时间及地点。一定确保所有学生都已下车,不要漏掉任何一个学生。

(2)下车后先集合,人数清点完后,统一引导学生上洗手间,要与老师进行分工,绝对不能让学生处于无人看管的状态。取票后,由负责老师点清票后派发给学生。

(3)按顺序进入景点,如团队要求照相,应尽早照相,确保学生的整体仪容。

4. 游览时的导游服务

(1)小心、细心地领学生有序参观,反复提醒注意安全。

(2)提前半小时到餐厅安排用餐,用餐时注意维护秩序,避免学生在餐厅打闹。

(3)如用盒饭须提前半小时到餐厅取得盒饭,然后到达指定地点,按名单分派盒饭。

(4)如游玩景点有机动的游戏互动时间,务必提醒学生注意安全。

5. 返程时的导游服务

(1)在上车地点点齐学生后,由领队统一发车,方可回程。

(2)在回程途中,导游回顾景点,根据学生的精神状态适当讲解和唱歌、游戏。

(3)如学生睡觉了,导游应不时在车间走动,以防意外。

(4)学生要求在中途下车的,必须经老师同意才可放学生下车,一般情况下应将全部师生送到学校指定的停车位置。

(5)到达后,导游站在车门处道别,多谢老师配合工作,学生下车后,导游上车检查是否有遗留物,如有应交由老师。

三、教师旅游团的基本特征及其应对技巧

(一)教师旅游团的基本特征

教师的特殊身份和经济水平,使得这类消费者对待消费比较理智,而对服务又比较较真。教师的身份是知识分子,是见多识广的旅游者。

第一,教师大多数比较有文化,属于文化层次比较高的一类。有时候导游的导游词有漏洞,教师会去纠正导游。有时对于导游所做的讲解持怀疑态度,会时不时通过手机查资料核对是否正确。

第二,教师整体收入不高,更倾向于理性消费,对于消费比较谨慎。

第三,教师维权意识很强,对细节要求高。

教师出游方式有学校全费奖励型、半奖励半自费型、完全自费型等。

(二)优质的导游服务是带好教师旅游团的前提

1.旅游产品要精心设计

教师具有较强的求知欲,对祖国的大好河山有着美好的憧憬。专业设计的线路与强烈的出游欲望是达成合作的基础,旅行社推出的产品是经过精心设计的,所以导游要对旅游产品或线路有信心,在导游讲解过程中表现出应有的业务水平,充分发挥自己的专业优势,引导教师旅游者去感受祖国的大好河山,获得美的享受。

针对教师旅游团的特征,可以开发近郊休闲旅游,鼓励和吸引教师利用周末进行短途旅游;提高旅游服务水平,形成高品位、低价位的旅游休闲度假产品;开辟教师旅游特色专线,开发教师旅游纪念品(以教师用具为主)等,保证教师需求的全方位满足。

2.给教师旅游团讲解是一门学问

给教师旅游团讲解要做到"扬长避短"。导游一定要知识面广,要懂一些教师不精通的事。教师一般尊重知识比他多的人,在行程中会更好地听从你的安排。

3.做好购物及自费项目的讲解

一般而言,教师会比较抵触"加点、进店"的安排。遇到这种情况,首先,导游言谈中要充满热情和自信;其次,导游要耐心解答旅游者的问题;最后,导游要注意听对方的意见、想法,要想办法让他们通过讨论把真实的想法表达出来。也就是说,导游要把对购物及自费项目的"谈判"变成"讨论",帮老师出主意、想办法,做好购物及自费项目的参谋。

4.特定事项应事先和学校的领导或负责人商量

学校老师出行有严格的组织要求,这就要求导游在行程中针对特定事项先和学校领导或负责人商量。特别是学校全费奖励型的旅游团队,对线路设计或产品要征求学校领导或负责人的意见或建议,以使团队更加和谐顺利地完成旅游观光活动。

5.带团过程中要始终表现出对教师的尊重

除了介绍景点,在车上导游可以与老师们谈谈上学时期的事,谈谈上学时期自己的老师对学生的关心与爱护。在语气上要诚恳,在表情上要真诚,时不时讲一些让人开心的小故事。

四、妇女旅游团的基本特征及其应对技巧

(一)妇女旅游团的特征

妇女旅游团的最大特点是兴奋、热闹。在旅游途中,她们喜欢谈论家庭琐事、购物及化妆等,同时也喜欢自由活动或三五成群聊天拍照。妇女们求全心理高,团队内时常会有一些小矛盾产生。导游应根据妇女旅游团的特点,设法让她们高兴而来,满意而归。

(二)带领好妇女旅游团的技巧

一是讲解景点要清楚、耐心,带团速度不宜过快,照顾面要周全,时常讲些有趣和传统的故事,让旅游者在轻轻松松的氛围中旅游。

二是交代事情、提醒注意事项要清楚明确,说话不绕圈子。

三是要经常关心旅游者的身体状况,带团时要多几次清点人数,防止旅游者走失。

四是在旅程安排上要松紧适宜,多给旅游者一些交流感情的时间。

在商店购物时,导游要做好参谋工作,较为详细地介绍商品的特色,尤其是土特产品。同时也应注意,女性旅游者在谈论聊天时,导游最好不要参与,除非受到邀请。因为她们之间有许多"小秘密"。游程结束时,要特别关照她们注意带好随身物品,以免造成经济上的损失和精神上的不悦。

五、考察旅游团的基本特征及其应对技巧

(一)考察旅游团的基本特征

考察旅游团的成员往往具备以下特征:有较多的相关专业知识;目的明确;观察细致。

(二)导游服务应注意的事项

1.克服畏难情绪

许多导游都怕带专业人士的考察团,因为导游在专业学习中,并没有对某类知识研究得十分透彻,另外,导游词中有很多是传说、神话故事、奇闻逸事,这些东西可能经受不住专

业人士的认证或考验。于是很多导游在这些专家、学者面前,讲解的时候生怕有说错的地方,本来能说流利的也显得十分没有自信。其实,专家、教授也不是什么都懂,更不是在各个领域都是专家,作为地陪导游或景点讲解员,可以做到比专家更加了解本地,导游对自己的讲解应更有信心。

2.讲解注意事项

讲浅不讲深、讲外不讲内、讲个性不讲共性。首先,在讲解的时候,不要求能讲多深刻,但是所讲的内容必须正确,不能不懂装懂。另外,对于专家所精通的内容,可以尽量避免,而主要讲解专家专业领域以外的内容,比如带领研究古代建筑的专家在参观岳麓书院的时候,就要避免讲解古代建筑的特点,而可以把讲解的重点放在书院的历史、制度、核心思想等方面。还可以讲一些大家不是很熟悉的内容,比如讲讲该景点不同于其他景点的特点、本地区的特色等。

3.做好知识准备

导游带考察旅游团要做好知识准备:①对专业(领域)要有一定的了解;②搜集有关资料,掌握背景知识;③针对考察的具体对象重点准备。

4.保证充足的游览时间

与一般旅游者走马观花不同,专家考察团一般都有自己的研究目的,所以除了正常参观,还应该留出一定的时间自由活动,确保专家有充足的游览时间。

六、探险旅游团的基本特征及其应对技巧

(一)探险旅游团的基本特征

探险旅游团一般具有以下基本特征:①目的的特殊性;②成员意志的坚定性;③配套装备较多;④专业性较强;⑤风险性较高。探险旅游团最大的特点是喜欢多动、多看,他们对旅游有一种特殊的偏爱,在旅途中也时常表现出激动、好奇和热闹。因此,导游的带领探险旅游团进行参观游览时,应根据这种旅游团的特点,在不违反旅游接待计划的基础上,尽量满足他们"合理而又可能的要求",使旅游活动顺利健康地开展。

(二)对导游的服务要求

首先,带领探险旅游团的关键在于导游本身要充满朝气与活力,要善于了解旅游者的心理活动特点。一般来说,他们到达旅游景区后,往往会表现出与众不同的渴望和向往心理,追求那些闻所未闻的引人入胜的景色。为此,探险旅游团喜欢多一点自由活动的时间,多去一些别人没去过的地方。"先睹为快,先玩为快",然后再慢慢听导游讲解,已形成探险旅游团的规律。导游讲解要有重点、特点,做到专业、新颖。

其次,随着旅游活动的进一步开展,旅游者之间有了进一步的交流和了解,此时,他们会变得熟悉起来,旅游团队中平时活泼的人会变得更加活跃,平时散漫的人更容易迟到,许多人还会丢三落四。他们还特别喜欢开玩笑,提出各种各样、名目繁多的奇异问题。因此,

导游的基本做法是：尊重旅游者、热情服务，讲有特点、做有规矩，履行合同、等距交往，有紧有松、导游结合。

导游要控制好整个团队的旅游节奏，做好思想工作和组织工作，防止因满足不了个别人的需求而影响其他旅游者的情绪，造成对整个旅游接待计划执行不力的事情发生。

综上，接待探险旅游团有如下导游服务要求：①要有较强壮的身体和一定的专业知识；②做好充分的物质准备；③生活照料要周到；④果断地处理问题。

七、特殊身份人士旅游团的基本特征及其应对技巧

(一)特殊身份人士的界定

特殊身份人士，即"有特殊身份和地位的旅游者"，是指外国在职或曾经任职的政府高级官员、皇室成员；对华友好的官方或民间组织团体的负责人；社会名流或在国际国内有一定影响的各界知名人士；国际或某国著名的政治家、社会活动家、大企业家等。这些旅游者来到中国除了参观游览，往往还有其他任务或使命，因此，做好他们的旅游接待工作意义重大。

(二)特殊身份人士的特点

特殊身份人士对中国的经济、社会和文化一般都有强烈的兴趣或希望进行认真的考察调研，所以导游要客观真实地介绍中国的经济和社会发展取得的成就等。

(三)导游对特殊身份人士的具体做法

1.要知己知彼，做到有针对性的服务

尽量了解接待对象的背景资料和基本情况，提前做好相关的知识准备，如专用术语、行业知识等，以便能选择交流的话题，并能流利地回答他们提出的问题。

2.要有自信心，相信自己的专业水平

不要因为这些旅游者地位较高、身份特殊而显得胆怯、畏惧。往往越是身份、地位高的人，越懂得尊重他人。他们一般待人接物非常友好、客气，十分尊重他人的人格和劳动。如果导游因为心理压力过大，工作起来缩手缩脚，反倒会影响导游效果。

3.要注意相关礼仪，做到恰到好处

着装方面，男士应穿西服、佩戴领带；女士穿着端庄，化淡妆，以示尊重。说话方面，应注意和对方说话的态度、立场、方式。

4.要多请示、汇报，按照有关规定接待

在接待这些旅游者时，由于有时政府领导或有关负责人要接见、会谈，因此游览日程、时间变化较大。导游要注意灵活掌握，随时向有关领导请示、汇报，尽最大努力安排好他们的行程和相关活动。

八、宗教界人士旅游团的基本特征及其应对技巧

参观庙宇、道观、教堂等宗教场所是宗教界人士旅游团旅游节目的组成部分，一般而言，导游在工作中要把握如下原则：一是介绍宗教和中国文化，介绍宗教艺术对人们思想的影响，但要避免自己成为卫道者和布道者；二是在宗教场所不要使用贬低和攻击性言辞，在讲解和礼貌等方面都应该合规合矩；三是不应参与旅游者间的看相、算命、测字等活动，更不得自诩会看手相、测八字等；四是对旅游者一般祈福避邪的活动，如求签、打卦、摸福、求福等不予干涉。对宗教界人士的接待要求具体如下。

1.注意掌握宗教政策

导游平时应加强对宗教知识和中国宗教政策的学习，在接待宗教界人士旅游团时，既要注意把握政策界线，又要注意宗教旅游者的特点。譬如，在向旅游者介绍中国的宗教政策时，尽量避免有关宗教问题的争论，更不要把宗教、政治、国家等问题混为一谈，随意评论。

2.提前做好准备工作

导游在接到接待宗教界人士旅游团的任务后，要认真分析接待计划，了解接待对象的宗教信仰及其职位，对接待对象的宗教教义、教规等情况要有所了解和准备，以免在接待中发生差错。

3.尊重旅游者信仰习惯

在接待过程中，要特别注意宗教旅游者的宗教习惯和戒律，尊重他们的宗教信仰和习惯。譬如，由天主教人士组成的旅游团，每天早晨开车前，他们会在车上讲经、作祈祷。这时，导游和司机应主动下车，等他们祈祷完毕后再上车。

4.满足旅游者特殊要求

宗教界人士在生活上一般都有些特殊的要求和禁忌，导游应按旅游合同中的规定，不折不扣地兑现，尽量予以满足。譬如，对宗教旅游者在饮食方面的禁忌和特殊要求，导游一定要提前通知餐厅做好准备；又如，伊斯兰教人士用餐时，一定要去有清真标识的餐厅用餐，导游要认真落实。

九、残疾旅游者旅游团的应对技巧

(一)给予适时、恰当的关心照顾

接到残疾旅游者旅游团后，首先，导游应适时地询问他们需要什么帮助，但不宜问候过多，过多的当众关心照顾，反而会使他们反感；其次，如果残疾旅游者不主动介绍，不要打听其残疾的原因；最后，在工作中要时刻关注残疾旅游者，注意他们的行踪，并给予恰当的照

顾。尤其是在安排活动时,要多考虑残疾旅游者的生理条件和特殊需要,譬如选择路线时尽量不走或少走台阶,提前告诉他们洗手间的位置,通知就餐安排在一层餐厅等。

(二)做好具体、周到的导游服务

针对不同类型的残疾旅游者,导游服务应具有针对性。接待聋哑旅游者,导游要安排他们在车的前排就座,因为他们需要通过导游讲解时的口型来了解讲解的内容。为了让他们获得更多的信息,导游还应有意面向他们放慢讲解的速度。对截瘫旅游者,导游应根据接待计划分析旅游者是否需要轮椅。如需要,应提前做好准备。接团时,要与计调或有关部门联系,最好派有行李厢的车,以便放轮椅或其他物品。对有视力障碍的旅游者,导游应安排他们在前排就座,能用手触摸的地方、物品可以尽量让他们触摸。在讲解时可主动站在他们身边,讲解内容要力求细致生动,口语表达更加准确、清晰,讲解速度也应适当地放缓。

视频

课件

十、信息链接

信息 1

不同类型的旅游者基本特征及其应对策略

因旅游者类型不同,影响导游接待的因素也不同,主要包括旅游者的年龄、性别、职业、收入、受教育程度、社会阶层、家庭人口、民族和宗教信仰等。具有相同因素的旅游者往往在心理上具有一些相似的特征,而具有不同因素的旅游者彼此间的差异会比较大。导游可以依据这些因素来开展导游服务,其中社会阶层、性别、年龄和职业等因素尤为重要。

1.不同社会阶层的旅游者

上层社会旅游者对导游服务要求高,喜欢购买古玩等文化内涵深的旅游纪念品,新进入上层社会者追求奢侈性旅游消费,购物愿望强烈。

中层社会旅游者文化程度较高,注重旅游的情趣和格调,购物主要目标为特色商品或工艺品。

底层旅游者文化程度不高,旅游要求也较低,重视娱乐性和参与性,喜欢听导游讲故事和开玩笑。

2.不同性别的旅游者

女性旅游者通常比较谨慎,喜欢倾听,乐意与风趣幽默、轻松活泼的导游相处,情感丰富,容易受感染,热衷购物,看重价值。

男性旅游者一般比较随便,不拘小节,行事言谈常有不当之处,对于导游服务有比较成熟的看法,好表现,喜欢参与性的旅游项目,购物兴趣不大。

3.不同年龄的旅游者

青年旅游者精力充沛,表现欲强,较冲动,情绪化,喜欢与导游交谈。

中年旅游者比较务实,经常比较包括导游在内的各项旅游服务的优劣,对旅游的收获期望值高。

老年旅游者容易思古怀旧,对居民生活兴趣浓厚,乐于同导游交谈,比较随和,但也希望导游能够重视他们的意见。

4.不同职业的旅游者

产业工人旅游者比较合群,有较强的集体感,心直口快,好做品评,比较关心带有普遍性的社会问题,喜欢娱乐性游览项目。

农民旅游者谨慎小心,体谅他人,不随便消费,好打听。

知识分子旅游者理智、稳重,善于对现象和行为进行分析,自制力强,对细节要求高,自尊心(包括虚荣心)强。

公务员旅游者沉着、老练,喜欢深思熟虑后发表意见,自尊心强,支配欲强。

信息 2

带妇女旅游团的导游讲解词

今天真的非常高兴能与"半边天们"一起出去游玩。这个三月是属于女人的,三月八日是全世界一半人的日子。这个月的女人是幸福的。

说到女人的地位,那全国地位最高的当然有我们上海女人啦!在这里,女人最吃香,老公也是最听话、最会疼人的。别人家我不清楚,在我们家里老爸是最听老妈话的。因为退休了,所以我老妈每天睡到8点多起来,等起来时老爸已经把房间都打扫好,衣服洗好,早饭也煮好了。我想上海大多数男人也都像我老爸一样吧。看看都把阿姨说笑了,在您家里一定也是这样的,我说得没错吧。

上海的女人都在工作,有的赚的钱比男人还多。还有些女人,虽然钱赚得不是太多,但是会打理家里,账算得老精,所以也当家;我们就算不靠男人,养活自己也不成问题。上海女人的地位高,不仅在全国是走在最前面的,而且在世界上也比其他国家的女人高很多。在这里呢,我要和大家分享一下我总结的做女人的要点。一个中心:一切以健康为中心。两个基本点:凡事潇洒一点、糊涂一点。三个忘记:忘记年龄、忘记病痛、忘记恩怨。四个拥有:无论你有多强,一定要拥有以下四样——拥有事业、拥有居所、拥有老底(积蓄),还要拥有几个老朋友。五要:女人无论年龄多少,要唱、要跳、要掉(肉)、要俏、要笑。六不要:不要饿了才吃、不要渴了才喝、不要困了才睡、不要累了才休息、不要病了才看、不要老了才锻炼。

（本文摘自中国导游网）

信息 3

带教师旅游团的欢迎词

有一句话,有十年没有讲;有一句话,有十年我都没有忘;总有很多人很多事,我们拥有的时候不懂得珍惜;直到失去了,才觉可贵。今天,我终于有机会,再说一次这句话了:"老师好!"(配合鞠躬动作)在你们面前我永远是学生,你们是专家,是学者,是高素质的人,在你们面前,我就大胆地"班门弄斧"了。如果您觉得小导讲得对,您就点点头——"嗯,这导游有点功底";如果您觉得小导讲得跟您知道的有出入,那您也点点头——"嗯,这小子还挺能扯,就当野史来听吧"。将来的几天,就由我来为各位老师讲解和介绍。

信息 4

带学生旅游团的导游车上讲解示例

我们的行车将有两个多小时,刚刚我把行程和景点给大家做了介绍,接下来我们搞一些活动放松一下。

说到学外语,我想起一个笑话,是这样的:一只老鼠被猫逼进了死胡同,老鼠被逼之下学狗"汪汪"叫了两声,猫被突如其来的狗叫声吓得昏了过去。解脱了的老鼠回到家立刻召开了一个家庭会议,讲述自己的英雄故事,最后,它深有感触地说:"孩子们,学习一门外语多重要啊!"

中国学生总说外语难学,人家外国人说咱中国话才难学呢。有一次,一位外国人说:"昨天晚上看新闻,一个台说中国队大胜美国队,一个台说中国队大败美国队,那到底是谁赢了呢?"……

还有一个美国学生说:"我觉得你们中国人很不谦虚。"别人问为什么,他说:"在大街上,我看到许多大招牌,都是自我炫耀,比如:中国很行! 中国人民很行! 中国农业很行!"原来他把"银行"看成"很行"了。还有一个外国人来中国不久,学了一点中文,一天他发表评论说:"我发现你们中国人真的很勤劳。"众人问为什么,他说:"你看,每天早上,大街小巷都挂着很多牌子,上面写着大大'早点'两字,你看他们多勤劳啊,催促所有在街上走的人早点儿呢!"

现在,让小导休息一下,哪位朋友上来表演个才艺,我有小礼物送给大家哟。

思考与练习

1. 什么是高素质旅游团? 导游应如何进行针对性讲解?
2. 导游带教师旅游团时的讲解技巧是什么?
3. 导游带学生旅游团为什么要把安全放在首位?
4. 考察旅游团的特征及导游讲解技巧是什么?

附录 1　中华人民共和国旅游法

(2013 年 4 月 25 日第十二届全国人民代表大会常务委员会第二次会议通过　根据 2016 年 11 月 7 日第十二届全国人民代表大会常务委员会第二十四次会议《关于修改〈中华人民共和国对外贸易法〉等十二部法律的决定》第一次修正　根据 2018 年 10 月 26 日第十三届全国人民代表大会常务委员会第六次会议《关于修改〈中华人民共和国野生动物保护法〉等十五部法律的决定》第二次修正)

第一章　总　则

第一条　为保障旅游者和旅游经营者的合法权益,规范旅游市场秩序,保护和合理利用旅游资源,促进旅游业持续健康发展,制定本法。

第二条　在中华人民共和国境内的和在中华人民共和国境内组织到境外的游览、度假、休闲等形式的旅游活动以及为旅游活动提供相关服务的经营活动,适用本法。

第三条　国家发展旅游事业,完善旅游公共服务,依法保护旅游者在旅游活动中的权利。

第四条　旅游业发展应当遵循社会效益、经济效益和生态效益相统一的原则。国家鼓励各类市场主体在有效保护旅游资源的前提下,依法合理利用旅游资源。利用公共资源建设的游览场所应当体现公益性质。

第五条　国家倡导健康、文明、环保的旅游方式,支持和鼓励各类社会机构开展旅游公益宣传,对促进旅游业发展做出突出贡献的单位和个人给予奖励。

第六条　国家建立健全旅游服务标准和市场规则,禁止行业垄断和地区垄断。旅游经营者应当诚信经营,公平竞争,承担社会责任,为旅游者提供安全、健康、卫生、方便的旅游服务。

第七条　国务院建立健全旅游综合协调机制,对旅游业发展进行综合协调。

县级以上地方人民政府应当加强对旅游工作的组织和领导,明确相关部门或者机构,对本行政区域的旅游业发展和监督管理进行统筹协调。

第八条　依法成立的旅游行业组织,实行自律管理。

第二章　旅游者

第九条　旅游者有权自主选择旅游产品和服务,有权拒绝旅游经营者的强制交易行为。

旅游者有权知悉其购买的旅游产品和服务的真实情况。

旅游者有权要求旅游经营者按照约定提供产品和服务。

第十条　旅游者的人格尊严、民族风俗习惯和宗教信仰应当得到尊重。

第十一条　残疾人、老年人、未成年人等旅游者在旅游活动中依照法律、法规和有关规定享受便利和优惠。

第十二条　旅游者在人身、财产安全遇有危险时，有请求救助和保护的权利。

旅游者人身、财产受到侵害的，有依法获得赔偿的权利。

第十三条　旅游者在旅游活动中应当遵守社会公共秩序和社会公德，尊重当地的风俗习惯、文化传统和宗教信仰，爱护旅游资源，保护生态环境，遵守旅游文明行为规范。

第十四条　旅游者在旅游活动中或者在解决纠纷时，不得损害当地居民的合法权益，不得干扰他人的旅游活动，不得损害旅游经营者和旅游从业人员的合法权益。

第十五条　旅游者购买、接受旅游服务时，应当向旅游经营者如实告知与旅游活动相关的个人健康信息，遵守旅游活动中的安全警示规定。

旅游者对国家应对重大突发事件暂时限制旅游活动的措施以及有关部门、机构或者旅游经营者采取的安全防范和应急处置措施，应当予以配合。

旅游者违反安全警示规定，或者对国家应对重大突发事件暂时限制旅游活动的措施、安全防范和应急处置措施不予配合的，依法承担相应责任。

第十六条　出境旅游者不得在境外非法滞留，随团出境的旅游者不得擅自分团、脱团。

入境旅游者不得在境内非法滞留，随团入境的旅游者不得擅自分团、脱团。

第三章　旅游规划和促进

第十七条　国务院和县级以上地方人民政府应当将旅游业发展纳入国民经济和社会发展规划。

国务院和省、自治区、直辖市人民政府以及旅游资源丰富的设区的市和县级人民政府，应当按照国民经济和社会发展规划的要求，组织编制旅游发展规划。对跨行政区域且适宜进行整体利用的旅游资源进行利用时，应当由上级人民政府组织编制或者由相关地方人民政府协商编制统一的旅游发展规划。

第十八条　旅游发展规划应当包括旅游业发展的总体要求和发展目标，旅游资源保护和利用的要求和措施，以及旅游产品开发、旅游服务质量提升、旅游文化建设、旅游形象推广、旅游基础设施和公共服务设施建设的要求和促进措施等内容。

根据旅游发展规划，县级以上地方人民政府可以编制重点旅游资源开发利用的专项规划，对特定区域内的旅游项目、设施和服务功能配套提出专门要求。

第十九条　旅游发展规划应当与土地利用总体规划、城乡规划、环境保护规划以及其他自然资源和文物等人文资源的保护和利用规划相衔接。

第二十条　各级人民政府编制土地利用总体规划、城乡规划，应当充分考虑相关旅游项目、设施的空间布局和建设用地要求。规划和建设交通、通信、供水、供电、环保等基础设施和公共服务设施，应当兼顾旅游业发展的需要。

第二十一条　对自然资源和文物等人文资源进行旅游利用，必须严格遵守有关法律、法规的规定，符合资源、生态保护和文物安全的要求，尊重和维护当地传统文化和习俗，维护资源的区域整体性、文化代表性和地域特殊性，并考虑军事设施保护的需要。有关主管部门应当加强对资源保护和旅游利用状况的监督检查。

第二十二条　各级人民政府应当组织对本级政府编制的旅游发展规划的执行情况进行评估，并向社会公布。

第二十三条　国务院和县级以上地方人民政府应当制定并组织实施有利于旅游业持续健康发展的产业政策，推进旅游休闲体系建设，采取措施推动区域旅游合作，鼓励跨区域旅游线路和产品开发，促进旅游与工业、农业、商业、文化、卫生、体育、科教等领域的融合，扶持少数民族地区、革命老区、边远地区和贫困地区旅游业发展。

第二十四条　国务院和县级以上地方人民政府应当根据实际情况安排资金，加强旅游基础设施建设、旅游公共服务和旅游形象推广。

第二十五条　国家制定并实施旅游形象推广战略。国务院旅游主管部门统筹组织国家旅游形象的境外推广工作，建立旅游形象推广机构和网络，开展旅游国际合作与交流。

县级以上地方人民政府统筹组织本地的旅游形象推广工作。

第二十六条　国务院旅游主管部门和县级以上地方人民政府应当根据需要建立旅游公共信息和咨询平台，无偿向旅游者提供旅游景区、线路、交通、气象、住宿、安全、医疗急救等必要信息和咨询服务。设区的市和县级人民政府有关部门应当根据需要在交通枢纽、商业中心和旅游者集中场所设置旅游咨询中心，在景区和通往主要景区的道路设置旅游指示标识。

旅游资源丰富的设区的市和县级人民政府可以根据本地的实际情况，建立旅游客运专线或者游客中转站，为旅游者在城市及周边旅游提供服务。

第二十七条　国家鼓励和支持发展旅游职业教育和培训，提高旅游从业人员素质。

第四章　旅游经营

第二十八条　设立旅行社，招徕、组织、接待旅游者，为其提供旅游服务，应当具备下列条件，取得旅游主管部门的许可，依法办理工商登记：

（一）有固定的经营场所；

（二）有必要的营业设施；

（三）有符合规定的注册资本；

（四）有必要的经营管理人员和导游；

（五）法律、行政法规规定的其他条件。

第二十九条　旅行社可以经营下列业务：

（一）境内旅游；

（二）出境旅游；

（三）边境旅游；

（四）入境旅游；

（五）其他旅游业务。

旅行社经营前款第二项和第三项业务，应当取得相应的业务经营许可，具体条件由国务院规定。

第三十条　旅行社不得出租、出借旅行社业务经营许可证，或者以其他形式非法转让旅行社业务经营许可。

第三十一条　旅行社应当按照规定交纳旅游服务质量保证金，用于旅游者权益损害赔偿和垫付旅游者人身安全遇有危险时紧急救助的费用。

第三十二条　旅行社为招徕、组织旅游者发布信息，必须真实、准确，不得进行虚假宣传，误导旅游者。

第三十三条　旅行社及其从业人员组织、接待旅游者，不得安排参观或者参与违反我国法律、法规和社会公德的项目或者活动。

第三十四条　旅行社组织旅游活动应当向合格的供应商订购产品和服务。

第三十五条　旅行社不得以不合理的低价组织旅游活动，诱骗旅游者，并通过安排购物或者另行付费旅游项目获取回扣等不正当利益。

旅行社组织、接待旅游者，不得指定具体购物场所，不得安排另行付费旅游项目。但是，经双方协商一致或者旅游者要求，且不影响其他旅游者行程安排的除外。

发生违反前两款规定情形的，旅游者有权在旅游行程结束后三十日内，要求旅行社为其办理退货并先行垫付退货货款，或者退还另行付费旅游项目的费用。

第三十六条　旅行社组织团队出境旅游或者组织、接待团队入境旅游，应当按照规定安排领队或者导游全程陪同。

第三十七条　参加导游资格考试成绩合格，与旅行社订立劳动合同或者在相关旅游行业组织注册的人员，可以申请取得导游证。

第三十八条　旅行社应当与其聘用的导游依法订立劳动合同，支付劳动报酬，缴纳社会保险费用。

旅行社临时聘用导游为旅游者提供服务的，应当全额向导游支付本法第六十条第三款规定的导游服务费用。

旅行社安排导游为团队旅游提供服务的，不得要求导游垫付或者向导游收取任何费用。

第三十九条　从事领队业务，应当取得导游证，具有相应的学历、语言能力和旅游从业经历，并与委派其从事领队业务的取得出境旅游业务经营许可的旅行社订立劳动合同。

第四十条　导游和领队为旅游者提供服务必须接受旅行社委派，不得私自承揽导游和领队业务。

第四十一条　导游和领队从事业务活动，应当佩戴导游证，遵守职业道德，尊重旅游者的风俗习惯和宗教信仰，应当向旅游者告知和解释旅游文明行为规范，引导旅游者健康、文明旅游，劝阻旅游者违反社会公德的行为。

导游和领队应当严格执行旅游行程安排，不得擅自变更旅游行程或者中止服务活动，不得向旅游者索取小费，不得诱导、欺骗、强迫或者变相强迫旅游者购物或者参加另行付费旅游项目。

第四十二条　景区开放应当具备下列条件，并听取旅游主管部门的意见：

（一）有必要的旅游配套服务和辅助设施；

（二）有必要的安全设施及制度，经过安全风险评估，满足安全条件；

（三）有必要的环境保护设施和生态保护措施；

（四）法律、行政法规规定的其他条件。

第四十三条　利用公共资源建设的景区的门票以及景区内的游览场所、交通工具等另行收费项目，实行政府定价或者政府指导价，严格控制价格上涨。拟收费或者提高价格的，应当举行听证会，征求旅游者、经营者和有关方面的意见，论证其必要性、可行性。

利用公共资源建设的景区，不得通过增加另行收费项目等方式变相涨价；另行收费项目已收回投资成本的，应当相应降低价格或者取消收费。

公益性的城市公园、博物馆、纪念馆等，除重点文物保护单位和珍贵文物收藏单位外，应当逐步免费开放。

第四十四条　景区应当在醒目位置公示门票价格、另行收费项目的价格及团体收费价格。景区提高门票价格应当提前六个月公布。

将不同景区的门票或者同一景区内不同游览场所的门票合并出售的，合并后的价格不得高于各单项门票的价格之和，且旅游者有权选择购买其中的单项票。

景区内的核心游览项目因故暂停向旅游者开放或者停止提供服务的，应当公示并相应减少收费。

第四十五条　景区接待旅游者不得超过景区主管部门核定的最大承载量。景区应当公布景区主管部门核定的最大承载量，制定和实施旅游者流量控制方案，并可以采取门票预约等方式，对景区接待旅游者的数量进行控制。

旅游者数量可能达到最大承载量时，景区应当提前公告并同时向当地人民政府报告，景区和当地人民政府应当及时采取疏导、分流等措施。

第四十六条　城镇和乡村居民利用自有住宅或者其他条件依法从事旅游经营，其管理办法由省、自治区、直辖市制定。

第四十七条　经营高空、高速、水上、潜水、探险等高风险旅游项目，应当按照国家有关规定取得经营许可。

第四十八条　通过网络经营旅行社业务的，应当依法取得旅行社业务经营许可，并在其网站主页的显著位置标明其业务经营许可证信息。

发布旅游经营信息的网站，应当保证其信息真实、准确。

第四十九条　为旅游者提供交通、住宿、餐饮、娱乐等服务的经营者，应当符合法律、法规规定的要求，按照合同约定履行义务。

第五十条　旅游经营者应当保证其提供的商品和服务符合保障人身、财产安全的要求。

旅游经营者取得相关质量标准等级的，其设施和服务不得低于相应标准；未取得质量标准等级的，不得使用相关质量等级的称谓和标识。

第五十一条　旅游经营者销售、购买商品或者服务，不得给予或者收受贿赂。

第五十二条　旅游经营者对其在经营活动中知悉的旅游者个人信息，应当予以保密。

第五十三条　从事道路旅游客运的经营者应当遵守道路客运安全管理的各项制度，并在车辆显著位置明示道路旅游客运专用标识，在车厢内显著位置公示经营者和驾驶人信息、道路运输管理机构监督电话等事项。

第五十四条　景区、住宿经营者将其部分经营项目或者场地交由他人从事住宿、餐饮、购物、游览、娱乐、旅游交通等经营的，应当对实际经营者的经营行为给旅游者造成的损害承担连带责任。

第五十五条　旅游经营者组织、接待出入境旅游，发现旅游者从事违法活动或者有违反本法第十六条规定情形的，应当及时向公安机关、旅游主管部门或者我国驻外机构报告。

第五十六条　国家根据旅游活动的风险程度，对旅行社、住宿、旅游交通以及本法第四十七条规定的高风险旅游项目等经营者实施责任保险制度。

第五章　旅游服务合同

第五十七条　旅行社组织和安排旅游活动,应当与旅游者订立合同。

第五十八条　包价旅游合同应当采用书面形式,包括下列内容:

(一)旅行社、旅游者的基本信息;

(二)旅游行程安排;

(三)旅游团成团的最低人数;

(四)交通、住宿、餐饮等旅游服务安排和标准;

(五)游览、娱乐等项目的具体内容和时间;

(六)自由活动时间安排;

(七)旅游费用及其交纳的期限和方式;

(八)违约责任和解决纠纷的方式;

(九)法律、法规规定和双方约定的其他事项。

订立包价旅游合同时,旅行社应当向旅游者详细说明前款第二项至第八项所载内容。

第五十九条　旅行社应当在旅游行程开始前向旅游者提供旅游行程单。旅游行程单是包价旅游合同的组成部分。

第六十条　旅行社委托其他旅行社代理销售包价旅游产品并与旅游者订立包价旅游合同的,应当在包价旅游合同中载明委托社和代理社的基本信息。

旅行社依照本法规定将包价旅游合同中的接待业务委托给地接社履行的,应当在包价旅游合同中载明地接社的基本信息。

安排导游为旅游者提供服务的,应当在包价旅游合同中载明导游服务费用。

第六十一条　旅行社应当提示参加团队旅游的旅游者按照规定投保人身意外伤害保险。

第六十二条　订立包价旅游合同时,旅行社应当向旅游者告知下列事项:

(一)旅游者不适合参加旅游活动的情形;

(二)旅游活动中的安全注意事项;

(三)旅行社依法可以减免责任的信息;

(四)旅游者应当注意的旅游目的地相关法律、法规和风俗习惯、宗教禁忌,依照中国法律不宜参加的活动等;

(五)法律、法规规定的其他应当告知的事项。

在包价旅游合同履行中,遇有前款规定事项的,旅行社也应当告知旅游者。

第六十三条　旅行社招徕旅游者组团旅游,因未达到约定人数不能出团的,组团社可以解除合同。但是,境内旅游应当至少提前七日通知旅游者,出境旅游应当至少提前三十日通知旅游者。

因未达到约定人数不能出团的,组团社经征得旅游者书面同意,可以委托其他旅行社履行合同。组团社对旅游者承担责任,受委托的旅行社对组团社承担责任。旅游者不同意的,可以解除合同。

因未达到约定的成团人数解除合同的,组团社应当向旅游者退还已收取的全部费用。

第六十四条　旅游行程开始前,旅游者可以将包价旅游合同中自身的权利义务转让给第三人,旅行社没有正当理由的不得拒绝,因此增加的费用由旅游者和第三人承担。

第六十五条　旅游行程结束前,旅游者解除合同的,组团社应当在扣除必要的费用后,将余款退还旅游者。

第六十六条　旅游者有下列情形之一的,旅行社可以解除合同:

(一)患有传染病等疾病,可能危害其他旅游者健康和安全的;

(二)携带危害公共安全的物品且不同意交有关部门处理的;

(三)从事违法或者违反社会公德的活动的;

(四)从事严重影响其他旅游者权益的活动,且不听劝阻、不能制止的;

(五)法律规定的其他情形。

因前款规定情形解除合同的,组团社应当在扣除必要的费用后,将余款退还旅游者;给旅行社造成损失的,旅游者应当依法承担赔偿责任。

第六十七条　因不可抗力或者旅行社、履行辅助人已尽合理注意义务仍不能避免的事件,影响旅游行程的,按照下列情形处理:

(一)合同不能继续履行的,旅行社和旅游者均可以解除合同。合同不能完全履行的,旅行社经向旅游者作出说明,可以在合理范围内变更合同;旅游者不同意变更的,可以解除合同。

(二)合同解除的,组团社应当在扣除已向地接社或者履行辅助人支付且不可退还的费用后,将余款退还旅游者;合同变更的,因此增加的费用由旅游者承担,减少的费用退还旅游者。

(三)危及旅游者人身、财产安全的,旅行社应当采取相应的安全措施,因此支出的费用,由旅行社与旅游者分担。

(四)造成旅游者滞留的,旅行社应当采取相应的安置措施。因此增加的食宿费用,由旅游者承担;增加的返程费用,由旅行社与旅游者分担。

第六十八条　旅游行程中解除合同的,旅行社应当协助旅游者返回出发地或者旅游者指定的合理地点。由于旅行社或者履行辅助人的原因导致合同解除的,返程费用由旅行社承担。

第六十九条　旅行社应当按照包价旅游合同的约定履行义务,不得擅自变更旅游行程安排。

经旅游者同意,旅行社将包价旅游合同中的接待业务委托给其他具有相应资质的地接社履行的,应当与地接社订立书面委托合同,约定双方的权利和义务,向地接社提供与旅游者订立的包价旅游合同的副本,并向地接社支付不低于接待和服务成本的费用。地接社应当按照包价旅游合同和委托合同提供服务。

第七十条　旅行社不履行包价旅游合同义务或者履行合同义务不符合约定的,应当依法承担继续履行、采取补救措施或者赔偿损失等违约责任;造成旅游者人身损害、财产损失的,应当依法承担赔偿责任。旅行社具备履行条件,经旅游者要求仍拒绝履行合同,造成旅游者人身损害、滞留等严重后果的,旅游者还可以要求旅行社支付旅游费用一倍以上三倍以下的赔偿金。

由于旅游者自身原因导致包价旅游合同不能履行或者不能按照约定履行,或者造成旅游者人身损害、财产损失的,旅行社不承担责任。

在旅游者自行安排活动期间,旅行社未尽到安全提示、救助义务的,应当对旅游者的人身损害、财产损失承担相应责任。

第七十一条 由于地接社、履行辅助人的原因导致违约的,由组团社承担责任;组团社承担责任后可以向地接社、履行辅助人追偿。

由于地接社、履行辅助人的原因造成旅游者人身损害、财产损失的,旅游者可以要求地接社、履行辅助人承担赔偿责任,也可以要求组团社承担赔偿责任;组团社承担责任后可以向地接社、履行辅助人追偿。但是,由于公共交通经营者的原因造成旅游者人身损害、财产损失的,由公共交通经营者依法承担赔偿责任,旅行社应当协助旅游者向公共交通经营者索赔。

第七十二条 旅游者在旅游活动中或者在解决纠纷时,损害旅行社、履行辅助人、旅游从业人员或者其他旅游者的合法权益的,依法承担赔偿责任。

第七十三条 旅行社根据旅游者的具体要求安排旅游行程,与旅游者订立包价旅游合同的,旅游者请求变更旅游行程安排,因此增加的费用由旅游者承担,减少的费用退还旅游者。

第七十四条 旅行社接受旅游者的委托,为其代订交通、住宿、餐饮、游览、娱乐等旅游服务,收取代办费用的,应当亲自处理委托事务。因旅行社的过错给旅游者造成损失的,旅行社应当承担赔偿责任。

旅行社接受旅游者的委托,为其提供旅游行程设计、旅游信息咨询等服务的,应当保证设计合理、可行,信息及时、准确。

第七十五条 住宿经营者应当按照旅游服务合同的约定为团队旅游者提供住宿服务。住宿经营者未能按照旅游服务合同提供服务的,应当为旅游者提供不低于原定标准的住宿服务,因此增加的费用由住宿经营者承担;但由于不可抗力、政府因公共利益需要采取措施造成不能提供服务的,住宿经营者应当协助安排旅游者住宿。

第六章 旅游安全

第七十六条 县级以上人民政府统一负责旅游安全工作。县级以上人民政府有关部门依照法律、法规履行旅游安全监管职责。

第七十七条 国家建立旅游目的地安全风险提示制度。旅游目的地安全风险提示的级别划分和实施程序,由国务院旅游主管部门会同有关部门制定。

县级以上人民政府及其有关部门应当将旅游安全作为突发事件监测和评估的重要内容。

第七十八条 县级以上人民政府应当依法将旅游应急管理纳入政府应急管理体系,制定应急预案,建立旅游突发事件应对机制。

突发事件发生后,当地人民政府及其有关部门和机构应当采取措施开展救援,并协助旅游者返回出发地或者旅游者指定的合理地点。

第七十九条 旅游经营者应当严格执行安全生产管理和消防安全管理的法律、法规和国家标准、行业标准,具备相应的安全生产条件,制定旅游者安全保护制度和应急预案。

旅游经营者应当对直接为旅游者提供服务的从业人员开展经常性应急救助技能培训,对提供的产品和服务进行安全检验、监测和评估,采取必要措施防止危害发生。

旅游经营者组织、接待老年人、未成年人、残疾人等旅游者,应当采取相应的安全保障措施。

第八十条　旅游经营者应当就旅游活动中的下列事项,以明示的方式事先向旅游者作出说明或者警示:

(一)正确使用相关设施、设备的方法;

(二)必要的安全防范和应急措施;

(三)未向旅游者开放的经营、服务场所和设施、设备;

(四)不适宜参加相关活动的群体;

(五)可能危及旅游者人身、财产安全的其他情形。

第八十一条　突发事件或者旅游安全事故发生后,旅游经营者应当立即采取必要的救助和处置措施,依法履行报告义务,并对旅游者作出妥善安排。

第八十二条　旅游者在人身、财产安全遇有危险时,有权请求旅游经营者、当地政府和相关机构进行及时救助。

中国出境旅游者在境外陷于困境时,有权请求我国驻当地机构在其职责范围内给予协助和保护。

旅游者接受相关组织或者机构的救助后,应当支付应由个人承担的费用。

第七章　旅游监督管理

第八十三条　县级以上人民政府旅游主管部门和有关部门依照本法和有关法律、法规的规定,在各自职责范围内对旅游市场实施监督管理。

县级以上人民政府应当组织旅游主管部门、有关主管部门和市场监督管理、交通等执法部门对相关旅游经营行为实施监督检查。

第八十四条　旅游主管部门履行监督管理职责,不得违反法律、行政法规的规定向监督管理对象收取费用。

旅游主管部门及其工作人员不得参与任何形式的旅游经营活动。

第八十五条　县级以上人民政府旅游主管部门有权对下列事项实施监督检查:

(一)经营旅行社业务以及从事导游、领队服务是否取得经营、执业许可;

(二)旅行社的经营行为;

(三)导游和领队等旅游从业人员的服务行为;

(四)法律、法规规定的其他事项。

旅游主管部门依照前款规定实施监督检查,可以对涉嫌违法的合同、票据、账簿以及其他资料进行查阅、复制。

第八十六条　旅游主管部门和有关部门依法实施监督检查,其监督检查人员不得少于二人,并应当出示合法证件。监督检查人员少于二人或者未出示合法证件的,被检查单位和个人有权拒绝。

监督检查人员对在监督检查中知悉的被检查单位的商业秘密和个人信息应当依法保密。

第八十七条　对依法实施的监督检查,有关单位和个人应当配合,如实说明情况并提供文件、资料,不得拒绝、阻碍和隐瞒。

第八十八条　县级以上人民政府旅游主管部门和有关部门,在履行监督检查职责中或者在处理举报、投诉时,发现违反本法规定行为的,应当依法及时作出处理;对不属于本部门职责范围的事项,应当及时书面通知并移交有关部门查处。

第八十九条　县级以上地方人民政府建立旅游违法行为查处信息的共享机制,对需要跨部门、跨地区联合查处的违法行为,应当进行督办。

旅游主管部门和有关部门应当按照各自职责,及时向社会公布监督检查的情况。

第九十条　依法成立的旅游行业组织依照法律、行政法规和章程的规定,制定行业经营规范和服务标准,对其会员的经营行为和服务质量进行自律管理,组织开展职业道德教育和业务培训,提高从业人员素质。

第八章　旅游纠纷处理

第九十一条　县级以上人民政府应当指定或者设立统一的旅游投诉受理机构。受理机构接到投诉,应当及时进行处理或者移交有关部门处理,并告知投诉者。

第九十二条　旅游者与旅游经营者发生纠纷,可以通过下列途径解决:

(一)双方协商;

(二)向消费者协会、旅游投诉受理机构或者有关调解组织申请调解;

(三)根据与旅游经营者达成的仲裁协议提请仲裁机构仲裁;

(四)向人民法院提起诉讼。

第九十三条　消费者协会、旅游投诉受理机构和有关调解组织在双方自愿的基础上,依法对旅游者与旅游经营者之间的纠纷进行调解。

第九十四条　旅游者与旅游经营者发生纠纷,旅游者一方人数众多并有共同请求的,可以推选代表人参加协商、调解、仲裁、诉讼活动。

第九章　法律责任

第九十五条　违反本法规定,未经许可经营旅行社业务的,由旅游主管部门或者市场监督管理部门责令改正,没收违法所得,并处一万元以上十万元以下罚款;违法所得十万元以上的,并处违法所得一倍以上五倍以下罚款;对有关责任人员,处二千元以上二万元以下罚款。

旅行社违反本法规定,未经许可经营本法第二十九条第一款第二项、第三项业务,或者出租、出借旅行社业务经营许可证,或者以其他方式非法转让旅行社业务经营许可的,除依照前款规定处罚外,并责令停业整顿;情节严重的,吊销旅行社业务经营许可证;对直接负责的主管人员,处二千元以上二万元以下罚款。

第九十六条　旅行社违反本法规定,有下列行为之一的,由旅游主管部门责令改正,没收违法所得,并处五千元以上五万元以下罚款;情节严重的,责令停业整顿或者吊销旅行社业务经营许可证;对直接负责的主管人员和其他直接责任人员,处二千元以上二万元以下罚款:

(一)未按照规定为出境或者入境团队旅游安排领队或者导游全程陪同的;

(二)安排未取得导游证的人员提供导游服务或者安排不具备领队条件的人员提供领队服务的;

(三)未向临时聘用的导游支付导游服务费用的;

(四)要求导游垫付或者向导游收取费用的。

第九十七条　旅行社违反本法规定,有下列行为之一的,由旅游主管部门或者有关部门责令改正,没收违法所得,并处五千元以上五万元以下罚款;违法所得五万元以上的,并处违法所得一倍以上五倍以下罚款;情节严重的,责令停业整顿或者吊销旅行社业务经营许可证;对直接负责的主管人员和其他直接责任人员,处二千元以上二万元以下罚款:

(一)进行虚假宣传,误导旅游者的;

(二)向不合格的供应商订购产品和服务的;

(三)未按照规定投保旅行社责任保险的。

第九十八条　旅行社违反本法第三十五条规定的,由旅游主管部门责令改正,没收违法所得,责令停业整顿,并处三万元以上三十万元以下罚款;违法所得三十万元以上的,并处违法所得一倍以上五倍以下罚款;情节严重的,吊销旅行社业务经营许可证;对直接负责的主管人员和其他直接责任人员,没收违法所得,处二千元以上二万以下罚款,并暂扣或者吊销导游证。

第九十九条　旅行社未履行本法第五十五条规定的报告义务的,由旅游主管部门处五千元以上五万元以下罚款;情节严重的,责令停业整顿或者吊销旅行社业务经营许可证;对直接负责的主管人员和其他直接责任人员,处二千元以上二万元以下罚款,并暂扣或者吊销导游证。

第一百条　旅行社违反本法规定,有下列行为之一的,由旅游主管部门责令改正,处三万元以上三十万元以下罚款,并责令停业整顿;造成旅游者滞留等严重后果的,吊销旅行社业务经营许可证;对直接负责的主管人员和其他直接责任人员,处二千元以上二万元以下罚款,并暂扣或者吊销导游证:

(一)在旅游行程中擅自变更旅游行程安排,严重损害旅游者权益的;

(二)拒绝履行合同的;

(三)未征得旅游者书面同意,委托其他旅行社履行包价旅游合同的。

第一百零一条　旅行社违反本法规定,安排旅游者参观或者参与违反我国法律、法规和社会公德的项目或者活动的,由旅游主管部门责令改正,没收违法所得,责令停业整顿,并处二万元以上二十万元以下罚款;情节严重的,吊销旅行社业务经营许可证;对直接负责的主管人员和其他直接责任人员,处二千元以上二万元以下罚款,并暂扣或者吊销导游证。

第一百零二条　违反本法规定,未取得导游证或者不具备领队条件而从事导游、领队活动的,由旅游主管部门责令改正,没收违法所得,并处一千元以上一万元以下罚款,予以公告。

导游、领队违反本法规定,私自承揽业务的,由旅游主管部门责令改正,没收违法所得,处一千元以上一万元以下罚款,并暂扣或者吊销导游证。

导游、领队违反本法规定,向旅游者索取小费的,由旅游主管部门责令退还,处一千元以上一万元以下罚款;情节严重的,并暂扣或者吊销导游证。

第一百零三条　违反本法规定被吊销导游证的导游、领队和受到吊销旅行社业务经营许可证处罚的旅行社的有关管理人员,自处罚之日起未逾三年的,不得重新申请导游证或者从事旅行社业务。

第一百零四条　旅游经营者违反本法规定,给予或者收受贿赂的,由市场监督管理部门依照有关法律、法规的规定处罚;情节严重的,并由旅游主管部门吊销旅行社业务经营许可证。

第一百零五条　景区不符合本法规定的开放条件而接待旅游者的,由景区主管部门责令停业整顿直至符合开放条件,并处二万元以上二十万元以下罚款。

景区在旅游者数量可能达到最大承载量时,未依照本法规定公告或者未向当地人民政府报告,未及时采取疏导、分流等措施,或者超过最大承载量接待旅游者的,由景区主管部门责令改正,情节严重的,责令停业整顿一个月至六个月。

第一百零六条　景区违反本法规定,擅自提高门票或者另行收费项目的价格,或者有其他价格违法行为的,由有关主管部门依照有关法律、法规的规定处罚。

第一百零七条　旅游经营者违反有关安全生产管理和消防安全管理的法律、法规或者国家标准、行业标准的,由有关主管部门依照有关法律、法规的规定处罚。

第一百零八条　对违反本法规定的旅游经营者及其从业人员,旅游主管部门和有关部门应当记入信用档案,向社会公布。

第一百零九条　旅游主管部门和有关部门的工作人员在履行监督管理职责中,滥用职权、玩忽职守、徇私舞弊,尚不构成犯罪的,依法给予处分。

第一百一十条　违反本法规定,构成犯罪的,依法追究刑事责任。

第十章　附　则

第一百一十一条　本法下列用语的含义:

(一)旅游经营者,是指旅行社、景区以及为旅游者提供交通、住宿、餐饮、购物、娱乐等服务的经营者。

(二)景区,是指为旅游者提供游览服务、有明确的管理界限的场所或者区域。

(三)包价旅游合同,是指旅行社预先安排行程,提供或者通过履行辅助人提供交通、住宿、餐饮、游览、导游或者领队等两项以上旅游服务,旅游者以总价支付旅游费用的合同。

(四)组团社,是指与旅游者订立包价旅游合同的旅行社。

(五)地接社,是指接受组团社委托,在目的地接待旅游者的旅行社。

(六)履行辅助人,是指与旅行社存在合同关系,协助其履行包价旅游合同义务,实际提供相关服务的法人或者自然人。

第一百一十二条　本法自 2013 年 10 月 1 日起施行。

附录 2　度量衡换算表

面(地)积换算

公制		英美制			中国市制
平方米	平方厘米	平方码	平方英尺	平方英寸	平方尺
1	10000	1.1960	10.7639	1550	9
0.0001	1	0.00012	0.00108	0.155	0.0009
0.8361	8361	1	9	1296	7.525
0.0929	929	0.1111	1	144	0.836
0.00065	6.45	0.00077	0.00694	1	0.0058
0.111	1111	0.133	1.196	172.2	1

长度换算

公制		中国市制	英美制		
米	厘米	尺	码	英尺	英寸
1	100	3	1.094	3.2808	39.37
0.01	1	0.03	0.01094	0.03281	0.3937
0.3333	33.33	1	0.3646	1.094	13.123
0.9144	91.44	2.743	1	3	36
0.3048	30.48	0.9144	0.3334	1	12
0.0254	2.54	0.0762	0.0278	0.833	1

1 米＝100 厘米＝1000 毫米

重量换算（一）

公制	英制	美制	港制
公吨	长吨	短吨	司马担
1	0.9842	1.1023	16.535
1.016	1	1.12	16.8
0.9072	0.8929	1	15
0.05	0.04921	0.0551	0.8267
0.0508	0.05	0.056	0.8402
0.0605	0.0594	0.0667	1

公制	中国市制	英美制
千克	斤	磅
1000	2000	2204.6
1016	2032	2242
907	1814	2000
50	100	110.23
50.8	101.6	112
60.48	120.96	133.33
1	2	2.2046
0.5	1	1.1023
0.4536	0.9072	1

港制：1 司马担＝100 司马斤
公制：1 公吨＝10 公担
英制：1 长吨＝20 英担（CWT）
　　　1 英担＝50.8024 千克
美制：1 短吨＝20 短担（CWT）
　　　1 短吨＝100 磅＝45.36 千克

重量换算（二）

公制		英美制常衡		英美制金衡或药衡		中国市制
千克	克	磅	唡	磅	唡	两
1	1000	2.2046	35.2736	2.679	32.1507	20
0.001	1	0.0022	0.03527	0.00268	0.0321	0.02
0.4536	453.59	1	16	1.2153	14.5833	9.072
0.02835	28.35	0.0625	1	0.07595	0.9114	0.567
0.3732	373.24	0.82286	13.1657	1	12	7.465
0.0311	31.10	0.06857	1.0971	0.08333	1	0.622
0.05	50	0.1102	1.76368	0.13396	1.6075	1

宝石：1 克拉＝0.2 克　　　1 金衡＝155.5 克拉

容（体）积换算（一）

公制	中国市制	英制	美制
升	升	英加仑	美加仑
1	1	0.22	0.264
4.546	4.546	1	1.201
3.785	3.785	0.833	1

1000 升＝1 立方米　　　　　1 升＝1000 毫升＝1000 立方厘米（c.c.）
英制：1 加仑＝277.42 立方英寸　　美制：1 加仑＝231 立方英寸

容(体)积换算(二)

公制		英美制			中国市制
立方米	立方厘米	立方码	立方英尺	立方英寸	立方尺
1	1000000	1.303	35.3147	61024	27
0.000001	1	0.0000013	0.00004	0.06102	0.000027
0.7636	764555	1	27	46656	20.643
0.02832	28317	0.037	1	1728	0.7646
0.000016	16.387	0.00002	0.00058	1	0.00044
0.037	37037	0.0484	1.308	2260	1

木材体积单位换算

板呎(Board Foot Measure,BFM):指厚 1 英寸、面积 1 平方英尺的木材

板材的换算:1000 板呎＝2.36 立方米

原木的换算:1000 板呎＝5 立方米(近似值)

功率换算

1 千瓦(kW)＝1.34 英制马力(hp)＝1.36 公制马力(hp)

1 英制马力＝0.746 千瓦(kW)

1 公制马力＝0.735 千瓦(kW)

粮谷重量容积换算

品名	1公吨折合蒲式耳	1 蒲式耳折合	
		磅	千克
小麦、大豆	36.743	60	27.216
玉米	39.368	56	25.402
大麦(英制)	44.092	50	22.68
大麦(美制)	45.931	48	21.773

1 英制蒲式耳(＝1.0321 美制蒲式耳)合 36.3677 升

石(原)油重量、容积换算

国别	1公吨折合			
	千升	美制桶	英制加仑	美制加仑
美国、印度尼西亚	1.18	7.4	259.1	310.6
伊朗、沙特阿拉伯	1.19	7.49	261.8	314.5
日本	1.11	6.99	244.5	293.3
英国、科威特	1.16	7.31	255.8	306.7
委内瑞拉	1.09	6.84	239.2	287.4

注:世界平均比重的原油通常以 1 公吨＝7.35 桶(每桶为 42 美制加仑)或 1174 升计

常用度量衡英文名称和简写

名称	英文名称	简写	名称	英文名称	简写
克	gram	g.	码	yard	yd.
千克	kilogram	kg.	英尺	foot	ft.
公担	quintal	q.	英寸	inch	in.
公吨	metric ton	m. t.	平方米	square metre	sq. m.
长吨	long ton	l. t.	平方英尺	square foot	sq. ft.
短吨	short ton	sh. t.	平方码	square yard	sq. yd.
英担	hundredweight	cwt.	立方米	cubic metre	cu. m.
美担	hundredweight	cwt.	立方英尺	cubic metre	cu. ft.
磅	pound	lb.	升	litre	l.
唡（常衡）	ounce	oz.	毫升	millilitre	ml.
唡（金衡）	ounce	oz. t.	加仑	gallon	gal.
司马担	picul		蒲式耳	bushel	bu.
米	metre	m.	克拉	carat	car.
千米	kilometre	km.	马力	horse power	h. p.
厘米	centimetre	cm.	千瓦	kilowatt	kW.
毫米	millimetre	mm.	公吨度	metric ton unit	m. t. u.

参考文献

安小红.谈导游带团技巧[J].焦作大学学报,2007(4):35-36.

陈慧力.导游管理工作存在的问题和改革措施[J].安阳师范学院学报,2007(2):106-108.

国家旅游局.走遍中国:中国优秀导游词精选[M].北京:中国旅游出版社,2000.

韩荔华.实用导游语言技巧[M].北京:旅游教育出版社,2003.

何晓颖.海岛城市的海鲜美食旅游精品开发与研究——以舟山群岛为例[J].时代经贸,
    2008,6(100):109-110.

蒋炳辉.导游带团艺术[M].北京:中国旅游出版社,2009.

蒋小华.导游艺术与技巧[M].重庆:重庆大学出版社,2009.

黎泉.导游促销技巧[M].北京:中国旅游出版社,2009.

李海平,胡世明,徐可,等.关于开发湖州特色美食的研究[J].湖州职业技术学院学报,2003
    (1):61-65.

李文明.导游员队伍素质存在的问题及对策[J].企业经济.2003(9):24-25.

李晓英.美食旅游绿色发展研究——以大连为例[J].经济研究导刊,2010(24):129-130.

刘德兵.导游技巧与实训[M].南昌:江西高校出版社,2008.

马树生,许萍.模拟导游[M].4版.北京:旅游教育出版社,2018.

秦兆祥.浅论导游人员培训工作的必要性[J].内蒙古师范大学学报(哲学社会科学版),2006
    (S2):50-51,58.

全国导游资格考试统编教材专家编写组.导游业务[M].7版.北京:中国旅游出版社,2022.

汪亚明,徐慧慧,王显成.导游词编撰与讲解实务[M].北京:旅游教育出版社,2021.

王连义.怎样做好导游工作[M].北京:中国旅游出版社,2009.

王雪莲,吴忠军,钟扬.美食旅游市场需求分析——以桂林世界美食博览园为例[J].
    乐山师范学院学报,2007(5):55-58.

翁毅.福建省美食旅游开发研究[D].福州:福建师范大学,2004.

吴晓东.休闲经济视角下我国美食旅游的发展对策[J].中国商论,2010(19):141-142.

吴晓东,康珺.基于旅游者需求的我国地方美食旅游发展探讨[J].江苏商论,2010(6):49-51.

解杨.浅析我国导游人员的现状及存在问题[J].网络财富,2009(19):29-30.

徐堃耿.导游实务[M].2版.北京:中国人民大学出版社,2010.

张明清.导游业务与技巧[M].北京:旅游教育出版社,2010.

张舒哲,高娴子.导游口语技巧[M].北京:旅游教育出版社,2006.

张源.成都美食旅游研究[D].上海:复旦大学,2008.

浙江省旅游局.导游业务[M].北京:中国旅游出版社,2010.

浙江省旅游局.浙江省现场导游考试指南[M].北京:中国旅游出版社,2012.

浙江省全国导游资格考试统编教材专家编写组.导游服务能力——浙江省现场导游考试指南[M].北京:中国旅游出版社,2020.

钟永德.导游语言技巧与实践[M].长沙:湖南师范大学出版社,2006.

导游讲解技巧(第二版)

第二版后记

承蒙各位同行以及广大师生的厚爱,《导游讲解技巧》第一版自 2013 年出版以来,多次重印,出版社也多次邀请进行再版。但本人生性疏懒,一直没有行动。现在终于在朋友们的鼓励下着手修订、完善。本次再版之际,三年新冠疫情对文旅行业产业了重大影响,文旅行业发生了重大的变化,社会形势也发生了许多变化。如今,中国特色社会主义进入了新时代,我国实现了全面脱贫和全面建成小康社会,要满足人们对美好生活的向往,文旅行业将起到更加重要的作用。

本次再版对内容进行了多处的勘误与结构的微调,使文字表达更为流利,文章结构更合理。增加了第十二章"幽默在导游讲解中的运用技巧",在第十三章增加了"乡村类旅游资源的导游讲解技巧"的内容。每章章首增加了"学习目标"。同时,每章增加了思政内容,望学习者在导游工作中更好地起到传播正能量的作用。

本书再版得到了湖州职业技术学院领导、教师和学生们的大力支持,得到了浙江大学出版社的鼎力相助,在此一并表示感谢!

熊友平

2023 年 5 月

第一版后记

　　导游是旅游行业中最具有代表性的职业之一,导游讲解水平的高低影响着地方旅游业的发展水平,对旅游者的影响也最为直接。一线导游人员除了要掌握基本的导游业务知识,还必须掌握相应的讲解技巧,有针对性地提高其讲解水平。但就全国而言,专门的讲导游讲解技巧的书非常少,在这种责任意识的驱动下,才有了本书的雏形。

　　本书历经两年多的撰写,在征求旅游部门相关领导、高校旅游专业教师、旅游企业一线从业人员的专业性、建设性的建议和意见后,笔者对书稿的章节进行了多次增删与调整,最终选定实用性、常用性、针对性和操作性较强的专题,以提高导游讲解水平为主线,以专题分析的形式详细地阐述导游在讲解过程中的各种技巧。

　　2013 年 4 月,本书各章内容已基本完成,正要交付出版之际,《中华人民共和国旅游法》(下称"新旅游法")经 2013 年 4 月 25 日第十二届全国人大常委会第二次会议通过,并于2013 年 10 月 1 日正式实施。笔者根据新旅游法对书稿进行了调整,以使本书符合新旅游法的要求。

　　本书的出版得到了湖州职业技术学院的相关领导、湖州市旅游局培训中心主任高铭老师、湖州职业技术学院李海平教授、浙江中青旅总经理沈勇、新国际旅行社经理张海耘、湖州职业技术学院傅昭副教授等给予的关心、支持和帮助,在此一并表示感谢!

熊友平

2013 年 10 月